见识城邦

更新知识地图　拓展认知边界

Eric Hobsbawm

FRACTURED TIMES
Culture and Society in the Twentieth Century

断裂的年代
20 世纪的文化与社会

[英] 艾瑞克·霍布斯鲍姆 著

林华 译

中信出版集团 | 北京

图书在版编目（CIP）数据

断裂的年代：20世纪的文化与社会 /（英）艾瑞克·霍布斯鲍姆著；林华译. -- 2版. -- 北京：中信出版社，2021.4
书名原文：Fractured Times: Culture and Society in the Twentieth Century
ISBN 978-7-5217-2836-1

Ⅰ.①断… Ⅱ.①艾…②林… Ⅲ.①文化史—研究—世界—20世纪 Ⅳ.① K103

中国版本图书馆 CIP 数据核字 (2021) 第 033857 号

Copyright © The Trustees of the Eric Hobsbawm Literary Estate, 2012
Simplified Chinese translation copyright © 2021 by CITIC Press Corporation
ALL RIGHTS RESERVED
本书仅限中国大陆地区发行销售

断裂的年代：20世纪的文化与社会

著　者：[英]艾瑞克·霍布斯鲍姆
译　者：林　华
出版发行：中信出版集团股份有限公司
　　　　　（北京市朝阳区惠新东街甲4号富盛大厦2座　邮编　100029）
承　印　者：北京通州皇家印刷厂

开　本：787mm×1092mm　1/16　印　张：19　字　数：168千字
版　次：2021年4月第2版　　　　印　次：2021年4月第1次印刷
京权图字：01-2013-6547
书　号：ISBN 978-7-5217-2836-1
定　价：78.00元

版权所有·侵权必究
如有印刷、装订问题，本公司负责调换。
服务热线：400-600-8099
投稿邮箱：author@citicpub.com

目 录

致谢　i
序言　iii

第一章　宣言　001

第一部分　"高等文化"今天的窘境　007

第二章　艺术向何处去？　009
第三章　文化共生的世纪？　019
第四章　21世纪为何要举办文化节？　031
第五章　新世纪的政治与文化　041

第二部分　资产阶级世界的文化　055

第六章　启蒙和成就：1800年以来犹太人才智的解放　057
第七章　犹太人与德国　073

第八章　中欧的命运　081

第九章　欧洲资产阶级社会的文化与性别，
　　　　1870—1914　093

第十章　新艺术　111

第十一章　人类最后的日子　125

第十二章　遗产　139

第三部分　不确定性，科学，宗教　151

第十三章　对未来的忧虑　153

第十四章　科学：社会职能和世界变化　165

第十五章　戴弗里吉亚软帽的中国人：李约瑟　179

第十六章　知识分子：作用、功能和矛盾　189

第十七章　公共宗教之前景　199

第十八章　艺术与革命　217

第十九章　艺术与权力　223

第二十章　先锋派失败了　233

第四部分　从艺术到神话　249

第二十一章　艺术家奔通俗：我们爆炸性增长的
　　　　　　文化　251

第二十二章　美国牛仔：一个国际神话？　261

注释　279

致谢

我要感谢萨尔茨堡艺术节,特别是艺术节的主席黑尔佳·拉布尔-斯特拉德勒女士和萨尔茨堡大学的海因里希·费舍尔教授。本书中的几个章节最初是在《伦敦书评》上发表的,为此我要向《伦敦书评》致谢。我还要感谢罗莎琳·凯利、露西·道和佐伊·萨瑟兰在本书的研究和编辑方面给我的帮助,并感谢克里斯蒂娜·沙特尔沃思的出色英文翻译。我对这本书倾注了过多的精力,为此我要向玛琳道歉。

序言

> 我们这里是一片昏暗的野旷地带，愚昧的军队在黑夜中厮杀，此起彼伏的警报中是惊惶溃败。
>
> ——马修·阿诺德《多佛尔海滩》

本书讲的是一个社会的艺术和文化的遭遇，而那个社会——资产阶级社会——与1914年的那一代人一起，已经永远消逝在历史中。本书还讲到了自20世纪中期以来人类所经历的全面巨变中的一个方面；对地球上80%的地方来说，中世纪在20世纪50年代戛然而止，而到了60年代，全球各地管理人际关系的既有规则和习惯都明显开始难以维系。因此，本书讲的也是一个失去了方向的历史时代；在新千年的初始，这个茫然无措的时代面对陌生难辨的未来表现出的惶惑不安，实为我此生所仅见。作为历史学家，我致力于研究思考社会现实和艺术之间盘根错节的奇特关系，写过不少东西。20世纪末，我又应萨尔茨堡艺术节组织者的要求就此做了一些演讲（讲我这方面的怀疑）；一年一度的萨尔茨堡艺术节源远流长，是从斯蒂芬·茨威格的《昨日的世界》中幸存下来的著名活动，茨威格与它也有着很深的渊源。本书的前几章就是我在萨尔茨堡的演讲，之后的内容包括我从1964年到2012年间写的东西，其中一半过去从未发表过，至少没有用英文发表过。

　　本书首先对20世纪各种不着边际、匪夷所思的宣言做了介绍。第二章到第五章是对新的千年开始时各种艺术境况的现实思考。然而，如果不回顾昨天那个逝去的世界，就无法理解这几章的论述，于是第六章到第十二章对那个世界进行了探讨。它基本上形成于19世纪的欧洲，不仅创作了一套基本的"经典之作"，特别是在音乐、歌剧、芭蕾舞和戏剧方面，而且在许多国家形成了现代文学的基本语言。我援用的例子主要来自我自己的文化背景所属的地区——从地理上说是中欧，从语言上说是德语，但也包括1914年之前那几个十年中文化的"小阳春"，或"美好时期"。这一部分以对这一文化遗产的思考而结束。

　　今天，卡尔·马克思关于西方资本主义工业化的经济和社会后果的预言可以说是尽人皆知。确实，欧洲资本主义在19世纪确立了对全球的统治，并通过武力征服、技术优势和自身经济的全球化改变了世界；但与此同时，它还带来了一整套强大的信仰和价值观，并自然而然地认为这套观念比其他的都优越。这一切加起来构成了"欧洲资产阶级文明"，而这个文明在第一次世界大战结束后却再也没能恢复元气。这种傲然自信的世界观的核心是艺术和科学，以及对进步和教育的重视。可以说，艺术和科学取代了宗教成为时代精神的核心。我本人就是在这个"资产阶级文明"中出生长大的，它戏剧性的象征是19世纪中期在维也纳围着中世纪和帝国时期的老城中心建起的一圈宏伟的公共建筑：股票交易所、大学、城堡剧院、气势恢宏的市政厅、造型古典的议会大厦、巍然相对的艺术历史博物馆和自然历史博物馆，当然还有19世纪每一个自尊自重的资产阶级城市必备的中心——大歌剧院。在这些地方，"文化人士"在文化和艺术的神坛前膜拜。19世纪的教堂只是背景的陪衬，算是对教会和皇帝[1]之间联系的漫不经心的承认。

这一文化情景看似新奇，其实深深地植根于法国大革命之前的王公、皇家和教会文化之中；那是一个煊赫权力和极端财富的世界，而权力和财富正是赞助高等艺术的典型力量。这样的情形在相当大的程度上留存了下来，公共艺术展览就显示了艺术与名声、财力之间的联系，当然后者已不再限于显赫的门第或精神上的权威。这或许也说明了为什么这种情形没有随着欧洲的相对衰落而消亡。在世界上任何地方，"资产阶级文明"依然是高等文化的代表，这种文化需要行使权力予以支持，不惜血本予以培育，赞助者则因此获得高度的社会声望。在这个意义上，高等艺术如同香槟酒，即使在全球化的世界里也仍然是以欧洲为中心的。

这一部分结束时，我对这个时期的遗产以及它所面临的问题阐述了一些想法。

面对传统的资产阶级社会以及它赖以维系的价值观的崩溃，20世纪是如何应付的呢？这是本书第三部分的八个章节讨论的题目，其中介绍了人们对一个历史时代的结束做出的各种理智和反理智的反应。这些章节讨论了20世纪期间科学对文明的影响。尽管文明高度崇尚进步，但它对科学无法理解，并因科学而受到损害。还讨论了公共宗教在一个世俗化日益加速的时代内奇特的两难境地；艺术也是一样，它失去了原有的依靠，用尽办法寻找新的方向感，或是

---

[1] 指奥匈帝国的皇帝。——译者注

通过"现代派"或"先锋派"与技术竞相追求进步，或是试图与权力结盟，或是最终灰心丧气、愤愤不平地屈从于市场，但是都徒劳无功。

资产阶级文明哪里出了问题？虽然它建立在摧毁一切、改变一切的大规模生产模式的基础之上，但是它的实际活动、它的机构以及政治和价值制度都是由少数人为少数人设计的，尽管这个少数可以，也必然会扩大。它过去是，今天仍然是精英制度，也就是说，它既非平等主义，亦非民主制度。直到19世纪末，"资产阶级"或上层中产阶级仍然只占人口的一小部分。1875年，即使是教育发达的德国也只有10万名学生上人文学校（小学和中学），而且没有多少学生能坚持到毕业。大学学生一共只有16 000人。就连到了第二次世界大战前夕，德国、法国和英国这三个最大、最发达、教育程度最高的国家加起来的总人口为1.5亿，其中，也只有15万大学生，占总人口的1‰。1945年后，中学教育和大学教育的迅速扩张造成受教育人数的成倍增长，大批学生在学校学到了19世纪的文化，但这并不意味着他们中间有很多人在这样的文化中真正感到自如。

显然，资产阶级文明遭遇的威胁来自被排除在精英阶层之外的大多数人。他们期盼建立一个进步的，同时也是平等主义的民主社会，那是一个没有资本主义或消灭了资本主义的社会。在这一点上他们的希望也许和社会主义者相同，但是他们采纳了资产阶级的许多"现代"价值观，没有试图用别的东西取而代之。有"政治觉悟"的社会民主活动家想通过文化活动使工人自然而然地吸收这些价值观，而社会主义者主持的地方当局也确实为此组织了各种文化活动。矛盾的是，这个时期内，像职业足球及球迷这类亚文化的发展，经常被认为没有政治意义，不过是幼稚的玩乐。在我童年时期的维也纳，人们对无产阶级对足球的沉迷和痴狂习以为常，但据我所知，没有人把这种现象与无产阶级作为选民对社会民主党同样狂热的支持联系起来。

本书汇集的各篇论文提出的基本论点是：按照逻辑，资本主义发展和资产阶级文明必将摧毁其自身的基础。这个基础是由进步的少数精英管理的社会及其机构，多数人对这个社会制度持容忍甚至赞同的态度，只要它能够保证稳定、和平和公共秩序，并能满足穷人合情合理的期望。20世纪的科学和技术先是改变了，后又摧毁了过去谋生的方法；西方经济的迅猛发展催生了大规模消费的社会；大众作为选民和消费者获得了决定性的政治发言权。在这三重打击下，旧有的社会制度已完全无力招架。20世纪，或更确切地说，20世纪下半叶是西方普通男女当家做主的时代，尽管妇女的地位比男性尚差一筹。进入21世纪，这一现象开始向全球扩展。同时，把民主等同于全民投票和代议制政府的政治制度的缺陷开始显露；鉴于政治和治理结构不但没有受到全球化的影响，反而由于几乎所有国家都成了主权的"民族国家"而得到加强，这个问题就愈加严重。此外，占统治地位，或至少有巨大影响力的新老精英阶层茫然不知所措，即使知道该如何做，也没有采取行动的必要权力。

不过在文化方面，由普通大众主导的世纪成就不凡，虽然传统的资产阶级高级文化的受众大大减少，只剩下年事已高的人、附庸风雅的人或沽名钓誉的有钱人。1960年，古典音乐勉强只占唱片出产的2%，且主要是20世纪之前的作品，因为音乐界的先锋派从未赢得过多少听众。确实，新技术和大众消费的结合不仅形成了我们今天的文化大格局，而且也产生出了它最伟大、最有创意的艺术成就——电影。所以，民主化的美国才成为20世纪媒体地球村的霸主；

无论是在写作风格方面，还是在音乐、戏剧方面，它首创了各种新的雅俗共赏的艺术形式，也因此而获得了大规模的潜移默化的影响力。当今社会的技术型工业化经济源源不断地生产信息及声像、文字、记忆和象征这类文化产品，数量巨大，无处不在，人的生活为之饱和，这在历史上是绝无仅有的。它完全改变了我们理解现实和欣赏艺术的方式，特别是终结了"艺术"在过去资产阶级社会中的特权地位，也就是说，艺术不再是衡量好与坏的标准，也不再代表真善美这样的价值观，不再能净化人的心灵。对威格莫尔音乐厅[1]的听众来说，艺术也许仍然重要，但它却与目前混乱的市场社会的基本思想格格不入。根据这个基本思想，"自我满足"是经验的唯一目的，而为达到这个目的用什么方法并不重要。用杰里米·边沁（Jeremy Bentham）的话说［其实是约翰·斯图亚特·穆勒（John Stuart Mill）说的］："球柱的功用跟诗歌一样。"此言显然不确，至少没有充分估计到消费者唯我独尊的心态在多大程度上与集体参与和自我展示的习惯融在了一起，这种正式或非正式的参与和自我展示已经成为我们娱乐性国家和公民社会的特点。资产阶级社会至少自认为知道文化是什么（如 T. S. 艾略特诗中写的，"女人们翩然而过／一边谈论着米开朗琪罗"），而我们却没有言辞或概念来形容自己经验的这个方面。现在文化的特征也与过去完全不同。"这是艺术吗？"只有拒绝接受流行观点的人才会问这个问题；他们不肯相信关于"艺术"的资产阶级传统概念已经消亡，尽管在陵墓里得到了仔细的保存。早在第一次世界大战时期，达达派、马塞尔·杜尚的小便器和马列维奇（Malevich）的黑色正方形已经标志了传统艺术的

---

[1] 英国伦敦专门上演室内音乐的音乐厅。——译者注

穷途末路。当然，艺术并未像人们以为的那样就此消失。有"艺术"作为组成部分的社会也依然存在。然而，我们已不再能理解，更不知如何应对目前各种声像文字的创作，这股创作洪流席卷全球，在现实空间和网络空间都大有失去控制之势。

谨希望本书能为这方面的讨论厘清一些认识。

第一章

宣言

原为在 H. U. 奥布里斯特（H. U. Obrist）为伦敦蛇形画廊举办的"宣言马拉松"活动中的演讲。

在座各位大多写过宣言。我不想在此发表宣言，也从来没有写过以此为题的文章，虽然我曾写过性质类似的东西。然而，大半个世纪以来，我读过不少叫作"宣言"的东西，所以我自认有一定的资格评说"宣言马拉松"。我的求知生涯就是以一份宣言开始的——马克思和恩格斯的《共产党宣言》。那时我15岁，在柏林上学。在我80来岁时有一张新闻照片，照片里我正在读意大利的《宣言报》，我想它是欧洲最后一份自称为共产主义的报纸。因为我的父母是在第一次世界大战期间，在列宁、达达派和伏尔泰酒馆的所在地苏黎世结婚的，所以我私心希望在怀上我的那一刻，有一份达达主义的宣言正在大张旗鼓地发表，可惜达达主义的第一份宣言是在怀我的三个月之前发布的。

20世纪是宣言的盛产期。之前的几个世纪中也有许多类似的集体声明，主要是宗教和政治性质的，但它们的名称不同，有叫请愿书的，有叫共同纲领的，也有叫呼吁书的，等等。其中有伟大的宣言，如美国的《独立宣言》和法国大革命的《人权宣言》，但它们基本上都是政府和官方组织发布的声明，1948年的《世界人权宣言》也是其中一例。大部分宣言都是在20世纪发表的。

　　宣言在21世纪还能生存下去吗？作为宣言的两大来源之一的政党和政治运动已经今非昔比。宣言的另一个来源是艺术，但随着商业社会的兴起和工商管理行话的流行，艺术也几乎完全让位于"使命声明"这个糟糕的发明。我所见过的使命声明没有一份是言之有物的，除非你就喜欢拙劣的空话套话。如果把印刷的文字比作灌木丛，那么走不了几步脚下就一定会踢到这类的文字，它们通常都平淡乏味，都是像"祝您一天愉快"和"您的来电对我们十分重要"这样的废话。

　　然而，宣言在和使命声明的竞争中表现不俗。谷歌在"宣言"这个标题下有近2 000万个词条，即使把"宣言录音"[1]及其各种产品排除在外，也称得上多如牛毛。不能说它们都符合词典定义的标准。根据词典，宣言是"专门为了政治目的发布的关于原则、政策或意图的公开声明"。如今的宣言可以是为了任何其他目的，包括母乳喂养宣言、野生植物园艺宣言、关于苏格兰高地的山丘宣言，还有一份有趣的新行走文化的宣言，它由英国的一个艺术家团体赖特和塞特小组提出，里面多次提及达达派、环境决定论者、安德烈·布勒东和布莱希特，但令人惊讶地没有一处提到瓦尔特·本雅明（Walter Benjamin）这位城市行走的提倡者。当然，如今的宣言也包括这次马拉松涉及的所有宣言。

---

[1]　"宣言录音"，一家独立音乐制作公司。——译者注

这个周末宣读的大部分宣言我还没来得及仔细倾听，但给我印象至深的是它们中许多是个人的声明，不像过去的绝大多数宣言那样，是代表"我们"的集体声明，无论这个"我们"是不是正式组织起来的团体。我能想到的所有政治宣言都是团体性的，它们使用的代词总是复数，目的是要赢得支持者（也是复数）。传统的艺术宣言也是如此。自从未来主义在1909年把"宣言"这个词引进艺术界之后，它就广为流行，这要归功于马里内蒂那意大利式雄辩滔滔的天赋，他们因此比法国人抢先了几年。我相信立体派一定很想做"（艺术界）宣言"这个词的发明者，但当时他们不太关心政治，而且他们擅长用颜料而不是用文字表达思想。当然，我这里指的是当时自称为先锋派的那批人，不是后来才提出的追溯性标签和学派，如"后印象主义"，也不是由批评家，或更多地由经销商发明的名称，如"抽象表现主义"。我指的是真正的团体，无论它们是多么昙花一现。它们有时是围绕着某个人或某份期刊建立起来的，成员们清楚自己的斗争目标，也自认为知道彼此之间的共同之处。这样的团体包括达达派、超现实主义派、风格派、LEF小组，还有20世纪50年代在英国发起了波普艺术的独立者社团。最早的摄影家组织马格南也是其中一个。可以说，它们都是宣传游说的组织。

纯粹的个人宣言除了表达本人对现在的忧惧和对未来的希望之外，我看不出还有别的什么目的；宣言发表人也许希望有人支持，但也可能愿意独树一帜，孤标傲世。这样的宣言怎么实现呢？是全靠自我修养和借鉴经验吗？维维安·韦斯特伍德（Vivienne Westwood）在她诱人的宣言中就是这样说的。还有别的办法吗？未来主义发明了公共自我广告。今天，想发表宣言的人首先想到的是诉诸媒体宣传，而不是传统的集体行动，这反映了我们这个社会的涣散和混乱。当然，个人也可以用宣言来公布自己的创新，以抢占头筹，2001年"杰夫·努恩的文学宣言"就是例子（《卫报》2000年1月10日刊）。1995年美国的大学爆炸客（unabomber）发表的宣言开了恐怖主义宣言的先河，这种宣言宣告的是个人改变社会的企图，大学爆炸客为达到这个企图所采用的手法是给他选定的敌人送去炸弹；不过，我不知道这应当属于政治范畴还是概念艺术范畴。另外还有一种纯个人的宣言，或者说是自我陶醉，发表者除了自己，别的一律不管。这方面的极端例子是伊夫·克莱因（Yves Klein）1961年的《切尔西酒店宣言》。大家也许还记得，克莱因以只用一种颜色作画而出名，他用的那种深蓝色让人一眼就认得出是他的画。没有别的，只是把颜色涂在正方形或长方形的画布上，或涂在任何三维的物体上，多数时候是海绵，有时他也要模特儿在颜料里打滚，浑身沾满颜色。他的宣言解释说这是因为他对蓝色的天空魂牵梦萦——虽然克莱因的蓝与天空的蔚蓝色相差甚远。他说，躺在尼斯海滩上的时候，"我开始厌恨那些在我万里无云的蓝色天空中飞来飞去的鸟儿，因为它们要在我最伟大最美丽的作品上钻出洞来。必须把鸟儿都杀光"。

不必说大家也知道，克莱因找到了批评家来解说他的深刻，也找到了经销商把他的作品卖给艺术投机人。高古轩画廊给了他应得的名声，还买下了他宣言的版权。

这就使我想到我一生中所看过的宣言的内容。回顾那些宣言，我首先注意到，它们真正使人感兴趣的不是它们呼吁实现的目标。大部分呼吁都直白浅露，甚至是陈词滥调。这一类的宣言汗牛充栋，许多很快即成为明日黄花。就连伟大的、激动人心的《共产党宣言》的内容也是如此。《共产党宣言》至今活力不减，在过去的

10年里，资产阶级自己重新发现了它的重要性，因为在西方没有一个政治上有分量的左派。我们今天读《共产党宣言》的理由和我15岁时读它的理由一样，是因为它精彩迷人的文体和激情洋溢的措辞，主要是开头几页关于世界变化的意气风发的分析性展望。接下来的大部分建议只有研究历史的人才感兴趣，多数读者都略过不看，直接翻到最后的嘹亮号召——工人阶级失去的只是锁链，得到的却是整个世界。全世界无产者联合起来！不幸的是，这一说法也已经不再有效。

当然，任何关于未来的文字都有可能失误，因为未来是不可预知的。关于现在，我们很清楚哪些东西我们不喜欢，为什么不喜欢，这也是为什么在所有的宣言中，最为出色的都是谴责现实的部分。至于未来，唯一可以肯定的只是我们的所作所为会产生始料不及的后果。

如果经久不衰的《共产党宣言》都是这样的话，那么创造性艺术领域中的宣言就更是如此。有一次，我在夜总会里听一位美国爵士乐手说："我的工具不是文字。"他代表了一大批艺术家。即使是诗人这种使用文字的艺术家，哪怕是才华横溢的诗人，他们的创作也并不遵循"先思考，再写作"的程序，而是遵循他们在很大程度上自己无法控制的过程。以我之见，这就是概念艺术的问题所在。在智力层面上，概念艺术的概念通常乏味无趣，除非是可以看作玩笑的作品，像杜尚的小便器，或者在我看来好玩得多的保罗·克利的作品。

所以，弄明白大部分艺术宣言的真正意图是很费力泄气的事情，除非把它们看作表演。但即使那样，它们通过俏皮话或笑话表达也比正经严肃的形式来得有效。达达派那种滑稽说笑演员的风格至今仍然为许多宣言所采纳，原因就在于：它的幽默既好笑，又是黑色的，而且，和超现实主义一样，它不需要解释，任凭想象力尽情发挥，毕竟，想象力是一切创作的基础。另外归根结底，不管餐馆把菜单如何吹得天花乱坠，布丁的味道还是要吃了以后才知道。

这就是艺术创造者比他们的宣言更成功的地方。我在《极端的年代》中写道："卓越的时装设计师以其不善于分析而著称，但他们有时能比专业的时尚预测家更准确地预见将来的时尚，这是历史上最费解的问题之一，对研究艺术史的人来说，也是最中心的问题之一。"我现在仍然不知道这个问题的答案。回顾1914年之前最后一个十年的艺术，我们可以看到它的许多内容都预见到了1914年之后资产阶级文明的崩溃。20世纪50年代和60年代的波普艺术认识到了福特式经济以及大众消费社会的含义，因此也看到旧有的视觉艺术必然退位。谁知道呢，50年后的学者在写到我们现在资本主义危机时刻的艺术或号称艺术的东西的时候，可能也会做出同样的评论，也许会转回头去寻求西方的丰富文明。在灵魂和市场之间，个人和集体创作之间，甚至在可以辨识的人类创作和淹没了这些创作的技术以及互联网无所不包的噪声之间，艺术都是在走钢丝，像那部出色的半纪录片《走钢丝的人》，但比电影里面艰难得多。总的来说，晚期资本主义给有创造力的人提供了过去从未有过的好生活，但所幸没有使他们对自己的境况或社会感到心满意足而不思进取。2060年的史学家从过去30年的文化产品中会看出什么对未来的预见呢？我不知道，也不可能知道，但一定会有人就此发表宣言。

第一部分

"高等文化"今天的窘境

第二章

艺术向何处去？

原为1996年在萨尔茨堡艺术节的节日对话中用德语发表的演讲。由克里斯蒂娜·沙特尔沃思译为英文。

其实，问一个历史学家新千年的文化将是什么样子是问错了人。我们是研究过去的专家，不问未来。至于现正经历着有史以来最剧烈变革的艺术，它的未来更是和我们无关。然而，专业预言家靠不住，尽管政府和企业听了他们的话花费巨资准备应变；既然这样，史学家只得冒险进入未来学的领域。毕竟，尽管有各种起伏动乱，但过去、现在和未来都是一个连续体的组成部分。

我们这个世纪各种艺术的特点是，它们依赖于史无前例的技术革命，尤其是通信技术和复制技术，并且被这种革命所改变。如果没有技术革命，比如没有电影，没有收音机，没有电视，没有衬衣口袋里的随身听，就无法想象大众消费社会这造成文化巨变的另一支力量。但正因为此，关于艺术的未来才难以做出概括性的预测。绘画和雕塑这类旧有的视觉艺术直到最近还是纯手工艺，丝毫没有受到工业化的影响——这也正是它们今天陷入危机的原因。另一方面，文学在半个千年前谷登堡发明铅活字印刷机的时候，就调整自己适应了机械复制。诗歌既不是公共表演的节目（史诗原来是公开表演的，所以印刷机发明后即销声匿迹），也不是中国古典艺术那样的书法作品；它只是把字母符号机械地组合而成的单位。我们是在纸上，还是在屏幕上或是别的地方看到它，虽然并非完全不重要，但却是次要的。

与此同时，音乐在 20 世纪有史以来第一次冲出了乐器和耳朵之间纯物理传递的限制。今天，我们拥有的文化体验，即所听到的绝大多数声响和噪声都是间接而来的——是机械复制或远距离传播的。所以，对瓦尔特·本雅明的复制时代，每一位缪斯的经历都有所不同，也以不同的方式面对未来。

那么我就来简短地概述一下不同文化领域的情形。既然我是写东西的，所以请允许我先谈文学。

首先要说明，21 世纪的大多数人已经不再是文盲（这与 20 世纪早期形成了鲜明的对比）。今天，世界上只剩下两个地区不识字的人还占多数：南亚（印度、巴基斯坦和周边地区）和非洲。正式教育意味着书本和读者。识字率只要提高 5% 就会增加 5 000 万读书的人，至少是使用课本的人。此外，自从 20 世纪中期以来，所谓的"发达"国家中大多数人都接受了中等教育，在 20 世纪后 1/3 的时间内，这同一批人中又有很大一部分接受了高等教育（今天英国受过大学教育的人约占人口的 1/3）。所以，各种体裁文学的受众成倍增加。这也意味着自 18 世纪以来一直是西方高等文化艺术传播对象的"受过教育的公众"的增加。目前，从绝对人数上看，文学的新受众仍在激增，就连大众媒体也在积极争取他们。

比如，电影《英国病人》演到主人公读希罗多德的著作，马上就有大批以前对这位古希腊历史学家最多只知其名的英国人和美国人去买他的书来读。

文字作品的普及必然导致新老本土文学的兴起并由此造成文学的发散，而这又会带来翻译的黄金时期，19世纪就出现了这样的情形。如果没有翻译，莎士比亚、狄更斯、巴尔扎克，还有那些伟大的俄国作家的作品怎么能成为各国资产阶级文化的共同财产呢？至少在一定程度上，我们这个时代的情况仍然如此。约翰·勒卡雷成为全世界的畅销书作家是因为他的作品经常被翻译成30~50种文字。不过，今天的情形在两个方面与过去有着根本的不同。

第一，我们知道，一段时间以来，文字一直在形象面前节节败退，书写印刷的文字也难与屏幕上的口语竞争。现在，连环漫画和文字极少的图画书的读者绝不仅限于刚会拼写的初学者。比这意义大得多的是纸质新闻在播报新闻和图画新闻面前的式微。整个19世纪以及20世纪大部分时间内，报纸一直是哈贝马斯所谓"公共领域"中的主要媒体，但到了21世纪，它却失去了龙头老大的地位。

第二，今天的全球经济和全球文化需要一种全球性的语言来补充地方语言，不仅为人数上可以忽略不计的精英阶层服务，而且也为人数更多的其他阶层所用。今天的英语就是这个全球性语言，很可能在整个21世纪会继续如此。已经有了一大批用英文写成的国际专业文献。这种新的英语——世界语与英国文学的语言没有丝毫关系，正如中世纪教会用的拉丁文同维吉尔和西塞罗的语言风马牛不相及一样。

不过这都阻挡不了文学作品数量的增加，这里的文学指所有的印刷文字，不只是纯文学。事实上，我几乎可以断言，尽管有各种各样的悲观预测，但印刷的书籍作为文学传统的主要载体将不太费力地屹立不倒，只除了几个例外，比如互联网上点击率最高的大部头参考书、辞典、字典等等。首先，最好用、最实用的莫过于16世纪阿尔杜斯·马努蒂乌斯（Aldus Manutius）在威尼斯发明的小型、便携、字体清晰的袖珍书。阅读这类书籍比读电脑打印件容易得多，也方便得多，而打印出来的材料又比不断闪烁的电脑屏幕易读不知多少倍。只要读一个小时打印出来的材料，再在电脑屏幕上把同样的材料读一遍，就能知道其中的分别。就连电子书的长处也不在于清晰易读，而在于存储量大，不用翻页。

其次，印刷的纸张至今仍然比技术更为先进的载体更持久。《少年维特之烦恼》的第一版今天仍清晰可辨，但电脑里储存了30年的材料却未必如此，或是因为它们像复印件和胶片一样，寿命有限，或是因为技术迅速更新换代，最新的电脑无法读出过去的电脑存储程式。电脑的胜利大进军消灭不了书籍，正如电影、收音机、电视，以及其他的技术革新也没能做到一样。

今天兴旺发达的第二种美艺术（fine art）是建筑，21世纪还将继续如此。人的生活离不开建筑。绘画是奢侈品，住房则是必需品。谁设计和建造房屋，在哪里建，如何建，使用什么材料，采用哪种风格，是由建筑设计师负责还是由工程师或电脑负责——这一切都可能改变，但对建筑的需求不会变。甚至可以说，在20世纪期间，建筑设计师，特别是伟大的公共建筑的设计师，成了美艺术世界的霸主。他——从事这个行业的总的来说还是以男性为主——找到最合适的，也就是耗资最巨大、最令人肃然起敬的形式来表现财富和权力以及民族主义睥睨天下的气概。（巴斯克地区延聘了一位建筑界的国际明星在毕尔巴鄂设计建造一座不落俗套的艺术博物馆作为民族象征，里面将展出另一个民族象征——毕加索的《格尔尼卡》，虽然那幅画并不是巴斯克地区的艺术风格。）

这一趋势在21世纪将继续发展，就此已无悬念。今天，吉隆坡和上海竞相建造世界最高的摩天大楼，以此证明它们有资格跻身世界级经济大都会之列。统一后的德国把新首都变成了巨大的建筑工地。但什么样的建筑能成为21世纪的象征呢？有一点是肯定的：必须要大。在大众年代，这样的建筑可能不会是政府大楼或者国际大公司的总部，尽管摩天大楼仍然以它们命名。几乎可以断言，21世纪的象征会是向公众开放的建筑或建筑群。在西方，资产阶级时代之前的这类建筑是教堂。19世纪时，至少在城市中，它们通常是资产阶级的教堂——歌剧院，和先进技术的教堂——火车站。（20世纪下半叶，火车站和它的继任者飞机场的建筑风格不再宏伟壮观，个中缘由值得有朝一日仔细研究。也许这种风格以后还会复兴。）在第二个千年结束之际，有三类建筑或建筑群有可能成为公共领域的新象征：第一是室内和室外的大型体育和表演场所；第二是国际酒店；第三是最近出现的巨大无比的封闭式购物和娱乐中心。如果要我打赌三选其一的话，我赌剧院和体育场。但如果问我，自从悉尼歌剧院建成以来风行一时的那种把建筑物外形设计得出乎意料、匪夷所思的时尚能维持多久，我可就答不出来了。

下面来谈音乐。20世纪末的世界处于音乐的饱和状态。声响与我们如影随形，特别是在封闭的空间里，无论是在电话上、在飞机上，还是在理发厅。消费社会似乎认为静默等于犯罪，所以，音乐在21世纪对自己的命运大可放心。当然，它会和20世纪时很不一样。它已经经过了电子化的根本性革命，这意味着音乐基本上已经独立于音乐家的创造性和技巧。在21世纪音乐的生产和传播中，人的作用将是微乎其微的。

我们实际上会听到什么样的音乐呢？古典音乐基本上依赖一套已故去的人创作的曲目。1996 到 1997 年间维也纳国家歌剧院上演的 60 来部歌剧中，只有一部的作曲家是 20 世纪出生的。古典器乐的情形也和歌剧相差无几。另外，在一个有 100 多万人口的都市中，至多有大约 20 000 上了年纪的女士和先生可能会去音乐厅听音乐，听众基本上没有新鲜血液的补充。这种情况是无法持续的。若是表演曲目单仍然因循守旧，就连新出现的大量间接听众也无法拯救古典音乐行业。市场的空间到底能容纳多少《朱庇特交响曲》、舒伯特的《冬之旅》或《庄严弥撒曲》的录音呢？自从第二次世界大战以来，这个市场三次因技术创新而得救，先是慢转唱片，然后是录音磁带，最后是光盘。技术革命在继续，但它的最新成果——电脑和互联网——实际上在摧毁版权制度，打破制作商的垄断，因此反而可能会影响销售。这一切绝不意味着古典音乐的消亡，但可以在一定程度上肯定地说，它意味着古典音乐在文化生活中作用的改变，并可以绝对肯定地说，它意味着构成古典音乐听众的社会群体的改变。

即使在商业大众音乐这个 20 世纪如此充满生机、活力和创造性的领域，今天也显现出了某种疲态。

仅举一例。今年（1996 年）7 月对摇滚乐乐迷和专家做了一次调查，结果表明，100 首"有史以来最好的摇滚乐曲"几乎全部是 20 世纪 60 年代写的，而过去 20 年的作品没有一首入选。不过，迄今为止，流行音乐曾多次重整旗鼓，在新的世纪中也应当能够再振雄风。

和在 20 世纪一样，21 世纪的人照样会摇臀扭胯地又唱又跳，但也许会有些意料不到的形式变化。

视觉艺术的情况则大不相同。雕塑在文化的边缘苦苦挣扎，因为这个世纪期间，无论在公共还是私人生活中，都不再用雕塑来反映现实或以人体表现某种象征。只要对比一下今天的公墓和19世纪纪念碑林立的公墓，就可以看得清清楚楚。19世纪70年代法国第三共和国期间，巴黎树起了210座雕像，平均每年3座。这些雕像在第二次世界大战中损失了1/3。众所周知，"二战"结束后，安德烈·马尔罗手下的人打着审美的旗号继续干劲十足地对雕像进行铲除。而且，第二次世界大战之后，至少在苏联之外的地方，没有建造过几座战争纪念碑，部分的原因是可以把"二战"期间阵亡将士的名字刻在第一次世界大战纪念碑的底座上。旧时的寓喻和象征也不再使用。简言之，雕塑失去了它主要的市场。它千方百计设法自救，在公共场所树立巨大的雕塑；也许这一招是从建筑那里学来的，无论是什么形状，只要大就能镇人。也出现了几位才能卓越的雕塑家。至于这些办法和努力能否成功，到2050年再回过头来看要比现在看得更清楚。

西方视觉艺术的基础是呈现现实，与伊斯兰艺术有所不同。从根本上说，从19世纪中期开始，来自摄影的竞争使形象艺术遭到重创。摄影实现了形象艺术过去担负的主要任务，即呈现人眼中所见的景象，而且摄影比形象艺术更容易、更廉价，也更精确。我认为，这说明了在印象派之后先锋派崛起的原因。绘画要超越照相机，尝试了各种各样的方法，如新的表现技巧、表现主义、幻想和幻觉，最终是摈弃表象的抽象主义。这种上下求索在时尚的风水之轮的调节下变为永恒的求新，和科学技术一样，新的当然就是更好的、更进步的、更现代的。这种"新的冲击"[罗伯特·休斯（Robert Hughes）语]自从20世纪50年代以来失去了艺术合法性，原因这里无暇详细解释。此外，今天的现代技术也能生产出抽象的，或者至少是纯装饰性的艺术，与手工艺相比毫不逊色。绘画因此而陷入了我认为是水深火热的危机，这并不排除以后可能会出现好的，甚至出类拔萃的画家。过去的10年中，颁给年度最佳英国青年艺术家的透纳奖候选人中的画家为数寥寥，这也许不是偶然的。今年（1996年）筛选到最后一轮的4位候选人中没有一个画家。威尼斯双年展也不再包括绘画。

那么绘画艺术家都在干什么呢？他们在做所谓的装置艺术和摄像，虽然那还不如舞美设计师和广告设计师的工作有意思。他们拿经常是令人反感的"捡拾物体"做文章。这些艺术家主意倒是不少，但有时是馊主意——20世纪90年代的视觉艺术正在从艺术倒退回主意。只有人才有主意，镜头和电脑是不会有思想的。艺术已经不再是发挥创意做的事情和生产的物体，而是脑子中的想法。"概念艺术"追根溯源来自杜尚。正如杜尚破天荒地把公共厕所的小便器作为"现成艺术"展出所表现的，这种时髦做法的目的不是扩大美艺术的范围，而是要摧毁美艺术。这些做法是在向美艺术宣战，更确切地说，宣战的对象是"艺术作品"，即由一位艺术家单独完成，希望得到观者的欣赏和崇敬，并由批评家根据美学的标准予以评说的创作。可是，今天还有哪个艺术批评家这么做呢？今天，还有谁在艺术批评中使用"美"这个字时不带嘲讽之意呢？能毫无困难地就"美"或"不美"达成一致意见的人只有数学家、象棋选手、体育新闻记者和对人的美赞赏钦慕的人，这里所说的人的美包括面貌身材，也包括声音。艺术批评家做不到这一点。

经过3/4世纪之后，视觉艺术正在回归达达主义年代的倾向，也就是回归1917—1923年间那些不是想实现艺术的现代化，而是要摧毁艺术的极端悲观的先锋派。此事意义重大。视觉艺术家意识到，我们关于艺术的传统观念实在越来越跟不上时代。传统的艺术观念所适用的是老的手工创造的艺术，是那些并入古典主义的艺术。但对于今天充斥各处，使人应接不暇的感官印象和感觉的世界，它已不再适用。

这里有两个原因。第一，这种印象和感觉的洪流无法分为艺术家单独创造的各个不同单位。即使高级时装设计如今也不再被视为天才设计师的专有领地。曾几何时，富有的顾客向巴伦西亚加[1]、迪奥和范思哲这样的天才订制量身单做、只此一件的时装；作为天才设计师的伟大作品，这样的时装启发了并统治着大众时尚。现在，他们的鼎鼎大名成了给人提供各种身体装饰的服装业跨国公司的广告。迪奥公司靠的不是为富有的女士创造时装，而是大批量销售因迪奥的名声而身价百倍的化妆品和成衣。像所有为解决了温饱问题的人提供服务的行业一样，时装业有创造性的因素，但它不是，也不可能是过去意义上的创造，不是某个希望达到天才水平的艺术家独立产生出来的物品。事实上，在如今的雇用聘书使用的新词汇里，"创造性"指的只是并非完全程式化的工作。

第二，我们的世界是消费文明的世界。在这个世界中，对人所有愿望的满足（最好是立即满足）决定着生活的结构。对愿望的满足有没有等级的次序呢？有可能建立这样的次序吗？把使人感到愉快的某一个原因单独挑出来进行审视研究到底有没有意义？众所周知，自从20世纪60年代以来，毒品和摇滚乐走到了一起。英国青年所谓的狂欢由音乐和跳舞、饮酒、吸毒和性交、欣赏自己的衣着——用最新的时尚包装身体——以及狂欢的人群中其他人的衣着等各种

---

[1] 以巴伦西亚加的名字命名的品牌，中译名是巴黎世家。——译者注

经验所组成，参与者对这些不是分别经历，而是一股脑地同时经历。正是这种不同经历的联系构成了今天多数人典型的文化体验。

老的资产阶级社会对艺术和高等文化另眼看待。艺术如同过去的宗教，是"更高的东西"，或者是向着更高的东西——"文化"——迈出的一步。欣赏艺术导致心灵的升华，因此是一种虔诚的活动，无论是像阅读这类的私下活动，还是公共场合的活动，如看戏、听音乐会、参观博物馆，或参观金字塔或帕提农神庙这样的世界文化著名遗址。它与日常生活和普通的"娱乐"截然不同，除非"娱乐"上升到文化的高度，比如，约翰·施特劳斯的音乐不再在维也纳的小酒馆里演奏，而是由卡洛斯·克莱伯（Carlos Kleiber）这样的大师来指挥，或好莱坞 B 级片经巴黎的批评家评论赞美，摇身一变成为艺术作品。当然，这种艺术体验依然存在，我们参加的萨尔茨堡艺术节就是例子。然而，首先，并非所有文化中的人都能接触到这类体验；其次，至少对年轻一代来说，它已不再是典型的文化体验。把文化和生活，欣赏和消费，工作和休闲，身体和精神隔离开来的高墙正在被拆毁。换言之，资产阶级评价性的批评意义上的"文化"正逐渐让位于纯描述性的人类学意义上的"文化"。

20 世纪末，曾经可以称为"艺术"的大环境中充斥着大量的文字音像，把艺术作品完全淹没其中；另外，在这个不再可能区分内在和外来感觉的领域里，审美不复存在，因此也造成艺术作品的消失。在这种情况中，怎么还能奢谈艺术呢？

今天，一段音乐或一幅画所引起的激动情绪在多大程度上是因为它牵动的联想——不是因为歌曲美妙，而是因为它是"我们的歌"？对此我们说不清楚。而除非我们能够回答这个问题，否则现有艺术的作用，甚至它们在 21 世纪是否能继续存在，都无法确知。

第三章

文化共生的世纪？

原为在2000年萨尔茨堡音乐节上的德文演讲。由克里斯蒂娜·沙特尔沃思翻译为英文。

历史学家把预测未来的事情留给别人去做，但他比起未来学家有一点优势。即使历史无法帮他预言未来，但至少能帮他从现在看出历史上的新东西，并可能因此而对未来稍窥门径。所以，我在这次节日对话中的发言就先从回顾过去开始。

不知是否还有人记得那句老话："出门旅行的人回来有新鲜事说。"从前，旅行是很不寻常的事情。1935年，我的朋友，出色的法国希腊学家让-比埃尔·韦尔南（Jean-Pierre Vernant）当时20岁，他背着帆布背包，和两个同伴一起第一次去希腊旅行。希腊的村民远远地看到这几个陌生人的身影就敲响钟声，家家争相款待他们。陌生人的到来对他们来说是新鲜事——毕竟几乎从没有外人来过，也是村子的荣耀。[1] 今天的情况如何呢？ 20世纪90年代中期，900万~1 000万外国人到访过希腊，这意味着假日时希腊的外国人比希腊人还多。根据官方数字，从1999年10月开始，我们的地球人口已经超过了60亿。据可靠估计，1998年国内和出国旅游的总人数超过了50亿。(他们中间许多人每年旅行不止一次，这更突出了当今时代空前的人口流动。)关于人口流动只再提一个数字：今年美国的人口普查有可能确认，加利福尼亚州3 400万人口中一半以上不是出生在美国，而是来自拉丁美洲、亚洲和非洲。即使这次人口普查的结果不是这样，几年以后也肯定会达到这个水平。

这种人口的流动对21世纪，特别是对文化来说，意味着什么呢？这就是我今天要谈的主题。我想请大家仔细思考一下这个问题。很不幸，这不仅是学术界、文化的创造者以及文化的消费者面临的难题，而且也是领导人面临的一个具有争议性，甚至可以说是具有爆炸性的问题。这个美丽国家[1]的领导人也同样不能幸免，但受这个问题影响的绝不仅限于上述几类人，因为随着几十亿人在各地的流动，艾滋病这类传染病和仇外情绪也蔓延开来。

人口流动有三种迥然不同的形式。首先是正常的国内和国际旅行，即商业旅行和休闲旅行——通勤除外；第二种是自愿或被迫移民，包括出国移民和从国外来的移民；但第三种是20世纪晚期以来的全新现象，这类流动的人员姑且称其为跨国人员。对第三类人来说，跨越国界是小事一桩，因为他们的生存并不与任何固定的地方或国家相联系。几十年前，这种跨国人士只有十几个，可能都来过萨尔茨堡，因为他们是音乐这一最国际化的艺术中的明星。今天，这样的人数以万计，在新世纪中会进而增加到几百万。相当一部分的商业旅行者也许已经属于跨国人士了。

对许多人，包括多数旅游者来说，文化体验是旅行的一个重要

---

[1] 指萨尔茨堡所在国奥地利。——译者注

动机——迪士尼乐园和热带的异域风情也是文化的一部分。但这个领域与我所谈的题目关系不大。尽管旅游业对全球经济来说日益重要——到世纪末，它已占总就业的12%，但从文化上看，它并未产生多少新东西。大规模旅游在欧洲早已成为常态。事实上，在20世纪末期，汹涌而来的旅游大军甚至迫使当局采取措施监督和限制进入重要文化场所和活动区的人数；今天这一做法已是司空见惯，重要的国际展览会都是这样做的。

新世纪必将带来进一步的监督和限制，哪怕只是因为旅游热点面对参观的人潮穷于应付，无论是佛罗伦萨和威尼斯，还是滑雪场和山峰。与世界范围内的环境问题相比，这种地方性的污染比较容易对付，当地人也早已习惯了大批的游客。即使我们的经济依靠游客，但他们作为一个群体，和我们的实际生活没有直接的关系。他们待不了多久就会离去。我们抱怨他们，但只是和抱怨大众社会每天的烦心事一样，如高速公路上卡车成群结队，找不到停车位，地铁太拥挤，等等。当然，也有谁也不欢迎的游客，比如英国足球的流氓球迷。而且，由于长距离短期旅行越来越容易，像伊维萨岛这样的地方恐怕会有越来越多的（多数是年轻的）野蛮人到来。不过这也不是新事物：几世纪以来所有重要的港口城市都一直为这样的入侵准备好了"绳索大街"[1]和其他供水手作乐的地方。

另一方面，至少有一种旅游业给当地人带来的不只是金钱，还有别的好处，因而得到热情鼓励，特别是在文化意义上的边远地区，更不要说这样的地区已经越来越成为中产阶级度假别墅的所在地。这造成了近几十年来文化旅游业的腾飞，而且这样的迅速增长在21

---

[1] "绳索大街"系德国汉堡的红灯区。——译者注

世纪中一定会继续下去。今天，欧洲已经有至少1 300个文化节。我家在英格兰和威尔士的边界上有一所小房子。夏天时，从我家的房子朝不同的方向走几十公里即可到达不同文化节的举办地，有小型古典音乐节、一个重要的文学节，还有一个出名的爵士乐节，它吸引了许多国际人士——至少是英裔美国人——来到这个地区。来客在这里除了别的之外，还会发现在附近的一个历史小镇上有好几家米其林星级餐厅。在新世纪中，这种模式可能会继续发展，但不会有多少出乎意料的东西。因此，旅游业在21世纪的文化效应可以忽略不计。

全球商业旅行者这一新类型可能更有意思些，因为它带我们进入了全球化的新世界。这类人数以十万计，已经产生了两个新的文化方向：一个是世界范围内（几乎全是英文）的日报，比如《先驱论坛报》；一个是国际酒店电视频道选择的特殊组合。这些媒体的有意思之处是它们的受众遍布全球，或至少是今天还在莫斯科，明天可能就到了墨西哥的人，所以需要全球的天气预报并了解世界各地的文化活动（《金融时报》就有每周的预告）。住过酒店的人都知道，电视节目提供全球、国家和地方新闻，还有由客人自选的娱乐节目，其中最主要的是电影。文学几乎没有，其他的视觉艺术也仅作点缀，除了电影里的音乐以外，国际酒店里如果有音乐也主要是背景音乐。今天，音乐方面的典型情况是，专心聆听和制造音乐，比如听音乐会或在澡盆里引吭高歌，只占我们日常吸收的音乐的一小部分。此外，大部分人利用现代技术听音乐都几乎完全是私下的活动，不必依靠公共媒介，通过互联网听音乐也是指日可待的事。

国际酒店住客的世界文化也许乏善可陈，不过，我认为它并不能预示21世纪的世界文化。一方面，美国有线新闻网证明，它的主要对象仍然是非典型的公众，是单独旅行，几乎清一色男性的商务经理。在商业、文化，甚至语言方面，这种人属于当今专门的一种美国化的全球专业人士类别。所以，美国有线新闻网的文化只代表新的世界文化的一小部分。

另一方面，媒体艺术正处于技术的中间阶段，如同亨利·福特时代的工业一样（麦当劳也是一样），它仍在标准化的时期，也就是说，由少数几个文化上趋同美国的全球性公司来确定极为有限的选择。也许是由于技术的原因，目前给我们提供的只是多种不同文化的共同特征。这只是文化生活中非常有限的，可以说是极小的一部分。再过几年，在数字技术和互联网的作用下，情况会大为改观。

我们可以清楚地看到，全球化不是简单地扫除地区、国家和其他的文化，而是以一种特别的方式把它们结合在一起。举两个例子。厄瓜多尔的一个地方有一群印第安人擅长织造，他们靠出售纺织品设法进入了现代的全球化经济。几十年前，这些背着背包的印第安人在拉丁美洲的城市里到处可见，有时他们甚至远赴纽约。奥塔瓦洛人（Otavaleño）很容易辨认：妇女身穿深蓝色裙子，男人披着披风，长长的头发编成辫子。

过去的几十年间，他们发达了，成为厄瓜多尔最有钱的人，这意味着他们可以买得起现代西方消费社会提供的货品。但令人惊奇的是他们没有美国化；正好相反，可以说，他们把美国的影响"奥塔瓦洛化"了。青少年像加利福尼亚州他们的同龄人一样，穿牛仔裤和锐步牌运动鞋，但同时又戴他们祖祖辈辈都戴的帽子，头发也按照传统编成长辫子。女人开切诺基吉普车，却穿传统服装。在这里，全球化没有造成同化，而是带来了新的机会，至少使这个新生的印第安资产阶级得以强调传统文化中的具体因素，比如风俗和语言。

我要举的第二个这种调和的例子来自一位英国作家伊恩·布鲁玛（Ian Buruma）从遥远的中国拉萨写来的报道。据布鲁玛说，这个城市到处可以听到中国和印度的流行音乐，还有游戏厅里年轻的西藏人入迷地观看的美国录像片中机枪的"哒哒"射击声。布鲁玛是这样描述西藏的一家夜店的：

> 装潢看起来有点儿西藏的风格，帘幕的白地上有红、蓝、绿的条纹。歌曲有印度的，也有中国的……有的表演者身穿传统的藏族服装……录像屏幕上放映着好莱坞的影片片断，包括《泰坦尼克号》的镜头和《乱世佳人》里亚特兰大被毁的场景，另外还有可能是旅游宣传片里西藏的通常的景色：民族舞蹈、吃草的牦牛、吹号的僧侣（等等）。墙上挂着《蒙娜丽莎》，旁边摆着一尊塑料制的菩萨头像。[2]

经常有人以为全球化会使世界同化，归入一个占统治地位的单一模式，说穿了就是西方的，或更精确地说，美国的模式。若是只看生活中由技术管理的方面，像机场、现代办公室设计和足球场，这话也许不错。但可以确定，在文化上，它会导致一个文化混同共存的多种多样的世界，甚至也许能带来一个调和的世界。有人可能会问，难道从厄瓜多尔的小镇上和拉萨的夜店里能看出未来的轮廓吗？对此可以反问，为什么不能呢？

这就涉及目前涌向世界各地的移民大潮，涉及那些抵制移民的地方，如欧盟、日本，以及试图同化移民的地方，如北美和澳大利亚。富裕丰足、安定和平的地方和贫穷的地方之间差距越大，从后者向前者流动的人就越多。20世纪发生全球性大灾难之前，只有少数几个欧洲国家的人民听说过世界某些地方的某些国家遍地是黄金，而今天这一点全世界无人不知。移民造成的人类再分布造成了什么文化后果呢？

在一个方面，这种大规模移民可以说是新事物，因为它正好发生在人类摆脱了时间和距离限制的时代。换言之，去国离乡的移民不再像20世纪晚期之前那样去而无返，甚至一辈子都不能再回故土。在我们这个时代，即使是最长的旅途也是以小时计算，而不是以天计算，更不是以周或月计算；打电话这种口头联系只花几分钟，而通过电子邮件的书面通信几秒钟即可完成。因此，侨民一直与国内家人保持联系，经常回国，越来越多的人现在过着两地生活，在原籍国和移居国同样活跃。大家都知道这样的例子。当然，这种国际的两地生活在原则上与国内的两地生活并无二致，如一位意大利教授家住都灵，却在那不勒斯上班。但引起我兴趣的，是今天的这种生活跨越了国界、语言、文化，以及阶级。这种同时生活在两个文化中的情况有什么意义呢？

首先，它削弱了主导或统治性文化的地位，尤其是因为统治性文化由于识字的普及正在失去其对于公共书面文字的垄断。过去移民潮的第一代基本不受移居国的同化；第二代则两种文化兼有，希望最终能完全融入移居国的主导文化。这两种文化彼此互不影响。典型的例子是好莱坞。众所周知，好莱坞几乎百分之百是由中欧和东欧的犹太移民创立的。顺便说一句，他们在纽约也发展起了自己生气勃勃的高等文化——易卜生的话剧在美国首次上演是用犹太德语（Yiddish）演出的。但在好莱坞黄金时代的影片里，几乎完全看不到犹太人或其他移民的影子（可能唯一的例外是爱尔兰裔移民）。

那些电影展示的美国人形象全部是英裔美国人，就连演员的名字也尽量全部英国化，除了专门显示异国风味的影片。反之，住在美国或从美国回国的几百万意大利人对意大利的文化也几乎没有影响。此外，移民不仅与所在国的文化没有关系，而且也隔绝于祖国的文化，因为他们永久地离开了故土，与祖国不再有现时的联系。因此，今天的侨民所谓的"远距离民族主义"情感的成因基础在许多情况中已不复存在。爱尔兰共和国争取摆脱联合王国以实现独立的斗争80年前就已结束，但爱尔兰裔美国人仍然深陷其中，继续热情地支持爱尔兰共和军。来自克罗地亚、乌克兰、立陶宛的移民更是如此，因为长期以来一直不准他们与祖国有任何联系。

实际上，今天的移民生活在三个世界中：他们自己的世界、移居国的世界，另外还有全球的世界，因为现代技术和资本主义的消费及媒体社会使全球世界成为人类的共同财产。但移民接受国的国民，包括第二代和第三代移民，所生活的世界也同样的多姿多彩。伦敦小学里的学生讲90种语言，这在大城市里已经是屡见不鲜的情形。

这种文化上的非对称性是今天所谓的多元文化问题的根源，这是个高度政治化的问题（特别是在英语世界中）。多元文化意味着对所有自称为文化团体的集团都予以公开承认。这样的团体只注重自己关心的事情。英国的穆斯林只要求国家不妨碍伊斯兰教，至于英国的犹太教徒、印度教徒、天主教徒或佛教徒的境况，他们则全不放在心上。但英国学校的老师要关心所有这些群体，因为他们的学生来自世界各地，如尼日利亚、加勒比地区、印度、塞浦路斯（包括希腊人控制的地区和土耳其人控制的地区）、孟加拉国、科索沃和越南。英国广播公司的节目策划人也要兼顾各种不同的人群。

我不想涉足关于各种不同文化的特征的讨论。所有这些文化都受英语世界文化的影响，这没有什么新鲜的。新鲜的是大规模移民带去的各种文化也在影响刺激着所在国的文化，而所有的文化中都渗透了全球文化的要素。

这一点在流行音乐和舞蹈音乐中最为明显，因为这类音乐与古典音乐不同，可以自由地吸收非正统的或新鲜的因素。美国的拉美移民，主要是加勒比移民，在这方面贡献巨大。但同样有意思的是美国的好莱坞大片后来也接受了过去的移民文化。这些电影并非针对移民的专门市场，而是面向好莱坞全体受众的。仅举一例：美化黑手党的电影自20世纪70年代才开始出现，在此之前这类电影是人们无法想象的。（顺便说一句，以前意大利裔美国人会愤怒地把这类电影斥为污蔑。）在英国电影中，南亚移民的因素发挥了相似的作用。需要承认，至少到现在，我们谈的基本上还是以知识分子为受众的电影。

传统的高等文化中是否也能看出不同文化的结合呢？在文学，尤其是小说中，这种结合非常明显。像通常那样，较早的移民首先起步：今天北美文学的一个重要组成部分是具有民族意识的美国犹太小说这一体裁［作家有索尔·贝娄（Saul Bellow）和菲利普·罗斯（Philip Roth）］。不过，有"21世纪的犹太人"之称的亚洲移民在美国的生活体验已经开始在美国文学中出现。

显示这种不同世界的共存与混合的最好例子莫过于烹饪，每个国家的烹饪都日益向着国际化发展。据布鲁玛说，即使在遥远的中国拉萨都可以在餐馆点到比萨饼。本地烹饪仍然存在，有时是出于宗教的要求，而移民和外出度假的普及使得花样繁多的各种地方菜肴成为每天都吃得到的东西。事实上，不同地方的烹饪进行了一场世界范围的优胜劣汰的竞争，迄今为止似乎出现了两个优胜者：全球化形式的中式烹调和意大利烹调。用文化用语来说，意式浓缩咖啡和比萨饼（还有蒜味明虾相助）只能以雄霸一时的意大利巴洛克式歌剧来比拟。此外，现代技术和全球化生产使人们在世界各地的超市一年四季都能买到芒果和木瓜。由于美国的经济霸权，可口可乐、汉堡包和炸鸡风靡全球。

不过，我们这个时代的突出特点，可以假设也是新世纪的特点，是某些移民群体在所在国的具体影响。在座各位有人可能会想到德国的土耳其人和法国的北非人。我是英国人，我想到的是南亚人。从烹饪角度来说，自从大英帝国灭亡以后，印度就通过南亚移民征服了英国。印度餐馆（顺便指出，所有印度餐馆几乎都是孟加拉国的一个省的移民开的）的数目从几百家增加至 60 000~80 000 家——这意味着英国人已经皈依了印度烹饪。为了适应英国人的口味，甚至发明了南亚根本没有的新菜式。无论多排外的英国人都不可能不知道萨莫萨三角饺、咖喱酸奶烤鸡和咖喱肉，它们已经和炸鱼和薯条一样普及——可能更为普及，因为鱼现在成了高级菜。一个类似的例子是美国的墨西哥菜，它的一个野蛮的变种，得州墨西哥菜，久已流行于美国西南部各州。

所以，在烹饪意义上，我们也是同时生活在好几个世界中。巴别塔的诅咒使我们至今无法建立一个单一的世界文化。相反，财富的扩大和正式教育的普及可能会动摇当今英语的全球垄断地位。今天，互联网上大约 90% 的资料都是英文的，这不仅是因为美国人和英国人占互联网用户的很大部分。但当 11 亿中国人、5 亿讲印地语的人和 3.5 亿讲西班牙语的人也使用互联网的时候，哪怕数量上只是英美用户的一半，那么不仅英语，就连西欧字母的垄断也都到了末日。

然而，文化不仅仅是超市，让我们依照自己的喜好各取所需。一方面，现代消费社会和娱乐业形成的汇合型全球文化可能已经成为我们所有人生活的一部分。但另一方面，在后工业化的信息时代，教育（这里指中学、大学和大学以后的教育），比过去任何时候都更具有决定性的意义。无论在国家内部还是在世界范围，它在技术方面以及阶级的形成中都是一个团结性的因素。在互联网上无国界的市场中，具体团体的次级文化，哪怕是最小的团体文化，都能建起自己的文化舞台和除它们自己以外没人感兴趣的媒介，比方说新纳粹变性人，或欣赏卡斯帕·大卫·弗里德里希的伊斯兰教徒。然而，决定社会的财富和权力落入谁手的教育制度却不能由后现代的玩笑来确定。需要制订一套针对青年的教育纲领，对象应不仅是一国之内或一个文化圈内的青年，而是全世界的可造之才。这至少在知识文化的一个特别领域中保证了知识和文化价值观的某种普遍性，规定了一个"受过教育的人"应该知道的一套基本的东西。贝多芬、毕加索和《蒙娜丽莎》这些名字不可能从21世纪的一般性知识中消失。当然，这套基本的"一般性知识"也不会像50年前那样仅限于某个地区。参观马丘比丘、吴哥窟、伊斯法罕和印度南部的庙宇城市将同访问威尼斯和佛罗伦萨一样，成为教育的一部分。至于会不会出现很多以老的艺术形式——文学、绘画和音乐——创作的新的世界经典，我在这里不想谈及这个问题。

这个不断运动结合、复杂而多方面的新世界是否有希望带来我们这个排外的时代所严重缺乏的人与人之间的亲善呢？我不知道。但我相信答案也许能从世界各地的足球场上找到。足球这个最全球化的运动同时又是最国家性的。对今天的大多数人来说，代表着"民族"、国家、"我们自己人"的是足球场上的 11 个年轻人，不是领导人、宪法和军队。国家足球队看起来是由本国国民组成的，但我们都知道，那些百万富翁球员一年中只有几天为国效力。他们的主业是做报酬丰厚的跨国雇佣军，几乎全部在外国踢球。一个国家的公众每天欢呼的球队是由来自不知多少国家和种族的球员组成的，换言之，他们是世界各地公认最好的球员。最成功的足球俱乐部有时顶多只有两三个本国的球员。就连球迷中的种族主义者也觉得这种情形无可厚非，因为他们想要自己的球队赢球，哪怕球队在种族上已经不再纯粹。

法国是幸福的国家。它幸福，因为它向移民开放，不在乎公民的族裔。它幸福，因为它能从非洲人和非裔加勒比人、柏柏尔人、凯尔特人、巴斯克人和东欧及伊比利亚移民的后代中选拔国家队队员。它幸福，不仅因为它赢得了世界杯，而且因为今天法国人——不是知识分子和反种族主义的主力，而是发明了并仍体现着"沙文主义"这个词的法国大众——宣布他们最好的球员、阿尔及利亚穆斯林移民的儿子齐达内为"最伟大的法国人"。我承认，这基本上仍未远离各民族皆兄弟这一旧时的理想，但它与德国新纳粹的恶棍和卡林西亚州州长[1]的观点完全不同。如果对人的判断不靠肤色、语言、宗教这类因素，而是看他们的才能和成就，那么就有理由抱有希望。我们确实有理由抱有希望，因为历史是向着齐达内的方向，不是约尔格·海德尔的方向发展的。[3]

---

[1] 指约尔格·海德尔，曾是奥地利极右翼自由党党魁，支持纳粹，反对外来移民。——译者注

第四章

21世纪为何要举办文化节？

原为2006年在萨尔茨堡音乐节上的德文演讲。由克里斯蒂娜·沙特尔沃思翻译为英文。

"21世纪为何要举办文化节"这个问题不应当同"文化节在21世纪有没有未来"混淆起来。但显然，它们混为了一谈。文化节像兔子一样大量繁殖，自从20世纪70年代以来，它们的数量直线上升，至今涨势依然强劲。只在北美一地，就有2 500个文化节。33个国家中至少有250个爵士乐音乐节，而且数字还在连年增长。我对英国比对别的地方都更了解，今年（2006年）英国有221个音乐节，而3年前才有120个。不仅音乐节如此，其他的文化艺术活动也是一样，包括自从20世纪30年代就有的类型，如电影节，还有文学节或书展。这些活动的数目近几年来也在稳步上升，而且通常也包括音乐。今天的文化节已经像足球锦标赛一样全球化了。

这种现象本身并不令人惊奇。在经济力量日益强大的娱乐业中，特别是迅速扩大的文化旅游业中，这类活动已经成为固定的组成部分，至少在所谓"发达"世界的富裕社会中是这样。如今长途旅行极为便利；与萨尔茨堡文化节的头50年相比，现在办活动的资金十分充足；高等教育的巨大扩张又产生了大量的文化受众。今年，一家专做文化旅游生意的英国旅行社推出了去36个国家的150个这类的旅行团，具体包括27个参加音乐节的旅行团。简言之，如今文化成了利润丰厚的生意。

不过这些统计数字到底有什么意义，答案并不明显。艺术创作不是营利性的活动。文化节虽然是整个经济体系的一部分，但与歌剧一样，从经济角度来看并不合理。文化节如同奥运会或世界杯足球赛，只靠门票是无法维持的，哪怕是高价门票都不行。如果没有公共或私人的补贴和商业赞助，文化节，尤其是耗资巨大的文化节，根本办不成，歌剧就是这种情形。顺便指出，文化节在原则上不同于今天的大型体育活动，不仅是因为体育活动不像席勒在他的诗作《伊比库斯的鹤》中描述的"歌声飞扬，战车较量"那样，有意识地表现文化的内容，而且也因为文化节不是竞赛，没有输赢。

因此，通过经济分析看不出多少名堂。我认为必须换个角度，比如从地理角度来看这个问题。先来看这些定期文化节的举办地点。迄今为止，它们大多不在大城市和首都这些实际产生文化的中心。现代最出名的文化节不在伦敦、纽约、华盛顿或洛杉矶，也不在巴黎、罗马或莫斯科。我认识一位精明强干的企业家，他在英国乡下一个位于河边的海伊镇的偏僻地方创办了一个非常成功的文学节。后来他乘胜前进，在很多地方主办了这类的节日，从意大利的曼托瓦和西班牙的塞戈维亚，到巴西的帕拉蒂和哥伦比亚的卡塔赫纳，但当他企图把同样的模式引入伦敦时却铩羽而归。在中小型城镇，甚至乡村，举办的文化节反而特别兴旺，比如有些成功的通俗音乐节，或（纽约州库珀镇的）夏季歌剧节。这是因为文化活动，特别是文化节，需要某种社区精神，那不光是兴趣和感情的一致，在通俗文化节上它甚至是一种在公共场合的集体自我表现。这种超越个人的精神在大都市中是少之又少的，只能在特定环境里出现。

享受艺术不纯粹是个人的经验，还有社会的，有时甚至是政治的因素，特别是在剧院这种专门场所观赏精心策划的公共演出的时候。为此原因，在王公贵族统治下，文化活动是对新兴的文化及社会精英的实际教育。它不仅是哈贝马斯意义上的"公共领域"，也是实实在在的"公共领域"。即使它不像在资产阶级国家中那样得到宪法的承认，它也依然发挥了效力；因为它虽然没有在政治上正面挑战统治者的权威和贵族与生俱来的特权，但它从内部拆了这种权威的台。19世纪时，上演的戏剧或歌剧激起政治示威的事情时有发生，1830年甚至在比利时引发了革命；音乐发展出了有意识的民族乐派，即政治上爱国的乐派。这些都不是偶然的。

今天的文化节可以追溯到历史上一个新的精英阶层发现能够在舞台上表达文化、政治和社会观点的时候。这批意气风发的新精英来自资产阶级，或者应该说，他们成为精英凭借的是教育和能力而不是出身门第。意大利是这方面的典型例子，这种情况在这个国家中表现得最为明显。威尔第（Verdi）说过："剧院是意大利音乐的真正所在地。"从1815年开始，意大利在以后的50年间建起了613座新剧院，平均每年建造12~13座。在这狂热的建造潮中，私人基本上没有起任何作用。虽然这些剧院在当局的掌控之中，当局也出于各种原因对戏剧的上演予以支持——有哈布斯堡王室在伦巴第和威尼托对剧院的支持为证，而且剧院甚至在建筑风格上都遵循宫廷传统，但它们仍然具有潜在的颠覆性。这也不仅是因为意大利各公国的宫廷对文化的支持不如（数量多得多的）德意志各邦国的宫廷。

在意大利，文化方面的举措主要来自城邦的公民团体和组织，它们与其他城邦竞相建造最好的剧院。剧院是一个城邦的新形象，所以一定要造得雄伟壮丽；它是智力和知识的殿堂，常常和教会的神圣教堂相对而立。它所宣扬的文化是完全民族性的文化。1848年革命之前，意大利半岛上就已经上演了近800部歌剧，几乎全部都是由年轻作曲家创作的崭新的意大利剧目。比起那个时期之前的25年，新歌剧的数目翻了一番。维泰博、塞尼加利亚、安科纳和帕尔玛的公民是通过舞台学会做意大利人的，而在意大利，舞台就是歌剧。

这个历史小插曲是我从历史学家卡洛塔·索尔巴（Carlotla Sorba）的著作中获悉的，它和文化节的未来有什么关系呢？现代文化节的创办也经常是出于类似的动机，也许今天主要的动机是经济，但也有当地的爱国主义因素，比如佩萨罗的罗西尼歌剧节，或仍然打着本杰明·布里顿旗号的阿尔德堡音乐节。不过许多文化节，特别是像萨尔茨堡这样的国际文化节，只有一小部分稳定的当地受众，主要还是靠新受众，或者像夏天的度假胜地一样，靠每年都来的回头客。在这个方面，地方的名声或美丽的景色确实起一定的作用，萨尔茨堡从一开始就绝妙地利用了当地的风景和包装纸上印有莫扎特像的巧克力球对人们的吸引力。然而，尤其自青年文化兴起以来，今天的许多音乐节都是由喜好某一个具体音乐类型的人组办的，比如重金属音乐，或像吉他这类具体乐器的音乐，或使用技术的音乐，如电子音乐节。它们表达了分布在世界各地的志同道合者的兴趣和爱好，这些同好者愿意借音乐节的机会时不时地在一起聚会一下。

这种聚会对像摇滚乐这类扎根于青年文化中的艺术尤其重要。这类音乐节主要是大家的集体自我表达，所以艺术家和听众的互动具有决定性的意义。在新老精英文化的文化节中，这一点就不太重要。古典音乐和爵士乐曲目里有室内音乐，但朋克摇滚乐或重金属音乐却没有室内演出的曲目。

今天新型的音乐节和19世纪时歌剧的爆炸式发展还有一点共同之处：它们在发生时都尚未产生经典之作。像如今在电影院和商业舞台上一样，观众期望在剧院和音乐厅中听到些新东西，是否由受追捧的著名艺术家演出并不重要。不错，随着时间的推逝，每一种活着的艺术都会发展出自己的经典作品或艺术家，成为保留曲目的内容，比如，多尼采蒂（Donizetti）创作的75部歌剧中有三四部现在仍在上演，数码光盘录制（DVD）的经典老电影是另一个例子。摇滚乐也是如此。但如果一种风格或体裁的发展已经枯竭，或与大众脱离了联系，只剩下一些死去的经典作品或大众无法欣赏的先锋派作品，那么情况就不妙了。自从第一次世界大战以来，西方古典音乐就处于这种境况，20世纪60年代之后的爵士乐也陷入同样的困境。一些人试图采取革命性的手法摆脱传统，使这两种音乐重振雄风的努力皆以失败告终——做出的努力尽管引起了听众的注意，但并未得到普遍接受。在今年的（瑞士）韦尔比耶音乐节上，除了爵士乐外，演奏的曲目有56位已故作曲家的作品，活着的作曲家最多只有五六位，而且只演奏了他们作品的节选。除俄罗斯作曲家的作品外，几乎没有20世纪下半叶的音乐。在世界知名的音乐节上不要指望有意外的惊喜。

另一方面，以摇滚乐和流行音乐为主的（丹麦）罗斯基勒音乐节今年在举办的四天之内一共有大约10万人参加，有来自世界各地的170个乐队演出，这些乐队有的出名，有的并不出名，但它们演出的几乎都是出乎意料的原创的新曲子。所以，这个音乐节像是一次新景奇观目不暇给的旅行。一个名叫"无政府晚间娱乐"的乐队说，谁若是感兴趣，甚至可以比较"弗兰克·扎帕、维瓦尔第和约翰·克特兰之间是否有共同之处"。可见在古典形式的音乐停滞不前的时候，非古典音乐正在开辟新的道路。

比如，在全球化的时代，由两个年轻的英国人发起的WOMAD（音乐舞蹈的世界）基金会致力于推广所谓的世界音乐，也就是世界上各种音乐传统之间的联系。今年，WOMAD基金会在英国、澳大利亚、新西兰、西西里（地区）、西班牙、加那利群岛、韩国和斯里兰卡都举办了音乐节。仅在西西里陶尔米纳圆形剧场的演出就聚集了来自布隆迪、牙买加、南非、韩国、西西里（地区）、中国、佛得角、英国和爱尔兰的艺术家。这种探索背后经常悸动着文化的或颠覆性的，甚至是政治的动力。这方面有说服力的证明是自从1960年以来巴西音乐的兴盛，现在巴西音乐当然已是世界闻名，不过它不属于我们这次讨论的范围。

关于这类艺术节，"为何要举行"这个问题的答案不言自明。我们生活的时代是一个文化扩张和文化变革的时代。新艺术节的特点与其说是摆脱过去，锐意创新，不如说是发现了艺术沟通和审美体验的新形式，而这样的新形式又经常是由公众自发组织的新团体促成的。它们能否成为有知识、有修养的公众的总体文化资产的固定部分，这一点尚不得而知。重要的是，公认的"官方"高等文化（顺便指出，这种文化几乎完全基于欧洲的模式）不应该在制度上把自己与艺术方面尚未得到承认的发展趋势隔离开来。在21世纪，艺术节，无论是新是老，只要对新事物持开放的态度，就可以在我们这个不断剧变中的全球化世界发挥比上个世纪更重要的作用。艺术节是自从第二次世界大战以来才开始增多的，从这个角度想，21世纪很可能会成为这种文化体验形式的全盛时期。在这方面，艺术节的作用当然比不上互联网，但互联网还年轻，最多只有12岁，它对21世纪艺术发展的影响还无法预料。

而且，艺术体验与一切形式的人与人之间的沟通一样，只靠"虚拟的"形式远远不够。所以，一定仍会有在实际的地方举行的线下活动，使人可以继续梦想有朝一日，社区、艺术、地方特色，以及观众和艺术家能够天衣无缝地融为一体。有时这个梦想在某个时刻真的可以成为现实。

传统的古典音乐节和戏剧节又如何呢？我们还需要它们吗？还需要用它们来保存从17~20世纪的西方经典音乐吗？这批伟大的遗产必须保存。如果失去它们，或像对待历史上的伟大史诗那样，只把它们保留在大学课程里，那就太悲惨了。毫无疑问，古典音乐和爵士乐这两种艺术形式都处境堪忧。增长并不总是意味着这些艺术在蓬勃发展。音乐节的兴起也显现了古典音乐的危机，录音产业的技术进步已经不足以支撑古典音乐僵化的曲目和老化的听众。爵士乐也处于类似的境况，爵士乐手长期以来一直靠定期的爵士乐音乐节来维持生活。这个领域如何应付收入的下降呢？光靠大城市的听众或正常的巡回演出已经不够了。新一代的人，即使是有文化修养的年轻人，也只有很小的一部分有足够的热情去听交响乐。必须找到办法把分散在世界各地的少数人聚在一起，形成有支付能力的大规模人群。在全球化的时代，音乐节就是这样一种办法。对于古典音乐来说，这也许是对"21世纪为何要举办音乐节"这个问题最有力的回答。

但我们也可以发问，音乐节到底在拯救行动中能帮多大的忙？这一点还远不清楚。比起互联网的潜力来，音乐节的作用也许并不太大。然而说实话，如果今后的5年内，《茶花女》和《阿依达》，

《托斯卡》和《波希米亚人》，甚至《费加罗》和《魔笛》这些歌剧演出的次数比以前少了一半，难道全球文化会就此崩溃吗？

当然，最出名的艺术节由于名声远扬，作为高端旅游还会继续兴旺。因为谢天谢地，西方文化传统仍作为现代化的象征而备受重视，哪怕在世界其他地方也是如此。而且，像女人的钻石一样，西方文化，特别是它的精品，即使在今天的商业生活中也是地位的象征。大公司成了艺术赞助人，担负起了过去王公的作用，当然很多王公开始时像美第奇一样，是由银行业起家。

以苏联为首的社会主义国家的解体使得艺术节如虎添翼，因为它造成了大批人才从社会主义国家——古典音乐最后的繁荣地——向西方的流动，而且以国际货币美元来算，价格还相当便宜。那些想在西方站住脚跟的俄罗斯新贵和亿万富翁并非人人都只对购买足球俱乐部感兴趣，希望有一些亿万富翁也愿意出资帮助俄罗斯艺术家和文化胜利西进。谁知道呢，富有的印度人和中国人也许已经沿着日本人曾走过的道路走了过来。

所以，关于萨尔茨堡音乐节以及其他类似的艺术节实体上的未来，无须太过担心。但如果我们不能给西方音乐传统萎缩了的老干嫁接上新枝，它们作为文化场地的未来将会如何呢？拿西班牙的马术学校来说，那里的操练今天几乎没有人懂，感兴趣的人也不多，公众只是把它看作历史遗留下来的稀罕物。萨尔茨堡音乐节会不会最终变得像西班牙马术学校一样呢？在可见的未来大概不至于此。但是，靠指挥和舞美设计绞尽脑汁，花样百出来维持几出不断上演、保证叫座的歌剧，这样的情形还能持续多久呢？这个问题现在没有答案，但不管最终答案如何，恐怕都不会令人欣慰。

请原谅我在音乐节开始的时候说这些扫兴的话。请忘了这些对未来的担忧，至少今后几天在音乐厅里不要去想，我也会把它们抛在脑后。今后几个星期内，2006年萨尔茨堡音乐节异彩纷呈的节目足以使我们乐而忘忧。

第五章

新世纪的政治与文化

原为2002年奥尔德堡音乐节上的赫西演讲（Hesse Lecture）。

我先讲一个故事，它说明了今天政治和文化之间常存却又不明显的关系。法国有一家雄心勃勃的大公司，从原来的自来水公司发展为电影、音乐和媒体业的国际巨头，给自己起了一个有意不具任何意思的名字叫维旺迪（Vivendi）。2002年4月的一天，公司老板解雇了旗下的法国收费电视台Canal-Plus（法国新频道电视台）的董事长。当时法国总统大选在即，此举引起了所有主要候选人异口同声的批评。法国许多著名的演员、制片人和导演也加入声讨。维旺迪的老板梅西耶先生是精明的生意人，他注重的是公司业务的底线，而Canal-Plus一直在亏损。对他来说不幸的是，Canal-Plus电视台在法国得到经营特许的条件是把它收入的一部分拿出来补贴法国的电影制作。没有补贴，法国就拍不了电影。从法国文化的角度来看，或至少从用法文进行文化生产的角度来看，这是个相当重要的问题。换言之，在今天的世界上，除非规定只有按全球化市场的标准能够自立的文化才能生产文化产品，否则就必须用别的办法来为在市场上无竞争力的文化生产助一臂之力。政治显然是推手之一，虽然不是唯一的一个。

这就是21世纪之初"文化"和政治博弈中的两个玩家——政治和市场。它们决定着文化产品和文化服务的供资方式：是基本靠市场，还是靠补贴。提供补贴与否显然在很大程度上是政治决定。不过，还有第三个玩家，它决定什么可以生产，什么应当或不应当生产；姑且称它为"道德机制"。它既有否定的作用，如界定和压制不被允许的东西，也有肯定的作用，如弘扬好的东西。这实质上是政治的问题（也就是政治权力）。原则上市场只看什么赚钱，什么不赚钱，不管什么该卖，什么不该卖。在这里我不打算谈政治或道德正确性，虽然它不仅限于专制国家、教会，以及其他把僵化排他的正统思想强加于人的制度。所幸，今天这样的情形比起上个世纪大部分时间少得多了。最疯狂的极端正统的例子就是在阿富汗禁止世俗音乐，大肆破坏佛像的塔利班；随着不久前它的垮台，极端的正统教条也许已成为历史。然而，对一些大家都心知肚明的题目或政治问题发表"政治不正确"的意见并非没有风险。在几个非常民主的国家中，有些话题仍然完全不能公开辩论，有些问题原来解禁了，现在又重新成为不能碰的禁忌。

那么，博弈中的三个玩家就是：市场、政治权力和道德要求。现在让我们像政治家声称自己的话被误引的时候常说的，"结合恰当的背景来看待它们"。

最好的办法就是把政治和文化（此次演讲中的文化指艺术和人文科学）的关系同政治和自然科学的关系做一个对比。可以看出有两个分别。

第一，在科学的基础研究中，市场从来没有，今天仍然不能取代非营利机构的资助。这不仅是因为 20 世纪科学的一些核心领域的研究耗资巨大，没有哪个私人机构会对它们投资以求赢利（核能物理即为一例），而且也因为推动进步的根本力量是纯科学研究，不是应用科学研究。纯科学研究的结果无法事先得知，经济效益更是难以预测。这并非说出于严格非营利动机的纯科学研究未来不会产生利润丰厚的成果，但这是两码事。

第二，自然科学决不能受审查制度或政治正确性的限制，否则就无法进行。出资支持原子能研究的政府不能听《古兰经》或《摩诃婆罗多》或马克思列宁主义对这个问题是怎么说的，也不能管美国那 30% 的相信世界是上帝在七天之内创造的选民。为什么呢？因为自 20 世纪初以来，自然科学的基础研究对政治当权者来说就必不可少，而艺术和人文学科则不属此类。要打仗就少不了自然科学研究。说白了，希特勒通过惨痛的经验了解到，把犹太音乐家和演员赶走对他毫发无损，但赶走犹太数学家和物理学家却是他致命的错误。

再做一点儿小小的补充。自然科学家虽然不可或缺，但在政治中并没有特别的权力。虽然当权者不敢不给他们的研究出钱，就连苏联也不得不让他们享有比其他所有人都更多的自由，让他们做他们的事情，但是美国和苏联的原子能科学家都发现，政府对他们的意见不比对音乐指挥和画家的意见更重视。

那么，目前文化和艺术与政治和市场的关系如何呢？至少在民主国家中，这种关系涉及的首要问题是资金，也就是说，政府或私人机构给那些没有便宜到不需要补贴，又不能靠市场自负盈亏的活动提供资助。有些诗人只要有纸就够了，不指望靠出售作品谋生；另一方面，有的流行歌手身家上亿，自然也不需要补贴。问题在于这两类情况之间的艺术活动。在生产成本高，作品又不用于商业目的的领域，比如建造大型博物馆和美术馆，对资助的需要尤其明显。如果市场对一种昂贵的产品需求有限，如严肃话剧和歌剧，那么资助和补贴就是必需的。过去几十年正值西方世界的财富迅猛增加，于是无论是公共的还是私人的补贴资金来源也都随之增长，看看彩票收入即可见一斑。同时，艺术的市场收益也直线上升。普遍的繁荣也使得小型文化市场得以实现一定的发展，这类小型文化是围绕着少数人的兴趣建立起来的，比如重现历史上巴洛克音乐风潮的渴望。

另一方面，当期望超越了现实，或必须降低期望以适应现实的时候，问题的紧迫性即显现出来。柏林的三座大歌剧院就是例子。有半个世纪的时间，东、西柏林竞相补贴自己的歌剧院；德国统一之前，波恩政府每年投入西柏林的文化资金是5.5亿马克。再看看各地古典音乐的情况。几十年来它之所以能够维持，基本上靠销售渠道的增加，但最重要的是靠技术。出现像汽车音响和随身听这种新媒体后，私人音乐录音载体也需要定期更换，先是黑胶唱片，然后是磁带，再后是光盘。当前录制业的危机使我们更深切地认识到古典音乐现场演奏的核心听众是多么稀缺；据估计，全纽约的听众不超过20 000人。

那么，文化、政治和市场是如何互动的呢？至少在民主国家中，对政治决策者来说，文化在国内事务中说实话不那么重要，对比一下美国联邦政府在艺术和人文学科上花的钱和在科学上花的钱就能看得清清楚楚。然而，在国际上，文化可以是非常严肃的事情，特别是当它代表着民族或国家的时候。所以，围绕着埃尔金大理石雕塑的归还问题才发生激烈的交锋，对向国外出售国宝级的档案或艺术品也出现强烈的反对声音。开头时我举的法国的例子说明，传播文化的媒体可能最容易引发政治上的激烈反应，特别是使用语言和文字的媒体。向公民传输艺术知识的教育机构也是如此。在这些方面，当涉及艺术的时候，政治考量最有可能与市场力量发生对抗。

虽然文化在国内政治中排名并不靠前，但它还是有一定的重要性。选民如果就品味和道德问题持有强烈意见，领导人会予以重视，但从全国范围看，重视的程度比以前差多了。当然，艺术和高等文化一直备受尊敬。它们在社会上和国际上都是地位尊贵的标志，各国精英趋之若鹜。美国没有公共荣誉的国家等级制，于是，给文化捐款一直是超级富豪通往社会顶点之路，更甚于给教育捐款。对一个亿万富翁来说，若能进入大都会歌剧院或大都会博物馆的董事会，那才算在纽约高层社交界真正站住了脚。在多数其他发达国家，艺术一贯享有得到公共援助的权利。由于文化旅游业的爆炸性增长，艺术现在成了国家或地区的经济资产，可以以此来争取官方的财力支持。最近，西班牙的巴塞罗那和毕尔巴鄂在这方面就大获成功。因此，政府和领导人对于文化事业仍然给予注意和推崇，并愿意为它花一些钱——但最好别花纳税人的钱。

从市场的角度来说，唯一有意思的文化是产品或服务能赢利的文化。当然，我们要跟上时代，不能墨守成规。在文化领域中，当代的"市场"概念，即一味在全球寻找最大利润这个概念，还是新事物。仅仅几十年前，艺术哪怕是对投资者或交易商这些用它牟利的人来说，也与别的产品迥然不同。交易艺术品，出版书籍，出资上演新戏或组织一个伟大的管弦乐团进行国际巡回演出，做这些事情**不是**因为它们比销售女式内衣利润更高。杜维恩、卡魏勒、克诺普夫、加利马尔不会改行去做五金生意，即使它比艺术品生意或出版业更有利可图。另外，所有企业都必须达到一个单一的普遍利润率，这个概念也是全球化自由市场的新概念，正如不想破产就得无限增长的概念一样。

我对写作相对比较了解，请允许我举个文学的例子。过去的1/4个世纪发生了大量的合并和收购，几乎所有出版社都归入了某个媒体公司或别的公司。年代最久的私人出版社，出版过拜伦著作的约翰·默里公司也终于被收购了。过去，出版商理想的状况是有很多重版书做后盾，他出版的书数量不多，利润也不高，肯定比今天公司会计师要求的利润率低很多，但他已经很满意了；现在可没有这种事了。有一次，一个美国人从法兰克福书展回来后告诉我："我买了供我看一年的外国书，只花了够买两辆豪华车的钱。"反之，我另一位朋友从来不想写畅销书，他的小说只有一本拍成了电影。多年来，他靠给几千个固定的读者定期写智慧型的小说朴素度日，直到有一天出版商拒绝了他新写好的小说，说现在需要效益更好的书。当然，这对文学整体来说不见得是件坏事。英国出版的书目不断增多，没有理由认为其中好书的比例有所下降。在一些国家中，包括英国，书籍销售量仍然在上升，虽然这不是典型的情况。

我那位作家朋友的遭遇当然很不幸，但在目前的新形势下，文化产业已经成了财源滚滚的生意。除了好莱坞的大亨以外，从未有人想到过文化居然如此有利可图。这里面一个特别的原因是今天推动经济进步的动力正好也是艺术中一个至关重要的因素，即信息、形象和声音**传播手段**的革命。另一方面，不仅艺术商，而且艺术的首要生产者也学会了利润最大化这一游戏规则。过去的二三十年间，极少数人意识到有些艺术和职业体育运动一样有利可图，甚至可能一本万利，于是代理人这个行当应运而生。代理人代表艺术家去和出版商、电影公司或唱片公司打交道；不是那么大牌，没有自己的代理人的艺术家有作者许可和版权协会，现在这个协会为作者争取到了复制权，表演权协会也一直在为音乐家争取权益。

20世纪70年代以来的几十年间，发达世界的财富以令人瞠目的速度飞涨，用于资助文化艺术的资金也随之激增，尽管资源的分配越来越不平均。新增的财富大部分在私营部门，但私营部门的增长显然也造成了公共收入的提高。私人财富的巨大增加主要集中于一小群超级富豪手中，其中有些人一掷千金，大手笔资助公益事业，比如乔治·索罗斯、比尔·盖茨和泰德·特纳。当然，个人、公司、基金会的非官方慈善活动在美国以外的地方相对较少，在私人的慈善捐款中，给艺术的资助也只占一小部分，除非算上向巨富出售的艺术作品价格的飙升。无论如何，至少在美国以外，社会其他阶层的老百姓对艺术的贡献肯定比富人多，即使他们并非有意这样做，比如英国彩票收入的一部分就用于支持艺术。

其他需要公众捐款的领域也是一样。英国的志愿者团体收入的1/3强来自公众，商业捐助不到5%，来自政府合同的收入要比商业捐款和慈善基金的捐款多一倍以上。我猜想，在大部分国家中，国家给艺术的补贴还是远远多于私人赞助。至于私营部门，除了几个对艺术特别注重的个人，私营部门利润直接或间接惠及艺术的主要方式是广告业持续不断的巨大增长（经济衰退时期除外）。今天最大的"米西纳斯"[1]（用行话来说就是"赞助方"）可能是全国性和全球性商业巨头的广告预算，当然还有娱乐业和传媒业，它们本身也算是文化产业。另外，市场上还有很多游资，可以用来资助艺术；艺术界像大学一样，也开始学会把一些资金吸收过来。

---

[1] 米西纳斯，古罗马巨富，著名文学赞助人。——译者注

所以说，现在艺术的资金充足得很。尽管位于分配序列的末端，但各种文化奖的数目和奖金额在继续大幅增加。而在顶端，大概可以说过去 30 年来，西方世界建造和重建的博物馆、歌剧院和其他文化场所的数目，为自 19 世纪建造这类建筑的高潮期以来之最。问题是在这些建筑里面做什么，摆什么。这是一个双重，甚至是三重的问题。在这样的建筑里进行的有些活动日渐没落。歌剧即是一例，它和仍然活跃的芭蕾舞和音乐舞台剧不一样，经常上演的歌剧中可以说没有一部自创作至今少于 80 年的，没有一部是由 1914 年以后出生的作曲家创作的。现在已经没有人像 19 世纪时那样靠创作歌剧为生了，而当代的专业话剧作家却还是以写作剧本为业的。歌剧制作和莎士比亚戏剧制作一样，绝大多数的时候不过是努力做些表面功夫，好比在名人陵墓前更换鲜花，把陵墓打扮得与前不同。某些创造性艺术实际上已经与过去决裂，明显的例子是现代主义风头过后的一些视觉艺术。至于所谓的"概念艺术"，一个半世纪里的各种画家宣言表明，在概念的智力领域中，即使是伟大的创造天才也不一定能驾驭自如。无论如何，若是艺术家不把公众放在眼里，他创作的作品在公众当中也就没有市场。坦率地说，没有多少高等文化的艺术是大众所喜闻乐见的，当代的这类作品尤其如此。

看看泰特现代美术馆[1]。由于历史的原因，它不像纽约现代艺术博物馆那样，有足够的非本国的现代艺术作品把整个博物馆摆满。结果，泰特现代美术馆事实上基本空置。好在美术馆真正赚钱的生意是临时性巡回展览，若是国际著名的展览更好，而泰特现代美术馆已经确立了它作为这类巡回展览重要一站的地位。然而，建造这

---

[1] 泰特现代美术馆，又称"英国国立国际现代艺术博物馆"。——译者注

个美术馆若只为给巡回展览提供一处场地，未免太过浪费。（西方）古典音乐的现场演出是另一个例子，它能吸引的听众少之又少。市场驱动的音乐录制业销售的古典音乐产品只占销售总量的 2%，而去古典音乐会现场的人数又只是这 2% 的一小部分。这一小部分人则是出了名的守旧，他们绝不肯去音乐厅听乐队演奏与他们所熟悉的 1914 年以前的古典音乐大不一样的曲调。能被听众接受的古典音乐曲目非常有限。庞大的交响乐团和不给歌剧伴奏的管弦乐团靠演奏交响乐和协奏曲维持。尽管肖斯塔科维奇、沃恩·威廉姆斯和马提努（Martinu）做了努力，但自第一次世界大战起，交响乐就不再是作曲家主要的兴趣所在。如果没有吸引广大公众的基本音乐曲目，很难想象大型管弦乐团该如何维持；我估计基本曲目总数在 100 和 200 部之间，涵盖面为过去的两个半世纪。

　　当然，专门性市场，比如当代创新音乐市场，发展了替代或补充机制以求生存。值得一提的是第二次世界大战结束后，特别是 20 世纪 60 年代以来兴起的专门音乐节的巡回举办。在这方面，专门音乐和听众比古典音乐爱好者人数还少的爵士乐非常相似。这两个市场得以维持至今，自然与听众经济条件的不断改善密不可分。不过可以肯定地说，19 世纪期间和自那以来为艺术建造的巨大的基础设施，如果没有大量的公共补贴或私人赞助，或二者的某种结合，是绝对无法维持的，可能只有商业剧院除外。想想英国的音乐厅，或者两次世界大战期间英国为电影这种完全按市场规律运作的艺术建造的众多巨型电影院。它们的遭遇如何呢？大部分如今已不复存在，有的转作他用，比如变成了宾果游戏厅。关闭邮局，但维持大教堂（而不是小教堂）和博物馆，这是政治决定；同样，任由霍尔本的希波德罗姆剧院自生自灭，却同时在各郡兴建市级剧院，这也是政治决定。

我要强调,这是某些视觉艺术和音乐艺术的特有问题,不是一般性问题。本书其他地方,特别是第十五章,讨论了这方面的原因。这个问题不适用于旧有艺术中的文学和建筑学,也不适用于20世纪发展起来的,以录像和机械录制声音为基础的大众艺术。然而,即使对那些艺术来说,补贴或照顾性的特殊安排可能也是必不可少的。这一点在建筑设计家身上特别明显,因为给他们带来荣誉,使他们青史留名的工程主要是由非营利组织出资建造的。另外,在好莱坞的全球垄断面前,各国的电影业也处于同一境地,只有印度和日本除外。

也是由于非市场的决定,许多文学作品,特别是经典作品,仍在出版,大量好的新作品得到了发表,尽管它们永远也达不到会计师所要求的盈利标准。在社会主义之后的东欧,严肃的学术写作得以继续,这主要归功于乔治·索罗斯的各个基金会的出色工作。在西方,一位作者的书若是有幸被选中收入中学或大学教材并成为考试的一部分,那他就发达了,出版商就能把相关的书多次重印再版。至少在英语世界里,高等教育学府的大量涌现无意中成了对有艺术创造才能的人的隐性补贴,尤其是市场反响不热烈的艺术:画家维持生活主要靠在艺术院校当老师获取的薪酬;作家的收入来自教授文学或"创造性写作";漫游各处的诗人、作家、音乐家和其他文化柱石时常在大专院校"驻校"一两个学期。怪不得自从20世纪50年代以来,英国和美国出现了小说的一个新分支,即描述老师而不是学生的命运起伏的"校园小说"。金斯利·艾米斯的《幸运的吉姆》可能是这一体裁中的第一部小说,也绝对是最滑稽的一部。

好吧。公共补贴和/或私人赞助是文化事业至关重要的一部分,今后可能还会继续如此。既然西方世界不缺钱，多元主义又意味着哪怕是在同一个国家内，也不能只由一个机构决定给谁补贴，不给谁补贴，那么关于这个题目还有什么可说的吗？我认为还是有的，有三个原因。第一，东欧发生的事情表明，如果资助艺术和文化的巨大体系垮台，被市场型社会取而代之，或仍由国家负责，但国家的财政捉襟见肘，所能提供的资助只及过去的一个零头，那将会出现什么样的情况。想想俄罗斯那些伟大的歌剧院和芭蕾舞团，还有艾尔米塔什博物馆的困境，就会对此了然于心！这样的情况在英国是不会发生的，但就连富裕国家的政府，特别是一心减税的政府，也没有太多的资金拨给文化事业。戴维·霍克尼和达米恩·赫斯特刚提出要求，要求多建新的博物馆。但为什么偏要建博物馆而不是方便公众的设施呢？而且毕尔巴鄂美术馆和利伯斯金（Libeskind）的作品已经表明，新博物馆的吸引人之处是建筑本身，并不是里面的展览。

第二，我们今天正见证着世界经济的强制性自由贸易是如何加强全球性产业的统治地位的，结果是其他国家的文化产业根本无法与之抗衡。欧洲的电影业是个明显的例子。但就在我讲话的此刻，英语文学也出现了类似的冲突。布克奖被一家公司收购了，这家公司坚持要求布克奖自此向之前从未参加角逐的美国作家开放。美国作家身后有强大的美国出版业和媒体撑腰。这是否意味着布克奖自此将和美国电影业一样，主要注意北美市场，而忽视来自英国和英联邦的作家呢？迄今为止，视野比较开阔的英国公众对英联邦中为较小群体写作的作家一直持支持态度，欢迎他们的作品，这些作家因此而受益。新老评审中有些人对布克奖今后的走向感到担心，即使是没有同感的人也明白他们担心的理由。而且，如今世界上所有国家，无论是新是老，是小是大，甚至是袖珍国家，都在努力扩张自己的文化；在这样的情况下，补贴政治化的危险是实实在在的。在我自己研究的历史领域中，过去的30年是一段黄金时期，人们建造了众多历史博物馆、文化遗址、主题公园和其他有关景点，但同时也出现了公开编造虚构的民族或群体历史的情况。

还有第三个理由。直至20世纪末，技术进步总的来说对艺术是有好处的。当然，有些艺术，如绘画，仍遵循资本主义时代之前的手工经济模式，生产和出售的产品只此一件，无法复制，也正因其无法复制而受到珍视；这类艺术并未因技术进步而得益。但技术创造了或帮助创造了对我们的文明至为重要的新艺术——摄影和音响复制。技术把表演从实体呈现（physical presence）解放了出来，把艺术带给了数以亿计的大众。尽管悲观主义者有这样那样的担忧，但技术既没有消灭老的艺术，也没有扼杀新的艺术。书籍并未因电影和电视的出现而消亡，反而继续蓬勃发展。录影带和影碟的发明也没有造成电影的消失，倒成了电影业的一大经济支柱。就连肖像油画这最先受到摄影技术挑战的艺术也生存了下来，仍然挂在21世纪的董事会会议室和比较高级的私人住宅的墙上作为装饰。

然而，在方兴未艾的网络文明时期，这种情形却有可能不保。一个明显的例子是技术似乎在破坏保证西方文化连续性的最基本的要求（在其他文化中情况没有如此严重），即保存文化的物质产品。在座有些人可能知道目前图书馆馆员的世界中正进行着一场战斗。由于印刷材料呈几何级数增加，于是有人想尽量用少占空间的媒体来取代它们；战斗就是在支持方和反对方之间进行的。问题是有些媒体——如摄影胶片，可能还有软盘——远不如纸张保存的时间长久，而且技术进步日新月异，现行的技术很快就成为明日黄花。

2002年的电脑也许读不出10年前电脑软盘上储存的资料，而且那些资料存入电脑时使用的编程语言和能够读那种语言的装置也十有八九早已停产。这很可能影响到一些专业小圈子内的出版，因为至少在我的研究领域，现在专著越来越多地在网上发表。靠音乐产业赚钱的人更是忧心忡忡，他们发现录音产业的基础似乎正在分崩离析。由于技术和创新，任何一个有电脑的孩子都可以下载无数的音乐录音却不必支付分文。互联网不只是补充了其他文化活动，而且有时完全取而代之。一些调查表明，一般读者在网上浏览的时间多于阅读书籍和期刊的时间。我不是说这些问题无法克服，也不是危言耸听，我只是要指出，与过去资助文化的既定思路相对比，网络时代的发展是多么迅速，多么巨大，多么不可预见。

这些事情不仅对有权给艺术拨款的人，而且对我们所有人都很重要。我们的社会变化得如此迅速，如此难以预料，我们继承下来的一切都已不再是理所当然。我们中间年纪较大的人是在由19世纪的资产阶级建立并为他们服务的文化氛围内成长起来的。这个文化为常规艺术确立了制度，制定了公开和私下的标准，建起了艺术活动的场所，规定了这些场所内活动的概念，形成了人在"艺术"面前所作所为及所感所想的传统，甚至界定了公众本身的性质。显然，这种文化模式依然存在，文化旅游业的兴旺发达似乎还使它有所加强。无论如何，我们这些前来参加奥尔德堡音乐节的人仍然代表着这个模式。可是，它只是今天文化体验的一部分——可能还是越来越小的一部分。电视和摇滚乐已伴随了我们半个世纪，所以可敬的威格莫尔音乐厅的一大批比较年长的听众也必须算在这个模式之内。但现在这样的文化正在解体。它能保存下来多少？应该为谁保存？对它的多大一部分不该动用公共资金予以拯救，而应任其自生自灭？

我不知道这些问题的答案。我只能指出明显的一点，即文化的利益如同社会的利益，不能交给自由市场处置。无论如何，有问才能有答。我希望我在提问方面尽了一点儿绵薄之力。

第二部分

资产阶级世界的文化

第六章

启蒙和成就：1800年以来犹太人才智的解放

原为2005年5月10日利奥·拜克研究所成立50周年纪念会上所作的演讲。初次发表于2005年《伦敦书评》（*London Review of Books*）第27卷，标题为"犹太人大流散的裨益"（Benefits of Diaspora）。

今天晚上我讲的题目和关于犹太人历史的大部分著述有所不同。我讲的不是外部世界对犹太人的影响；犹太人几乎毫无例外地只占他们居住地人口的一小部分，受到的影响也几乎毫无例外地深远广大。我的题目正好相反，我要讲的是犹太人对人类的影响。特别是18世纪晚期犹太人得到了解放，加之犹太人的自我解放，使这种影响在19世纪和20世纪发生了天翻地覆的变化。

我的基本论点很简单，也不是什么新颖的见解。阿诺德·波克（Arnold Paucker）在他的《经验和回忆》最后几行阐述得十分精到。像他一样，"我写作此书之时，正兴起一种时髦观念，甚至对启蒙运动——就是使我们犹太人终于过上了人的生活的进步——也提出质疑"（这是我的翻译）。我还要补充说，正是这个进步使犹太人在最初发明了一神教，启发了基督教和伊斯兰教的创始人之后，得以对世界文明做出了第二个重大贡献。从公元1世纪犹太人被驱逐出巴勒斯坦到19世纪，这一段的世界史既是对犹太人强制隔离的历史，也是犹太人自我隔离的历史。他们生活在非犹太人的社会中，把当地的语言接纳为自己的语言，把当地的烹调法稍做改动以适应自己宗教仪式的要求，但他们只是在很少的情况下才偶尔能够参与所在社会的文化和知识生活，重要的是他们自己也没有参与的意愿。所以，他们对生活的原创贡献微不足道，虽然他们在不同的文化之间，特别是（欧洲）中世纪时期在伊斯兰世界和西方基督教世界之间作为中间人做出了重要的贡献。即使在解放以后犹太人自己成就巨大的领域中，他们的中间人作用仍然不容小觑。

　　来看犹太人成就卓著的一个领域：数学。据我所知，在19世纪之前，现代数学的重大发展没有一项是由犹太人做出的——当然我是外行人，说得不对欢迎指正——也没有发现有哪个犹太数学家在自己的环境内进行研究，有过重大进步，但很久以后才被更广泛的数学界所发现，比如印度的数学家，他们从14世纪到16世纪的研究是用马拉雅拉姆语写的，直到20世纪下半叶才发掘出来。国际象棋也是一个例子。犹太宗教当局强烈告诫不要过分沉迷于它，迈蒙尼德[1]尤其反对下棋，把它视为有碍钻研法学的旁骛。难怪第一个出名的犹太国际象棋棋手是法国人阿隆·亚历山大（Aaron Alexander，1766—1850），他生活的时代恰好与启蒙时代相吻合。

　　从14世纪到18世纪，这段时间很可能是犹太人被迫或自动集中聚居，与社会隔离的高峰期；1492年后，由于拒绝皈依基督教的

---

[1] 迈蒙尼德（Maimonides），12世纪犹太法学家和哲学家。——译者注

犹太人被驱逐出西班牙治下的地区，当然也包括意大利和其他地方，这种隔离进一步加强了。除了日常生计活动中不得已的接触，犹太人与非犹太人在社会和知识方面接触的机会因此而减到最少。那时，西方大城市中犹太人群体硕果仅存的只剩了阿姆斯特丹主要由西班牙系犹太人组成的社区。很难想象犹太人能够和外面有知识的非犹太人有什么智力方面的非正式接触。要知道，直到19世纪开始后相当长的一段时间，犹太人都只能居住在大城市的隔离区内，或者干脆不能在大城市居留。

有句话说得非常正确，在那个时候，"犹太人似乎并不在意外部的世界"。[1] 确实，犹太教在时间的长河中发展出了一套关于正统做法的繁杂的程式规定，其中《安息日律法》加强了犹太人的隔离；而犹太人智力活动的传统形式，对《圣经》和《塔木德经》说教式的阐述，犹太人生活中一切意外状况都从它们包含的教义中寻找解释和应对的办法，这些也都严格限制了犹太人思想与活动的范围。更有甚者，犹太教当局禁止非犹太来源的任何哲学、科学和其他学科的知识，[2] 在最黑暗的沃里尼亚，甚至连外国语言都遭到禁止。[3] 有一个例子最好地说明了犹太和非犹太知识世界之间存在的巨大鸿沟：东欧的犹太人中（罕有的）解放先驱者认为，非犹太人文化中任何受过教育的人必读的一些书籍，如欧几里得的著作、关于三角函数的著作、关于地理和人口学的著作等，都必须翻译成希伯来文才能在犹太人中间传播。[4]

犹太人解放之前和之后的情况对比令人震惊。多少世纪以来，世界的知识和文化史，更不用说政治史，都可以完全忽略不计为正统所承认的犹太人的贡献，可能只有迈蒙尼德是例外。但一进入现代，犹太人的名字在各个领域都占据了超出比例的份额，仿佛一下子打开了装着犹太人才智的高压锅锅盖。然而,我们不能因为这些如雷贯耳的名字——海涅、门德尔松·巴托尔迪、李嘉图、马克思、迪斯累里,还有在以柏林为代表的一些城市中如鱼得水的富裕犹太人当中那种解放后欣欣向荣的氛围,就以为犹太人的隔离被彻底打破了。拿破仑战争结束时,大部分德系犹太人仍然没有融入非犹太人社会,即使在德国本土也是一样,除了在行政上把他们算作有世俗姓氏的治下人民——那是很晚才发生的事。就连最上层的犹太人家族也还没有完全融入。卡尔·马克思的母亲一辈子都觉得说高地德语[1]不那么顺畅自然,罗思柴尔德家族的头两代人彼此通信时还在用犹太德语,用希伯来字母拼写。生活在哈布斯堡帝国中欧腹地的犹太人则一直没有受到解放的波及,至少直到19世纪40年代,开始可以向城市移居的时候。加利西亚和俄罗斯的犹太人小村子就更晚了。至于美国犹太人,据说"进入20世纪很久以后,大多数移民还都记得传统的犹太社会的情形,或自己就属于"那种受《哈拉卡律法》[2]治理的社会。5 大部分西班牙系犹太人也维持了他们传统的隔离状态。除了几个小型飞地,如法国和荷兰的难民社区,以及意大利北部和法国南部的古老社区之外,恐怕在法国大革命之前没有哪个地方的犹太人从精英阶层到民众全体融入了周边的社会,比如习惯于使用非犹太人的地方语言。因此,犹太人的解放不是像喷泉那样突然迸发,而是如涓涓细流汇集为大河。我把《犹太百科全书》中介绍的数学家、物理学家和化学家分组按生日排列了一下。三组中只有1位是1800年之前出生的,31位出生于19世纪上半叶,162位出生于19世纪下半叶。(解放前犹太人在医学领域就已经在

---

[1] 高地德语,德国的标准语。——译者注
[2] 《哈拉卡律法》,《塔木德经》中的口授部分。——译者注

世界上有了一席之地，所以医学家出生日的曲线没有那么突兀。）无须说明，在这个阶段，我们注意的主要是德系犹太人。他们占世界犹太人口的一大部分，而且人数在不断增加，犹太人大规模城市化的主力也是他们。举例来说，1848年，维也纳的犹太人约4 000人，但到第一次世界大战前夕，人数激增到17.5万。

关于少数犹太人精英，比如19世纪早期住在柏林的405家教育良好的富裕犹太人，他们的示范性效力和实际影响都不能低估。[6] 民主前的自由社会就是为这样的群体建立的。所以，尽管意大利犹太人只占人口的0.1%，但根据意大利选举法规定的限制，这0.1%却等于选民的10%；1851年萨伏依王国加富尔的当选就是靠了都灵犹太人的选票。这也许是一个原因，说明为什么犹太人在西欧和中欧的政治舞台上得以迅速崛起。据我所知，法国大革命几乎没有犹太人参加，其他欧洲国家同情革命的人士中也没有犹太人，除了在荷兰的资产阶级中间，不过那是意料之中的事。相比之下，到1830年革命的时候，法国（特别是南部地区）、德意志和北部意大利的犹太人在政治活动中已是不容忽视的力量，突出的例子是马志尼，他的秘书就是犹太人，他的几位得力干将和资助人也是犹太人。到1848年，犹太人声名显赫到了惊人的地步。一个犹太人当上了法国新革命政府的部长［克雷米厄（Crémieux）］；另一个成了革命的威尼斯的领导（丹尼尔·马宁）。3个犹太人在普鲁士制宪会议上高居要位，4个犹太人是法兰克福国民议会的议员。国民议会解散之后，是一个犹太人保存了议会的印章，几年后由他的英国后代还给了联邦共和国。在维也纳，是犹太大学生发出了三月革命的呼唤，维也纳作家宣言的29个签名者中有8个犹太人。在波兰，梅特涅开列奥属波兰地区颠覆分子名单时，上面还没有明显的犹太名字，但几年后，犹太人就表现出支持波兰独立的热情，选入帝国国会的一位拉比和波兰人坐在一起。在实现民主前的欧洲，政治活动，哪怕是革命性政治活动，都专属于一小批受过教育的人。

解放者坚信，他们的事业要成功，必须实现两个改变。一个是实现一定程度的**世俗化**，另一个是**教育**犹太人学会并**习惯**使用书面文化的通用语言，最好是本地的民族或国家语言，但也不一定——想想热情学习马扎尔语的匈牙利犹太人。我说的世俗化不一定是要抛弃犹太人的宗教（虽然解放者中间有许多人一拥而起去皈依基督教，无论是真心的还是出于务实的原因），而是把每时每刻管理着生活各个方面的无所不在、无所不包的宗教降格为生活的一个部分，尽管是很重要的部分。世俗化也包括受过教育的犹太女子与非犹太人通婚或同居，这在文化中以及后来在（左翼）政治中都发挥了比较重要的作用。妇女解放和犹太人解放的关系是一个十分重要的题目，可惜今晚我没有时间讨论这个问题，而且说实话，我也没有资格。

初级教育必须用本地语言，但直到19世纪后1/3的时间，初级教育才得到普及，尽管从19世纪中期开始，识字在德意志的许多地方就已经相当普遍。1811年后，德意志的犹太男孩一般都开始接受公共教育；他们肯定不必像东欧那样，非得去宗教学校学习希伯来文。在俄国和奥属波兰边界以西，犹太宗教小学不再能与世俗学校竞争。到19世纪中期，中学教育的范围仍然很小，相关年龄组（10到19岁）的孩子入学的比例从最少的0.1%（意大利）到最多的2%（普鲁士），能接受大学教育的更是凤毛麟角。这种情况恰好增加了像犹太人这样人数少但有钱人比例高的群体的孩子上学的机会；因为犹太人高度尊重知识，所以就更愿意送孩子上学。所以，19世纪70年代普鲁士大学中犹太学生的比例到了最高点。随着高等教育开始扩大，这个比例开始有所降低。[7]

和受过教育的非犹太人使用同样的语言，无论是说、读，还是写，这是犹太人加入现代文明的前提条件，也是打破隔离，实现融合最直接的办法。然而，得到解放的犹太人热情高涨地接受他们所在国的语言和文化还有一个原因，可以说他们不是去加入早已确立的俱乐部，而是在参与俱乐部的创办。犹太人的解放正值德意志、匈牙利和波兰古典文学和各国音乐流派创立之时。有什么能比19世纪早期拉埃尔·瓦恩哈根（Rahel Varnhagen）在柏林所处的氛围更接近德意志文学的前沿呢？正如西奥多·冯塔纳（Theodor Fontane）写到一位热情洋溢的犹太解放者时说的："只有在他［指卡尔·艾米尔·弗兰佐斯（Karl Emil Franzos）］的周围才能看到对德意志文学真正的兴趣。"[8] 两三代人之后，解放了的俄国犹太知识分子同样，用亚博廷斯基的话说，"疯狂地、无所顾忌地爱上了俄国文学"。只有在使用多种语言的黎凡特，因为没有单一的国家语言文化，语言的改变才不那么重要。由于1860年成立的世界以色列人联盟的努力，现代化的黎凡特犹太人用法语接受教育，同时继续讲犹太-西班牙语、阿拉伯语，或土耳其语，但已不再用它们作书写文字。

不过，在所有使犹太人得到解放的语言中，德语比其他语言都更为重要，原因有两个。从柏林到俄罗斯腹地，从斯堪的纳维亚到亚得里亚海沿岸，直到最偏远的巴尔干半岛，在遍及半个欧洲的大片地区，是德语铺就了从落后到进步，从狭隘闭塞到广阔天地的道路。我们现在经常容易忘记这一点。德语是走向现代化的通道。席勒是19世纪德语世界的普通读者渴望道德和政治自由的典型代言人，在这位诗人的百岁诞辰之际，卡尔·艾米尔·弗兰佐斯写了一个题为"席勒在巴尔瑙"的故事，对此做了绝妙的描绘。故事里，一个多明我会修士、一个年轻的鲁塞尼亚乡村小学校长和一个位于被作者愤恨地称为"半亚洲"地区的犹太人村子里的穷孩子得到了一本薄薄的、印刷粗劣的席勒诗集，他们从席勒的诗中发现了 19 世纪的教育和现代文化带来的解放。[9] 故事以他们朗读《欢乐颂》结尾。在最黑暗的东方，席勒的作品甚至被翻译成希伯来文。德语这种解放的作用说明了在 76% 的人口都是犹太人的布罗迪市这个加利西亚犹太人最大的中心，长老们为什么坚持把德文定为学校授课的语言。1880 年，他们甚至到维也纳的帝国法庭申诉陈情，而且居然胜诉；他们为自己的规定辩护的理由是德文是加利西亚的通用语言，但这显然不是实情。

事实上，几乎所有的东欧犹太人都讲犹太德语。它是德语的一种方言，是犹太人以前和外部世界联系的遗物，现在它却像 1492 年以来的犹太西班牙语一样，成了语言隔离的标志。按一般情况，犹太德语本应和普遍作为口语与书面语使用的国家语言共存，其他的德语方言就是这样保留了下来，至今瑞士德语仍在使用。但犹太德语不同，它是犹太人加入现代世界的障碍，因此必须去除。这是语言上的必要，也是意识形态上的必要，因为犹太德语是最蒙昧的群体使用的语言。身穿"德式上衣"，讲波兰语或德语，这是华沙一小群解放先驱者的标志。[10] 无论如何，讲犹太德语的移民的孩子去德语学校上学，在语法上先就居于劣势。他们的语法用犹太德语是足够了，但用于书面德文就有错误。得以跻身于上流社会的犹太人新贵甚至会在形象和语言上和自己的出身完全划清界限。阿瑟·施尼茨勒（Arthur Schnitzler）的小说《通向野外的道路》对世纪末维也纳犹太人的同化做了细致入微的敏锐描述，里面个性强烈的富商老艾伦伯格在他太太的沙龙里，当着非犹太人"上层人士"的面故意在谈话中夹杂一两个犹太德语的词，以此表示抵抗维也纳犹太人同化入德国文化的渴望。[11]

这样，讲犹太德语、未同化的东方犹太人和同化了的西方犹太人之间就出现了根本性的分歧，直到双方都葬身于希特勒的大屠杀。[12]这种分歧尽管肯定在有知识的人士之间有所谈及，但它似乎是从19世纪70年代开始，在布科维纳正式爆发的。[13]那里骄傲的中产阶级人才济济，受过极好的教育，他们遇上了第一波（由对德国化的怀疑者发起的）要通过犹太人自己的民族语言——犹太德语——建立犹太人的民族地位的努力。对得到解放的中欧犹太人来说，"东方犹太人"所代表的不是他们，也不是他们想要的；那些人与他们截然不同，几乎是另一个物种。我记得我还是孩子的时候，住在维也纳，一次听了大人的谈话后我问一位年长的亲戚："这些东方犹太人都叫什么样的名字？"这使她大为窘迫，因为她知道我父母双方（格林家和科里斯舍纳家），就是从奥属波兰直接迁来维也纳的，正如德国犹太人中的一些名人，如鲁道夫·莫斯（Rudolf Mosse）、海因里希·格雷茨（Heinrich Graetz）、伊曼纽尔·拉斯克（Emmanuel Lasker）和阿瑟·鲁宾（Arthur Ruppin），也是直接从普属波兰移居维也纳的一样。

其实，正是东方犹太人自19世纪晚期开始的大规模移民标志着并帮助改变了犹太人对现代世界的影响。从19世纪到20世纪，犹太人对非犹太社会的影响显然有其连续性，但犹太人在20世纪的影响力是19世纪所无法比拟的。19世纪这个开明的资产阶级世纪进入20世纪时，正合了一本重要的新书书名——"犹太人的世纪"。[14]美国的犹太人社团成为西方犹太人最大的群体。与其他发达国家的犹太人不一样的是，美国犹太人主要由贫穷的东方犹太人组成，人数众多，当时已经同化了的德裔犹太人的圈子容纳不下他们。这些后来的犹太人虽然在法律上与别人同等，但在文化上一直处于社会的边缘，直到第二次世界大战结束之后。[15] 波兰和俄国的犹太人在俄国革命的帮助下，通过大规模的政治觉醒实现了现代化，这种现代化改变了犹太人解放的性质，包括犹太复国主义所争取的解放的性质。20世纪下半叶受过教育的人从事非体力劳动的机会大大增加，尤其是在中高等教育行业。另外，法西斯主义抬头，以色列国的建立，1945年后西方反犹歧视的急剧减少，所有这一切也都改变了犹太人解放的性质。犹太人在文化舞台上的大规模存在在第一次世界大战，甚至是第二次世界大战之前都是不可想象的。显然，过去也无法想象有这么多自我意识强烈，特别喜欢买书的犹太读者；这种情形明显地影响了关于犹太主题的文学大众市场的形成，先是在魏玛共和国，继而在其他地方。因此必须把这里涉及的两个时期清楚地区分开来。

从一开始，解放了的犹太人对所在国社会的贡献就大得超乎比例，但由解放的性质所决定，这种贡献并没有犹太文化的特性，因为犹太人一心想作纯粹的法国人、意大利人、德国人和英国人。而且，即使他们所在的社会中反犹情绪仍广泛存在，但在那个开明的时期，那些社会也欢迎一个能加强它们的政治、文化和民族价值观的富裕繁荣、教育良好的少数群体。[16] 举通俗娱乐业为例，在第二次世界大战之前，犹太人在其中占据着统治地位。这个行业包括欧洲和美国的轻歌剧和音乐舞台剧、话剧，后来又加上电影，还得算上大西洋两岸的通俗歌曲。19世纪时，奥芬巴赫是法国人，施特劳斯是奥地利人。即使在20世纪，艾文·伯林也算是美国人。在全部由犹太人控制的好莱坞的全盛时期，若是想找出祖克尔（Zukor）[1]、洛伊和梅耶（Loew 和 Mayer）[2]心目中百分之百的美国白人价值观以外的东西，或者名字像移民的电影明星，那简直是痴心妄想。在统一后的意大利，占人口 0.1% 的犹太人在公共生活中发挥着比在任何其他国家都更大的作用：有 17 个犹太人进了参议院或官至总理或部长，甚至将军。[17] 然而，他们与其他意大利人没有任何分别，直到 1945 年后，才有历史学家提醒我们注意犹太人超乎寻常的入阁比例。

高等艺术也是同样的情形。犹太人作曲家谱写的是德国和法国音乐。从某种意义上说，犹太音乐家和表演大师今天仍是如此。当年他们精湛的技艺征服了歌剧院和音乐厅的听众，是愚昧黑暗的东方第一丝解放的曙光。20 世纪伟大的犹太小提琴家和钢琴家加强了西方古典音乐的曲目，而没有像名不见经传的吉卜赛提琴手、黑人爵士乐手和拉丁美洲的音乐家那样，去扩大音乐的范畴。19 世纪伦敦的少数几个爱尔兰作家（王尔德、萧伯纳、叶芝）在英国文学上留下的"爱尔兰"印记比犹太作家在 19 世纪欧洲文学上留下的犹太印记大得多，也明显得多。另一方面，在"现代主义"时代，犹太人对本国文学和视觉艺术的贡献更加明显，影响也大大加强。这可能是因为这些领域中现代主义的创新使其对获得解放的新来者以及在世界上地位尚不确定的群体特别有吸引力，也可能是因为 19 世纪的社会危机使非犹太人更加关注犹太人的游离状况。20 世纪给西方文化灌注了犹太意识十分强烈的心理分析之父的思想。詹姆斯·乔伊斯的《尤利西斯》中的中心人物是犹太人，托马斯·曼也

---

[1] 祖克尔，派拉蒙电影公司的创始人。——译者注
[2] 洛伊和梅耶是米高梅电影公司的共同创始人。——译者注

专注于这样的主题，卡夫卡则是在死后对20世纪产生了巨大的影响。反之，阿瑟·米勒的《推销员之死》总的来说反映的是美国的状况，也有全球性的含义；在我们为之所感动的时候，我们几乎没有注意到戴维·马梅特（David Mamet）的意见，那就是这部话剧的素材是典型的犹太人经验。

在视觉艺术中，原来只有一两个刚好是犹太人的名人（利伯曼、皮萨罗），到20世纪则出现了一大批犹太人，在游历各国、四海为家的艺术家中占了很大比例。从伟大的柏林／莫斯科1900—1905年艺术展的目录所载"艺术家生平"中可以看出，其中大约20%是犹太人，而且他们的名声更加卓著（莫迪里阿尼、帕散、马库西斯、夏加尔、苏蒂恩、爱泼斯坦、利普希茨、利西茨基、扎德基恩），有时他们犹太人的特征也更加明显。最近，在美国化的大众传媒文化中，就连非犹太人的记者在英语中都引入了犹太德语的惯用语和成语。今天，大多数讲英语的非犹太人都明白"chutzpah"（厚脸皮）这个词的意思，而40年前，除了犹太人几乎没人知道。

既然民族和文化对现代自然科学没有影响，这个领域的情况自然不同。自然科学在20世纪离常识越来越远，外行人也越来越弄不懂。犹太人在这一领域的贡献自1914年后大大增加，诺贝尔奖获得者的记录就是证明。然而，只有意识形态的极右派才会把犹太人和科学联系起来，成为"犹太科学"。社会科学和人文科学的操作空间相对较大。确实，由于显而易见的原因，处于急剧历史变革时期社会的性质、结构和变化无论在理论上还是在实践上几乎从一开始就特别吸引解放了的犹太人，在这一点上，圣西门的追随者和马克思开了先河。这也正符合犹太人支持全球革命运动这种可以理解的倾向，在受马克思激励的社会主义和共产主义运动的时代，犹太人的这种倾向也特别突出。可以说，19世纪早期的西方犹太人是受外来的意识形态激励而得到解放的，而东方的德系犹太人基本上是通过与他们紧密相连的普遍革命的意识形态自己解放了自己。就连建立了以色列国的犹太复国主义也深深地浸透了马克思主义的思想。结果，在20世纪，有些领域发展了起来（比如在欧洲的某些地区，社会学，特别是心理分析，十分发达），研究者中似乎犹太人特别多，如同国际级小提琴大师的队伍。但这类科学的特点，像犹太人有突出贡献的所有其他领域一样，不是它们与哪个民族有什么特殊联系，而是它们缺乏确定的概念，因此为创新提供了广阔的空间。有人的观点是正确的，在英国，（中欧）流亡者最大的影响可能是在较新的、跨学科的领域（艺术史、心理学、社会学、犯罪学、核能物理、生物化学），以及变化最快的专业（电影、摄影、建筑、广播），而不是在确立已久的领域。[18]爱因斯坦成为20世纪科学的最出名人物，不是因为他是犹太人，而是因为在一个智力激荡变化不已的世纪中，他成为一门处于巨变之中的科学的标识。

这就讲到了我这篇关于犹太人对西方文化和知识贡献的概览的最后一个问题。为什么它在有些地区比别的地区明显得多？拿实打实的诺贝尔科学奖来说，让我们看一看来自英国、俄国、以色列和南非的获奖人之间的分别。英国共有74位获奖人，其中有11名犹太人，但可能除了1人以外，没有谁是在英国出生的。俄国自从1917年以来共有11位获奖人，6人或7人是犹太人，应该都是本地人。直到2004年以前，以色列在任何国家的研究者都没有获得过诺贝尔奖，尽管以色列的人均科学论文产量居于世界前列。不过，2004年有两位以色列人获奖，一个出生在本国，一个出生在匈牙利。另一方面，自从以色列建国以来，南非人数不多的立陶宛犹太人（大约15万人）出了2到3位获奖人，虽然他们都是在非洲大陆以外的地区做研究的。如此悬殊的分别该如何解释呢？

我们对个中原因只能猜测。很清楚，在科学领域中，专业研究人员的大量增加是一个至关重要的因素。请记住，即使在1913年，全普鲁士的大学教授加起来还不到2 000；德国公立中学教师的人数不超过4 200。[19]科学领域中学术界的职位少得如此可怜，这是否解释了在第二次世界大战之前学术界著名的常规经济理论家中居然没有犹太人这一现象呢（一个出名的例外是李嘉图）？相比之下，犹太人在1918年之前获得的诺贝尔奖主要都是化学奖，一个肯定有关的因素是化工是第一个大量雇用在学校受过专业训练人士的行业——光是德国的三大化学公司就雇用了大约1 000人。[20]我父系一边有7个叔叔，他们当中唯一一个在1914年之前从事专业职业的就是做化学家的那位。

不过，这些都是表面上的原因，尽管是不能忽视的原因。显然，如果1948年后美国学术界没有对犹太人开放，或没有大规模扩张，那么就不可能在1970年后涌现出如此大批的美国本土诺贝尔奖获得者。[21]但我要说，一个更重要的因素是隔离，无论是犹太人解放前的那种隔离，还是由领土／民族主义造成的隔离；这可以解释为什么犹太人在以色列虽然相对来说为数众多，但在诺贝尔奖获奖方面的表现却相当令人失望。看起来，生活在非犹太人当中，并同他们打交道，能够刺激更高级的创造性发挥，正如它刺激了笑话、电影和通俗音乐的发展一样。从这个角度看，住在布鲁克林还是比住在特拉维夫好得多。

另一方面，历史证明，在犹太人至少在理论上获得了平等权利的地方，他们在同非犹太人的关系中感到一定程度的不安反而是有好处的。这样的情形在德国和哈布斯堡帝国表现得很清楚，在美国也一直持续到第二次世界大战结束相当长的时间后。20世纪上半叶在俄国／苏联、[22]南非和阿根廷也肯定如此。南非和美国的犹太人大力支持其他遭到官方种族歧视的群体，当然就是这种不安的表现。并非所有犹太人社区都有这种不安。我要说，即使在容忍度最高的国家，如第三共和国时期的法国、弗兰茨·约瑟夫治下的西奥地利以及马扎尔人大规模同化时期的匈牙利，对犹太人的才智激励最大的时候也许还是他们意识到同化的有限性的时候，那就是在德雷福斯事件发生的那个10年长大成人的普鲁斯特笔下的世纪末，是勋伯格、马勒、弗洛伊德、施尼茨勒和卡尔·克劳斯（Karl Krans）的时代。比起其他地方，英国的犹太人在国家领导层没有什么显赫的人物，在社会主义和社会革命运动的理论方面表现得也不突出，更不像别的地方的犹太人反叛性那么强——肯定比不上莱茵河以东和阿尔卑斯山以北的人。对此，我无法提出任何结论性的意见，而且无论在希特勒上台和对犹太人的大屠杀以前情况如何，现在都已经时过境迁。

但今后会怎样呢？1945年之后的时代看到，犹太历史上最大的悲剧产生了两个全然不同的结果。一方面，它使全球犹太人口的相当一部分集中到了一个民族国家——以色列。以色列本身也是犹太解放的产物，现在决心要自立于世界民族之林。流散海外的犹太人人数因此而大量减少，在伊斯兰地区尤其如此。另一方面，在世界的大多数地方，对犹太人几乎是全盘公开接受，我青年时代的反犹主义和歧视消失于无形；同时，犹太人在文化、知识和公共事务领域中取得了无与伦比的空前成就。启蒙运动在大屠杀后散居海外的犹太人中的胜利是史无前例的。然而,现在有些人想退回宗教极端正统的老的隔离中去,或建立纯粹基于民族血缘的国家,形成新的隔离;他们如若得逞,则非犹太人之福,亦非世界之福。

第七章

犹太人与德国

原为书评，评论彼得·普尔策（Peter Pulzer）所著《犹太人和德国国家：一个少数群体的政治历史，1848—1933》（Jews and German State : The Political History of a Minority, 1848—1933. 牛津：布雷克韦尔出版社，1992）和露丝·盖伊（Ruth Gay）所著《德国的犹太人：历史肖像》（The Jews of Germany : A Historical Portrait. 纽黑文和伦敦：耶鲁大学出版社，1992）。初次发表于《伦敦书评》1993年第15卷，标题为"思乡"（Homesickness）。

直到18世纪晚期，大部分世界史都可以把犹太人一笔带过。这为数不多的一群人为世界开创了一神教的宗教，这一贡献得到了伊斯兰教的承认，但它给基督教带来了无尽的麻烦，或者应该说，为不幸生活在基督教统治下的犹太人带来了无尽的麻烦。在几乎整个西方思想和知识史中，在东方的伟大文化所有相关方面的历史中，犹太人的直接贡献恐怕用几条脚注就可以装下，尽管他们作为中间人和文化传输人的作用不可小觑,特别是在传统的地中海文化、伊斯兰文化和中世纪西方文化之间。然而,犹太人这个即使在大屠杀之前人口最多的时候也还不到世界人口百分之一的小小的民族,在20世纪的文化、知识和公共生活中都占据着不同寻常的显要位置,有鉴于此,他们在历史上的默默无闻令人不禁感到惊讶。

由于过去不准犹太人参与公共生活,所以法国大革命之前公共生活中没有他们的影子应该在意料之中。但可以看到,过去2 000年来大部分时间,可能只除了希腊文明时代之外,犹太人的智力活动几乎全部是在他们自己的小圈子里面进行的。多少世纪当中,从斐洛·尤迪厄斯(Philo the Jew)到斯宾诺莎,似乎只偶尔有智者认真注意过非犹太人的思想,像迈蒙尼德这样的人正好生活在穆斯林的西班牙的开放文明中,这绝非偶然。大拉比们为犹太教神圣的教义教规撰写极尽巴比伦式繁复精微的评注,这些评注仍然是犹太塔木德学院的主要课程。他们对不信教的人的观点不感兴趣。只是在医学领域,犹太人公认的专业知识跨越了族群的界限;但除医学之外,犹太人的求知和智力活动都集中于宗教问题上。犹太德语中指敬神场所的词"synagogue"(犹太会堂)不就是古德语中的学校吗?

犹太人的聪明才智像储量巨大的油田,经由18世纪的启蒙运动这人类历史上最值得钦敬的运动开启了它。启蒙运动取得了许多造福人类的伟大成就,其中就包括对犹太人的解放。约瑟夫二世于1781年到1782年颁布《宽容令》之后几乎一个世纪之内,这一法令的执行还只限于西欧和中欧西部的小型犹太社区,犹太人也几乎没有在他们日后成就卓著的一些知识领域有任何突出的表现。考虑到这一点,就会意识到犹太人对19世纪的贡献是多么不同寻常。哪个世界史的撰著人能不注意李嘉图和马克思呢？而他们二位都是解放的头半个世纪的产物。

可以理解，多数写作犹太历史的作者——他们自己也大都是犹太人——都偏重于记述外部世界对犹太人的影响，对犹太人对外部世界的影响却着墨不多。即使彼得·普尔策的杰出著作《犹太人和德国国家：一个少数群体的政治历史，1848—1933》也没有完全脱离这个窠臼。对德国政治影响最大的两个犹太人，德国劳工运动的创始人马克思和拉萨尔，在书中几乎没有提及（一共只有三处提到拉萨尔，其中一处还是关于他父亲的），而且，作者对于"在德皇威廉时期社会民主党的领导层内和有关辩论中许多犹太人地位显赫，但犹太选民对他们的支持却并不热情"这种情形显然感到不舒服，所以宁肯专门论述犹太选民的情况。

不过，书中卓有见地、有时过于详细的分析基本上没有沉溺于犹太人历史上的分离主义。此书也许是德国犹太人自由主义最后硕果仅存的著作，属于伦敦利奥·拜克研究所那一批历史学家的传统。它沉着、低调的力量和论述的持衡正是这个卓越的研究所在阿诺德·波克和维尔纳·莫斯（Werner Mosse）这样的学者主持下产生的著作的特点。普尔策和他在利奥·拜克研究所的同事们一样，明白自希特勒之后一般人难以理解的情况，那就是德国犹太人仍然感到自己在骨子里就是德国人，他们"在汉普斯特德、华盛顿高地、好莱坞和纳哈里亚这些地方建立起了'第四帝国'；他们仍然读莱辛、康德和歌德的书残纸旧的著作，依旧听录有富特文格勒指挥的音乐和有了划痕的《三分钱歌剧》的唱片。这证明了德国文化的根深蒂固"。简而言之，他明白为什么得到解放的 19 世纪的犹太人如此热切地要"宣布他们离开了犹太人聚居区，进入了（现在愿意接受他们的）文明"。

"在所有犹太人当中，德国犹太人在知识智力方面占主导地位，甚至是统治地位"，原因之一是得到解放的犹太人中讲德语的比讲其他语言的多，即使只算1871年成立的德意志帝国领土上的居民。而且，正如露丝·盖伊论说明晰、有大量插图的《德国的犹太人：历史肖像》一书所表明的，德国犹太人中压倒多数的是本地人，即使在东方的犹太人开始大批向西移民，并由于学校教育放弃犹太德语而用德语之后，也没有改变这种状况；不过这本书也同样忽视了马克思和拉萨尔。

然而，德国文化波及的地区要大得多。普尔策观察到（但没有强调），德国社会民主运动众多知识界的领导人物，包括除一位以外所有著名的马克思主义者，都是从别处转到德国活动的，有从哈布斯堡帝国来的（考茨基、希法亭），也有从沙皇俄国来的（卢森堡、帕尔乌斯，还有马尔赫列夫斯基和拉狄克）。这表明，在从俄国边界直到法国国界的广袤地区，德语代表着文化。德国犹太人和德国文化区其他地方获得解放的犹太人之间的主要区别是前者只有德国文化，后者则有许多人是多文化，甚至是多语言背景的。也许就是这些人构建了20世纪80年代捷克和匈牙利的持不同政见者梦寐以求的理想的中欧，把原本不相往来的各个文化和人民团结在一起，成为多民族的帝国。

而且，是他们把德语带到了哈布斯堡帝国最偏僻的角落，甚至在那里建立起了帝国的前哨，因为，作为那些地方受过教育的中产阶级最大的组成部分，他们在生活中使用标准的书面体德语，而不是东方讲德语的各个群体使用的方言，如施瓦本语、撒克逊语和（经德国语文学家不无遗憾地确认的）犹太德语。德语是自由和进步的语言。露丝·盖伊书中记载，像雅各布·弗罗默这样的波兰犹太神学院的学生借助两种词典——俄希（伯来）词典和德俄词典——偷偷地学习《塔木德》评注中的德文。席勒的作品打碎了另一个寻求解放的波兰人所说的"迷信和偏见的枷锁"。现在，犹太人聚居的小村庄已经成为历史，今人尽可对它怀旧凭吊，但当时不得不在那里生活的年轻男女却深受其苦。

德国犹太人一心想做德国人，但正如普尔策敏锐地指出的，他们想融入的"不是德意志民族，而是德国的中产阶级"。因此，对"同化"这一19世纪提高社会地位的伟大梦想最经常的指责完全不适用于德国犹太人。他们并不否认他们的犹太身份，即使极少数皈依别的宗教的人也没有放弃犹太人的身份。普尔策表明，尽管德国犹太人经过了大规模的世俗化，并坚决致力于成为德国人，但他们作为一个群体一直没有忘记自己的犹太文明，直到在希特勒手中遭到灭绝。德国犹太人对自己身份的坚持也不是对反犹主义的反弹，普尔策提醒我们，德国的反犹情绪比起别的地方还是比较温和的。沦为难民的物理学家鲁道夫·佩尔斯爵士说："在希特勒之前的德国，犹太人的身份是个可以承受的负担。"使西奥多·赫茨尔（Theodor Herzl）皈依犹太复国主义思想的不是德国的反犹主义，也不是维也纳明显得多的反犹情绪，而是法国的德雷福斯事件。

不过，普尔策在描述把犹太人团结在一起的纽带时不该用"族裔"一词，因为犹太人感觉彼此之间的联系不是生物层面的，而是历史层面的。他们不认为自己是由血缘或祖先的宗教联系在一起的群体，而是像奥托·鲍尔威说的，是"共命运的群体"。不管如何称呼他们，解放了的犹太人的群体行为都和非犹太人的行为有所不同。（东方犹太人当然在行为举止上和别人大不一样。）普尔策书中的大部分篇幅被用来介绍他们具体的政治行为。作为群体，他们在德国的政治光谱上属于温和的自由左派，但绝不是极左派，这并不令人惊讶。即使在自由主义在希特勒崛起的年代里崩溃之后，犹太人转投的也是社会民主派，不是共产党。德国犹太人与哈布斯堡帝国和沙皇俄国的犹太人不同，他们不相信救世主。可以说，他们中间加入共产党或投票给共产党的人数相对较少。在1933年之前，同样为数不多的德国犹太复国主义者把犹太复国主义视为个人信仰的重生，而不是向外移民的纲领。和东方犹太人不同，他们并不认为自己是（用他们中间一个人的话说）"瓦尔特（瓦尔特·冯·德尔·福格威德）、沃尔夫拉姆（沃尔夫拉姆·冯·埃申巴赫）、歌德、康德和费希特的土地上"的外人。

简言之，德国犹太人在德国安然自得。他们的遭遇也因此成为双重的悲剧。他们不仅将遭到灭顶之灾，而且对自己的命运毫无警觉。普尔策花了很多笔墨来解释相信自由主义的德国犹太人为什么即使在1933年以后也没能，或者应该说不肯，认识到希特勒的意图。当然，没有人能够料到最终在马伊达内克和特雷布林卡集中营所发生的事情，连做梦也想不到；东方犹太人经历了1918—1920年的事件，见过自己的亲戚遭到周围的人的屠杀，被杀的人以千计，但就连他们也没有想到后来的惨状。无人能够想象。1942年，第一批关于种族灭绝的可信报告传到西方时，没有人愿意相信。人类历史上无此先例。然而，1933年1月30日的事件[1]发生时，本人正住在柏林，当时还是学生。我可以作证，那时有些人已经感到在希特勒政权下会大祸临头。确实，尽管许多犹太人不愿意离开德国，

---

[1] 指希特勒被任命为德国总理。——译者注

但也做了最坏的准备，可惜他们还是低估了灾祸的程度。毕竟，按1933年德国犹太人的人数来算，从那以后的6年内，几乎2/3的人移民他国，因此得以幸存，不像他们不幸的波兰兄弟。然而，即使德国掌握在纳粹手中，犹太人离开也是不情不愿的。比如，德意志银行创立人的一位后代把妻儿送到了安全的地方，自己在1938年"水晶之夜"发生后宁肯自杀也不肯离开德国。

幸存者的遭遇也很悲惨。德国文化雄伟、辉煌、壮丽，保加利亚犹太人埃利亚斯·卡内蒂在第二次世界大战还在进行得如火如荼的时候写下"我思想的语言仍然是德语"；只有经历过那个文化的人才能充分体会失去它的痛苦。只有那些姓氏依然记录着祖辈在黑森、施瓦本和法兰克尼亚居住过的市镇乡村的人才知道被连根拔起的悲伤。他们的损失是不可弥补的，因为中欧的犹太人社区再也不可能重建，即使能够重建，他们所属的德国文化也已风光不再，从世界文化降为地区文化，几乎可以说是较大的地方文化。

德国失去了什么呢？具有矛盾意味的是，德国的损失可能比过去哈布斯堡帝国内的国家损失得少，因为德国犹太人融入了现存的中产阶级文化，而哈布斯堡帝国得到解放的犹太人创立了新的文化，像维也纳的文化，就同德国的很不一样。从文化上说，驱逐或消灭犹太人并未给德国带来太大改变，虽然它比1933年以前更狭隘了，不再处于中心的位置。不过这其实是低估了德国的损失。对落后地区希望进步的欧洲人来说，德语不再是代表现代化的语言。它不再是从东京到剑桥的每一个学者都必须掌握的用于学术发表的语言。当然，这种情况不单单是犹太人的逃离或死亡造成的。但犹太人的消失在一个方面显然产生了巨大的影响。从1900年到1933年，几乎40%的诺贝尔物理学奖和化学奖都花落德国；但1933年以后，比例降到只有 1/10。历史以悲剧式的嘲讽或黑色幽默记录下一位诺贝尔奖获奖者坚持要在 1945 年后重访德国，因为"他对德国语言和风景有着遏制不住的思念之情"。

第八章

中欧的命运

初次发表在《对比：欧洲历史比较谈》(*Comparare: Comparative European History Review*)，国际博物馆协会出版，巴黎，2003年。

在关于历史的言谈写作中使用地理名词带有很大的风险，需要极为谨慎，因为一旦使用在地理制图中，通常属于政治范畴的词语就包上了一层貌似客观的外衣；其实那样的词语是政策制定者用的，并不反映现实。史学家和外交官都知道意识形态和政策经常被包装为事实。因为河流在地图上是清楚的线，于是就不仅把它们作为国家的边界，而且作为"自然的"疆界。语言的界限为国界的划分提供了依据。地图上选用什么样的名字经常需要制图者做出政治决定。如果某个地方或地理特征有好几个名字，该选哪一个？那些正式改了名的地方如何处理？如果把一个地方的不同名字都列出来，该选哪个作为主要的名字？如果地名改了，以前的名称应该维持多久？

20世纪20年代期间，我在奥地利上学时，学校的地图册还标明挪威首都奥斯陆过去叫克里斯蒂安尼亚（Christiania）；赫尔辛基（Helsinki）放在括号里，作为它的瑞典语名字赫尔辛福斯（Helsingfors）的别名；圣彼得堡被列为列宁格勒的主要名字（后来居然预言成真）。此刻，我面前正放着一本1970年英国的标准地图册[1]，利沃夫这个地名后面的括号中还称之为伦贝格，但伏尔加格勒却失去了使它载入史册的名字"斯大林格勒"。杜布罗夫尼克和卢布尔雅那仍然附带着别名（拉古扎和莱巴赫），虽然罗马尼亚的克鲁日仍然附带着它的匈牙利文名字（科洛斯堡），但它的德文名字（克劳斯堡）却不见踪影，这个国家的任何其他德文名字也都没有记载。

没有哪个地方像中欧那样，把地理和意识形态及政治如此紧密地联系在一起，也许只是因为这个地区与欧亚大陆被称为欧洲的那部分里的西部半岛不同——它没有普遍接受的边界，也没有确切的定义。有些地方无论"中欧"涵盖的面积多广都不应该被包括进去，如奥斯陆和里斯本，莫斯科和巴勒莫。由于"中欧或中部欧洲"这样的词用起来方便，而且经常使用，结果造成了严重的表述模糊。即使在制图中或交谈中，古往今来对这个词的使用也从未有过一致的意思。在两次世界大战之间法国出版的《蓝色导游》中，"中欧"包括巴伐利亚、奥地利、捷克斯洛伐克、匈牙利和南斯拉夫。较老的德国地图可能还包括北边的大部分丹麦领土和南边的波河河谷，并从东边华沙附近直到佛兰德和荷兰的海岸。我甚至见到过有的地图把中欧的界线画到里昂以西，进入多瑙河三角洲。

在德国地图上，中欧通常包括德国，或应该说是过去"日耳曼民族"的神圣罗马帝国的地盘。这可能反映了德国典型的心态，因为中欧作为一个首要的政治概念就是和19世纪及20世纪德意志国家统一、帝国扩张联系在一起的。它最早的意思可以追溯到弗里德里希·李斯特。李斯特的中欧是一个巨型德国经济区，包括比利时、荷兰、丹麦和瑞士，并深入巴尔干地区。1848年后，哈布斯堡霸权似乎有实现的可能，于是这个概念一度被维也纳采纳。俾斯麦对大德意志没有兴趣，对中欧的概念也不予一顾。然而，这个词在帝国时期再度流行起来，特别是在第一次世界大战期间，当时弗里德里希·瑙曼以它为标题写了一本书，建议战后德意志帝国和奥匈帝国建立经济上的统一，最终实现政治统一。他梦想的不只是维斯瓦河和孚日山脉之间的土地，还有通过巴尔干扩张到中东的经济和政治霸权。他的中欧位于柏林通往巴格达的道路上。虽然瑙曼是自由主义者，支持魏玛共和国，但实际上与他的想法类似的结果在希特勒手里曾一度得到了实现。不过到那个时候，德国的野心又进一步扩大，要在整个欧洲大陆建立霸权。

但中欧还有第二个时间上离现代较近的说法。根据这个说法，中欧在地理上向西比较有限，南边和东边比较开放。这就是"东部中欧"，定义为"欧洲大陆东部地区，大约从易北河到俄罗斯平原，从波罗的海到黑海和亚得里亚海"。[2] 这从经济和社会历史上都讲得通。从历史角度看，这一地区在社会和经济方面与欧洲西部有别，直到19世纪还保留着农奴制或隶农制。事实上，这个中欧恰好与过去的哈布斯堡帝国重合，而哈布斯堡帝国的首都和它的核心领土正处于欧洲大陆地图上的中央位置。

"中欧"的概念在政治上表达了对哈布斯堡帝国的怀念。那个帝国的广袤疆土从西边的康斯坦茨湖伸展到东边摩尔多瓦的边界，包括不同的地区，居住着不同民族的人。1918年它被分割为7个国家，有新成立的，也有过去就有的，现在则变成了12个国家。[3] 1918年后的历史发展使得一些原来居住在这个被民族主义者称为"民族监狱"的地方的人开始不再那么反感弗朗茨·约瑟夫皇帝（1848—1916）的帝国。这个帝国也许是唯一受到它所有原来领土上的人怀念的帝国。当时的人们若是得知此事一定错愕不已。经过许久的期盼后，它的最终灭亡激发了一批伟大的文学作品的出现，这在欧洲是绝无仅有的。可以想到的名字有卡尔·克劳斯、罗伯特·穆西尔、雅罗斯拉夫·哈谢克和米罗斯拉夫·克尔莱扎。这些以笔作锹，为帝国掘墓的作家鲜有例外，把它埋葬后丝毫没有哀悼之情。但后来的情况表明，例外反而成了常规，就连约瑟夫·罗特杰出的小说《拉德斯基进行曲》从帝国遥远的东部边界回顾这个已故的帝国时，也醉醺醺地带有某种今不如昔的讽刺。

罗伯特·穆西尔［用代表奥匈帝国二元君主制的首字母 k. k.(kaiserlich und königlich，"帝国·皇家"）[4]］造出了"卡卡尼亚"（Kakania）这个词。对它的怀旧不等于希望它起死回生。但无论如何，它占据了19世纪欧洲权力结构的中心位置。自它灭亡以后，企图在德国和俄国之间形成一个与它对等的中欧实体的努力从未停止过。

凡尔赛和会（巴黎和会）后，法国提出由原属哈布斯堡帝国的捷克斯洛伐克、南斯拉夫和罗马尼亚成立"小协约国"，这可能是这方面的第一次努力。它没有成功。小协约国的成员们想建立一个独立的多瑙河集团，也失败了。在希特勒德国的超强力量面前，这些计划都沦为纸上谈兵。英国政府在关于战后的计划中设想建立某种多瑙河联邦，结果也无疾而终。第二次世界大战甫一结束，捷克斯洛伐克马上有人提出要重兴小协约国，匈牙利则提出了一个建立多瑙河联邦的同样语焉不详的计划。莫斯科的强权使这两个计划化为乌有，也粉碎了一个建立巴尔干联邦的计划；那个计划有铁托和季米特洛夫的支持，本来实现的可能性大得多。苏联日薄西山的岁月里，中欧的概念，或者应该说建立一个中欧实体的理想，再次由该地区的作家提出，有昆德拉、哈维尔、康拉德、基什、瓦伊达、米沃什等等。蒂莫西·加顿·阿什（Timothy Garton Ash）说得对，他们这个想法是想恢复历史上奥匈帝国的一部分，或者说要超越"二战"之后的雅尔塔体系。的确，1989年东欧剧变后，波兰、匈牙利和捷克斯洛伐克组成的所谓维谢格拉德集团一度企图重建一个欧洲中部的集团，但这样做的目的只是想把前社会主义国家中较"先进"的同较"落后"的分开，好说服欧盟更快地接纳前者。事实上，这个地区苏联时代的结束没有带来中欧更大的统一，却由于捷克斯洛伐克和南斯拉夫的分裂而造成原哈布斯堡帝国的进一步解体。简言之，填补哈布斯堡帝国消失后所留下的空白的梦想彻底灰飞烟灭。而且无论如何，如今的欧洲已不再迫切地需要在德国和俄国之间建立一个中间集团作为保障。

然而，还有第三个中部欧洲或中欧的概念，比对哈布斯堡帝国的怀旧或在俄德之间建立中间集团的想法更加危险。这个概念把优等的"我们"和欧洲东部及南部劣等的，甚至是野蛮的"他们"区分开来。这种优越感绝不仅限于欧洲中部的人。事实上，在两次世界大战中和冷战期间，自封的"西方"都是用这种自我优越的概念把自己与"东方"区分开来，而1945年后，又特别以此与社会主义政权统治下的国家相区隔。不过这对中部欧洲，特别是哈布斯堡帝国，尤其重要，因为区分所谓"先进"和"落后"，"现代"和"传统"，"文明"和"野蛮"的界线正从它中间穿过。用帝国著名的政治家梅特涅的话说："亚洲在 Landstrasse（公路）上开始。"（指从维也纳向东的大路。）中部欧洲某地的人提及其他地方时经常使用（含有低等意味的）"亚洲"一词，比如，19世纪作家 K. E. 弗兰佐斯（1848—1904）就写了《半亚洲素描》（"一片半亚洲的文化沙漠"）。[5] 他生于偏远的布科维纳，那是个乌克兰人、波兰人、罗马尼亚人、德意志人和犹太人混杂而居的奇特地方。另一位也是出生在布科维纳的作家格雷戈尔·冯·雷佐里给它取了个带有非洲风味的名字——"马格里布尼亚"。[6] 中欧地区的每个人都生活在与某个"亚洲"的交界处。对德裔卡林西亚人来说，界线那边是斯洛文尼亚人；斯洛文尼亚人认为克罗地亚人属于另一边；在克罗地亚人眼里，塞尔维亚人是另类；塞尔维亚人却认为界线在他们和阿尔巴尼亚人之间；匈牙利人则把罗马尼亚人看作低等人。每一个城镇都有这条线，它隔开了受过教育的和未受教育的，传统的和现代的；有时（但并不总是）与族裔/语言的界线相吻合。当中欧人认为自己是代表文明向野蛮作战的时候，这个词就非常接近于宣扬种族优越和民族排外的种族主义了。

因此，"中欧"作为政治术语是不可接受的。那么它作为文化概念又如何呢？艺术和科学领域中的高等文化有没有具体可见的地区分界呢？

"中欧"文化曾经是存在的。在欧洲那一大片德国**教育小说**曾经雄踞的地盘上，得到解放的中产阶级形成了"中欧"文化，而在中欧的许多地方，中产阶级大多数是犹太人。现在这个文化已不复存在，尽管它逃脱了希特勒的魔掌，流到了伦敦、纽约和洛杉矶的老年移民聚居地。它成为中欧文化有三个原因。第一，只有在欧洲的中部地区，德语才是首要的国际文化语言，但它不是唯一的，因为那时所有受过良好教育的欧洲人都懂法语。德意志语言文化霸权区西起莱茵河，东到哈布斯堡帝国边界，北抵斯堪的纳维亚，南达巴尔干半岛。维也纳是这个地区的文化首都。来自保加利亚多瑙河下游鲁塞的埃利亚斯·卡内蒂在文化上一直是维也纳人，他虽然浪迹天涯，四海为家，但一辈子说的、写的都是德语。在这个地区内，德语不仅是首要的国际语言，而且是来自较落后地方的人进入现代化的媒介。K. E. 弗兰佐斯的短篇小说《席勒在巴尔瑙》就描绘了德国文化作为大众解放媒介的理想形象。小说中，加利西亚一个偏僻村庄里的一个波兰僧侣、一个犹太人和一个鲁塞尼亚（乌克兰）农民传阅席勒的一本诗集；席勒的诗对他们来说代表着摆脱过去、走向未来的希望。

所以，在居民只讲德语（其实是德语书面语和口语方言的混合）的中心地带以外，中欧文化涵盖了除德语外也讲其他语言的人，因此，它可以成为连接不同民族的桥梁。可以说，真正的中部欧洲处于语言和文化的十字路口，它的一个代表人物是的里雅斯特的埃托雷·施米茨（Ettore Schmitz），他的笔名更广为人知，叫伊塔洛·斯韦沃（Italo Svevo，意即"德国意大利人"）。这个意义上的中欧和作为其轴心的多瑙河地区最出名的回忆录作家克劳迪奥·马格里斯（Claudio Magris）也是的里雅斯特人，这绝非偶然。在这个亚得里亚海边的奇妙地方，意大利、德意志、匈牙利和各种斯拉夫文化群芳荟萃，并与乡村的农民方言和这个伟大的海港城市的多文化音乐水乳交融。

第二，只有在欧洲的一个部分，实际上只是在哈布斯堡帝国境内，受过教育的才大多是犹太人；到第二次世界大战前夕，犹太人在维也纳人口中占到了10%，在布达佩斯占的比例还要高。1848年之前，犹太人基本上被拒于哈布斯堡帝国的大城市之外。19世纪下半叶，他们从摩拉维亚、斯洛伐克和匈牙利的小城镇潮水般涌入大城市，甚至从现今属于乌克兰的遥远地区长途跋涉而来。这些得到解放的犹太人认为自己在文化上是德国"中欧人",以此与20世纪向西而来的那些坚持传统、讲犹太德语的东方犹太人拉开距离,直到他们一起葬身于希特勒德国的毒气室。1880年,加利西亚犹太人最多的小镇布罗迪市(约20 000居民,76.3%为犹太人)甚至坚持孩子们上小学必须只上德语学校。遭到当局拒绝后,市民们特别告到了维也纳的帝国法院,为自己申诉。[7]

[在概念上把犹太人分为"东方"和"西方"似乎始自布科维纳;东方犹太人指生活在18世纪遭到俄国、普鲁士和奥地利瓜分的前波兰王国的犹太人,西方犹太人专指哈布斯堡王室祖传领土上的犹太人。在布科维纳,19世纪晚期,(讲德语的)切尔诺维茨大学于1875年创立之后,得到解放并已同化了的犹太人精英和讲犹太德语的大多数犹太人之间的矛盾变得特别尖锐。]

最后,属于这个文化的人民必须称为"中欧人",因为他们在20世纪无国可属。只能用地理名词来称呼他们,因为他们的国家和政权来而复去,变化无常。有一个城市距维也纳只有几千米远,有电车相通,从那里乘电车也能到普莱斯堡,该地又叫波若尼和布拉迪斯拉发(所有中欧城市都有好几个名字);20世纪期间,那里居民的国籍多次更改,他们曾是奥匈帝国匈牙利部分的国民,后成为捷克斯洛伐克的公民,后来又被划归德国的卫星国斯洛伐克,然后变成社会主义国家捷克斯洛伐克的公民,现在再次成为叫斯洛伐克的国家的人民。如果他们是对自己"血与土地"[1]的故土巴勒斯坦并不热心的犹太人,那么像(布罗迪的)约瑟夫·罗特一样,他们唯一能怀念的祖国就只能是弗朗茨·约瑟夫的帝国,那个对所有民族

---

[1] "血与土地"是曾经的纳粹口号,指注重种族血缘和世代居住的土地的意识形态。——译者注

都抱有温和的怀疑的帝国。但众所周知，它已是覆水难收。

中欧文化也同样一去不返。它那些实物的纪念碑，特别是大剧院和歌剧院，仍然是中欧各城市的中心所在。它们是那个时代的大教堂，是资产阶级追求精神升华的地方，不过那种升华不一定涉及宗教感情。1860年，维也纳为实现现代化而大兴土木，围绕老城的环形大道沿路建起的建筑物不是像1848年革命失败后原来打算建立的"宫殿、兵营和教堂，而是宪政政府和高等文化的中心"，[8]包括大学、城堡剧院、宏伟的艺术博物馆和自然科学博物馆，还有大歌剧院。然而，尽管教育机构努力在广大民众中间推广高等文化，高等文化仍然只属于人数少而又少的有教养的精英人士。无论如何，对于这个文化中我们今天所珍视的东西，当年哈布斯堡王国5 000多万居民中的大多数人并不感兴趣。整个王国所有的歌剧院加在一起能坐多少人？1913年，维也纳为它的200万市民建造了一座能容纳6 000人的音乐厅，供他们欣赏维也纳的交响乐和室内音乐的天籁。

即使在这些限制之内，中欧文化由于实质上只使用一种语言，早在19世纪就因民族主义的崛起而遭到了破坏和撕裂。尽管才能卓越的翻译家孜孜不倦地努力，但以民族语言写成的文学作品仍难以在国外扬名。捷克以外的中欧读者中有多少人知道或关心聂鲁达（Neruda）和伏尔赫利茨基（Vrchlický）？匈牙利以外的人对弗勒什毛尔蒂（Vörösmarty）和约卡伊（Jókai）也一样漠然。即使在音乐和政治这些相对跨国的领域，中欧内部的分别也显而易见。匈牙利社会主义者与奥地利马克思主义者泾渭分明，哪怕仅仅是因为他们不愿意接受维也纳在思想方面的领导。巴尔托克和雅那切克跟布鲁克纳和马勒没有关系。奥地利阿尔卑斯各省对维也纳和犹太人的仇视明显可见。在文化和音乐方面，信奉天主教的奥地利人对如今备受崇拜的哈布斯堡世纪末颓废文化的反感和抵制历历在目，因为那完全不是他们的文化。具有矛盾意味的是，中产阶级轻型娱乐这个领域最好地保全了中欧的共同特质，如流行于整个地区、源自斯拉夫和匈牙利的舞蹈，吉卜赛提琴手演奏的音乐，以及施特劳斯、莱哈尔和卡尔曼为匈牙利人和巴尔干人写的轻歌剧。维也纳本地话中包含着来自众多文化（马扎尔、捷克、意大利、意第绪）的词汇；中欧的烹饪则集维也纳、德属奥地利、捷克、波兰、马扎尔、南部斯拉夫的各种菜肴和饮品于一身。这些都明白地显示了共同的中欧特质。

第二次世界大战以来，特别是欧洲社会主义政权结束以来，三个重大发展粉碎了中欧原有的文化。一是族群遭到大规模驱逐或屠杀；二是商业大众文化取得世界范围内的胜利；三是英语成为无可争议的全球交流的语言，这第三点是与第二个发展相关的。北美模式的商业化大众文化的胜利并非中欧特有的现象，在此不必多说。其他两个发展却对中欧具有关键的意义。民族和文化的少数群体，特别是犹太人和德国人，遭到大屠杀或大规模迁移，这把波兰、捷克斯洛伐克、南斯拉夫和罗马尼亚等多民族国家变成了实质上单一民族的国家，它们城市中多种多样的文化也随之消失。布拉迪斯拉发（又称普莱斯堡或波若尼）的一些老住户还记得它曾是不同人民和文化交汇的地方，他们仍然自称是"普莱斯堡人"，以同来自斯洛伐克偏远乡下的"布拉迪斯拉发人"划清界限，然而如今是那些布拉迪斯拉发人代表了这个城市的特征。任何去过切尔诺维茨（切尔诺夫策）和伦贝格（利沃夫，波兰语拼法是 Lwów，乌克兰语拼法是 Lviv）的访客都能证明，它们也同样变成了单一文化的城市。中欧丧失了它的一个基本特点。

也许更加重要的是德语语言霸权的终结。德语已经不再是从波罗的海到阿尔巴尼亚这一大片地区知识阶层的通用语言。今天，当一个捷克年轻人遇到一个匈牙利年轻人或斯洛文尼亚人时，他们最有可能用英语交流，不仅如此，他们已不再期望对方懂德语。现在，在母语非德语的人中，没有人再把歌德和莱辛、荷尔德林和海涅当作有教养的文化的基础，更遑论摆脱落后、实现现代化的必经之路了。

自魏玛共和国以降，德国文化即不再是中欧的基调，而只是众多文化中的一个。中欧过去的文化也许并未被遗忘，目前对它作品的翻译和关于它的著述比过去任何时候都多，但是，它已经不再是活着的文化了，正如古典交响乐和室内音乐会的曲目——它们的作曲家基本都曾生活在维也纳方圆数百平方千米之内的地方。

在政治和文化上，"中欧"属于不可复返的过去。属于它的东西只有一件留存了下来，那就是曾经从哈布斯堡帝国中心穿过的那条分隔欧洲富裕繁荣的西部和东部地区的界线。只是它现在穿心而过的是将要扩大的欧盟。

第九章

欧洲资产阶级社会的文化与性别，1870—1914

初次发表在《技术、识字和社会演变：杰克·古迪工作的意义》(Technology, Literacy and the Evolution of Society: Implications of the Work of Jack Goody. 劳伦斯·厄尔鲍姆出版社 2006 年版)，戴维·奥尔森和迈克·科尔编辑。

19 世纪中期，英国开始定期出版公共生活或其他公共领域中人物介绍的汇编，其中最出名的是《当代绅士名人》(Men of the Time)，它是现今《名人录》(Who's Who)[1]的老祖宗，而《名人录》又衍生出了众多关于人物生平的参考书。在开始审视 1870—1914 年资产阶级文化中两性在公共和私人场合的关系之前，我先要提及这个小小的但意义重大的文字上的改变。1

这个文字上的改变意义重大，不是因为过去只介绍男性的参考书决定从今往后也介绍女性。事实上，《当代绅士名人》很早就留

---

[1]《当代绅士名人》中的"men"是男人的意思，而《名人录》(Who's Who)则不区分性别。——译者注

出了一小部分篇幅介绍女性名人;《名人录》自1897年起也开始介绍女性,但此类人物介绍汇编的女性比重一直没有很大的增长。人们曾在这方面做过努力,但比例仍维持在3%~5%。直到20世纪60年代和70年代掀起了第二次女权主义浪潮,才有更多女性进入了不以性别作为基础的参考书:《英国传记大辞典》1970—1980年补编中15%的条目是女性。这个文字改变的重要之处,在于正式承认女性作为一种性别在公共领域有一席之地,而以前她们一直被排除在公共领域之外,只除了少数几个例外。最资产阶级化的大不列颠被一个女人统治了50多年之后,女性才有权正式跻身于公共人物的行列,这一点突出地表明了这个改变的意义。

让我再举一个承认女性公共作用的例子。1908年伦敦的英法博览会像以前19世纪所有的世界博览会一样,汇集展示了各种象征,包括流行的态度。这次博览会之所以重要,是因为它第一次和奥运会一起举办,[1]就在奥运会比赛的体育场内进行,也是因为它专门设了一个女性作品厅。对这个展厅里面的展览我们无须在意,但有两点值得一提。其一,根据当时的报道,女艺术家宁肯把作品送去不做性别区分的艺术厅展出,也不愿在女性作品的题目下参展;其二,妇女工业理事会抗议说受博览会雇用的女性工人劳动负担过重,报酬则太低。[2]这里的意义是,女性作品厅颂扬女性,把她们看作行动者,不是被动的实体;把她们看作积极进取的个人,不是家庭和社会机器上的螺丝钉。

如果对比一下过去和新时代参考书中列名女性的标准,也可以

---

[1] 据查,历史上一共有三次世博会和奥运会同时举办,1900年的巴黎世博会、1904年的圣路易斯世博会和1908年的伦敦世博会,所以伦敦世博会应该是最后一次,但作者在这里说是第一次。——译者注

清楚地看到这个变化。20世纪早期这方面典型的出版物(《当代绅士名人》庆祝维多利亚女王登基50周年专刊)列举的女性中一大部分不是因为她们自身的成就,而是因为家庭关系(是著名男性的姐妹、女儿、妻子、遗孀、情妇,或其他关系人),或因为她们是王室或贵族的亲戚(这与前者的性质相同)。后来的参考书拿不准如何处理这类人物;典型的做法是把她们放在王室和贵族女子一栏中,但总的倾向是不再包括她们。

女性得到公共承认的第三个证据是做出了认真的努力,千方百计寻找合格的人选来展示女性在公共领域中的成就。《当代男女名人》开始几期列举了一些年轻女子,只是因为她们大学考试得了高分,那几期还临时加上了一些贵族女子以壮门面。后来这两种做法都不再沿用了。[3] 可能更引人注目的是诺贝尔奖建立头几年中女性在获奖者中的突出地位。从第一次颁奖的1901年到1914年,诺贝尔奖四次颁给女性(塞尔玛·拉格勒夫获文学奖,贝尔塔·冯·苏特纳获和平奖,玛丽·居里两次获科学奖)。恐怕以后任何一段相等的时间内都不会再有这么多女性获得诺贝尔奖。

简言之,19世纪末的欧洲和北美出现了一股明显的倾向,要把女人作为资产阶级社会意义上的人来对待,要把她们看作和男人一样的人,因此也是同样有可能做出成就的人。这在当时正在起步的极具象征意义的体育界表现得十分明显。在英国、法国和美国建立网球男子单打锦标赛之后没几年,就建立了女子单打锦标赛。允许妇女,甚至已婚妇女,参加个人锦标赛,这在今天看来也许算不上革命性的行为,但在19世纪80年代和90年代可谓惊世骇俗之举。当然,从某个意义上说,把第二性看作有成功潜力的个人的趋势与要求承认妇女拥有属于资产阶级个人的传统权利的压力正好不谋而合。在形式上或机制上，大部分国家直到1917年后才承认妇女的公民权，但这股潮流的力量从第一次世界大战期间及战后时期进步的高速迅猛中可见一斑。1914年，几乎没有一个国家的妇女拥有投票权，但10年后，妇女投票权已被写入欧洲和北美大多数国家的宪法。与公共领域中的妇女更直接相关的是英国王室于1917年第一次建立了对男女平等开放的论功行赏的嘉奖制度——大英帝国勋章。

　　虽然女性进入公共领域理论上并不限于任何特定阶级，但实际上，我们看到，这类女子绝大多数都属于上层阶级和中层阶级，当然，娱乐界总是一个重要的例外。几乎所有其他能使女子出名的活动，无论是否是专业性的活动，都需要要么有闲，要么有钱，要么受过好的教育，或三者齐备。劳动阶级的大部分妇女根本就没有这么好的条件。就连找到一份有报酬的工作或进入劳动市场对中、上层阶级的妇女都有公共意义，而这对劳动阶级妇女却是家常便饭，因为根据定义，劳动阶级都要劳动，多数人在生活的某个阶段都得做工挣钱，哪怕只是出于经济上的需要。另一方面，工作，特别是有报酬的工作，被认为和资产阶级女性向往达到的淑女身份格格不入。因此，一个中产阶级女子出去挣钱，**这个事实本身**就是不正常的，在别人眼中，她不是可怜的苦命人，就是叛逆者。无论是作为受害者还是作为叛逆者，她都引起了和她的社会身份相关的公共领域的问题。此外，中产阶级女子希望进入的教育机构和有组织的职业——它们对其他阶级来说完全遥不可及——还对她们百般阻挠。所以，女性在这方面的成功本身就是引起公共兴趣的事情。1891年，没有男青年会因为仅仅得到大学毕业证书就被列入《名人录》，但女青年就有可能因此被列入。所以，这一章实际上几乎完全讲的是属于或立志进入资产阶级的女子，当然，还有社会地位更高的女子。

在此无须过分深究上述发展的原因。显然，中产阶级妇女要进入公共领域的呼声很高。无疑，她们对公共生活的参与是以前的人（除了几个革命者以外）所无法想象的。她们能做到这一点，多亏一些重要的男性的支持，这也是毫无疑问的。那些男性首先是家庭中对女性有统治权的男性，其次是管理着妇女想进入的机构的男性，尽管后者不情不愿，拖拖拉拉。从这个意义上看，两性的私人领域和公共领域是不可分的。

出于明显的原因，我们通常只强调妇女解放所遇到的反抗。确实，那种反抗顽固无理到了歇斯底里的地步，任何不抱偏见的现代人在观察19世纪的情况时首先就会注意到它。1907年，维也纳心理分析学会曾就一篇关于医学院女学生的文章展开讨论。那篇文章大放厥词，说女学生之所以上学是因为她们长得太丑，找不到丈夫，并说她们行为放荡，腐蚀男学生的道德，还说学习对女性根本不合适。彬彬有礼地对该文章进行讨论的那些心理分析家作为维也纳资产阶级的男性成员，肯定不属于固守传统或一味反动的那一类。然而，虽然他们不赞成文章作者谴责女学生的尖刻语气，但弗洛伊德就认为："学习对妇女确实无所裨益，总的来说，妇女的命运并不因此而得到改善。而且，妇女在性的升华方面无法与男人相比。"

另一方面，我们绝不能忘记，每一个得以走出家门的资产阶级女子的背后都有一位父亲；是他同意她进入社会，也肯定是他为她支付各种费用，因为任何有"淑女"地位或形象特点的年轻女子若是没有父母或其他家长的首肯，很难找到有报酬的工作。事实上，父母给了女儿很多支持。只要想一想第一次世界大战之前的40年间女子中学教育的迅猛发展即可明了。从1880年到1913年，法国男子公立中学的数目维持在330~340所，但女子中学却从零猛增到

138所，使男女中学生的比值上升到3∶1。在英国，1913年到1914年女子中学的数目和男子中学相去不远：350所女校，400所男校。在那30年前，甚至10年前，这都是不可能的事。

有意思的是，这一过程中各地的情况很不一样，不过，我无法解释这种分别的原因。比如，1900年时，意大利女子中等教育等于没有，全国才有7 500名女中学生，低地国家（荷兰、比利时、卢森堡）和瑞士的女子教育也增长乏力，但俄国女中学生人数高达25万。如果因美国的大学生人数不可比而不予考虑的话，俄国在女子大学教育方面也独占鳌头。1910年俄国有9 000名女大学生，大约为德国、法国和意大利总数的2倍，奥地利的4倍。[4]众所周知，第一批给女生提供宿舍的学校是瑞士的大学，时间在19世纪80年代，主要是为来自东欧的学生准备的。

妇女教育的增长有没有物质的原因尚不明了，但父母思想的开放程度和女儿得到解放的前景成正比，这一点是无可置疑的。在欧洲的许多地方都可以清楚地看到，一批思想开明进步的资产阶级父亲向他们的女儿灌输了进步的观点和解放的愿望；在19世纪末或20世纪初，他们同意女子接受更高等的教育，甚至拥有职业及公共生活，不过在罗马天主教国家中这样的情形比较少见。

这不是说这样的父亲把女儿当儿子一样看待。妇女进入医学界比从事其他职业容易，不排除是因为治病被视为一种照顾人的工作，因此与对妇女发挥的作用的普遍看法恰好契合。即使在20世纪30年代，晶体学家罗莎琳·富兰克林的父亲还建议她不要选择自然科学作为职业，最好做社会工作；[5]尽管他属于那种典型的富裕开明的犹太资产阶级，习惯于自己的孩子思想激进，甚至信仰社会主义。就是这类进步资产阶级在1914年前认识到，应该让自己的女儿，甚至妻子，发挥新的更广泛的社会作用。这个改变似乎来得非常迅疾。1905年，俄国的女大学生还不到2 000人，到1911年就猛增到9 300人。1897年，英国的女大学生只有约800人，[6]到1921年，仅全日制女大学生就达到了11 000人，这还不到女大学生总人数的1/3。另外，女学生的人数及其在相关年龄组中占的比例基本维持不变，直到第二次世界大战时，女性占大学生总数的百分比出现了明显下降。[7]从中可以推测，到第一次世界大战结束时，愿意让女儿上大学的父母也许已动员得差不多了。在英国，到20世纪50年代和60年代大学扩张之前，一直没有出现新的促使女子上大学的社会或文化因素。顺便说一句，我注意到，即使在1951年，女大学生出身中、上层阶级的比例比男大学生还是高很多。

女生入学率上升如此迅速的原因我们只能推测。在英国，它似乎与女权运动的兴起相关。女权运动是在20世纪初围绕着要求"女性投票权"的呼声发动的大规模运动。（我不敢妄自揣测其他国家的原因。）对于20世纪初争取女性投票权的运动，中、上层阶级的妇女肯定是没有异议的。1905年，英国公爵夫人当中有1/4都被列入女权主义的《英国女性年鉴》后附的人名地址录中，其中的3位，再加上3位侯爵夫人和16位伯爵夫人，还是保守党与统一党选举联合会的副主席。《1913年选举权年鉴和女士名人录》汇集了大约700位争取妇女投票权的积极分子的名字，可以看到，她们大多数不仅来自中产阶级，而且属于英国上流社会的中、上阶层。[8]根据可以查得到的信息，这些女性的父亲70%以上是军官、教士、医生、律师、工程师、建筑师或艺术家、教授，以及公学校长、高级公务员和政治家；13%是其他的贵族或地主；12%是商人。其中，军官和教士尤其多，在殖民地工作过的也不少。名录中的积极分子44%为已婚，根据可以查得到的信息，她们的丈夫有的从事传统职业，一般是商人，但更多的从事像新闻业这类新行业；有一点很清楚，这些积极分子大多数属于上层阶级或中上层阶级。值得指出的是，名录中 1/3 的人家里有电话，而电话在 1913 年还是很少见的家用设备。只需再加一点即可完全说明问题：这些争取妇女投票权的积极分子至少 20% 有大学学历。

她们与文化的关系通过她们的职业可见一斑，这里只能参考名录中对她们职业的介绍：28% 是教师，345 人是作家和记者，9% 自称为艺术家，4% 是演员或音乐家。在对其职业有介绍的 229 人中有 75% 从事的职业是与文化再生产的创作或传播直接有关的。

因此可以说，第一次世界大战之前的 20~30 年间，19 世纪资产阶级社会观念中女性的作用和行为在几个国家中发生了迅速而巨大的变化。诚然，新解放的中产阶级妇女只占当时妇女的一小部分，但正如本章开头时所说，她们如此迅速地得到了公众的承认，这说明这个占少数的群体从一开始就被视为先锋队，大军随后将至。

资产阶级对妇女解放并不特别欢迎。19 世纪 90 年代和 20 世纪初，有些知识分子，甚至包括一些开明知识分子，开始发表仇视妇女，或至少是极端歧视妇女的言论；这种态度似乎表达了某种不安和恐惧。从奥托·魏宁格、卡尔·克劳斯、莫比乌斯、龙勃罗梭、斯特林堡，以及风行一时的尼采的著作中都可以看到当时典型的反应，不过是形式不同，歇斯底里的程度有异罢了。他们强调，永恒和根本的女性特质不包含智力能力，因此，女性在迄今为止男性专属的领域里参加竞争往好里说是毫无意义，往坏里说则对男女两性都是灾难。前面提到的 1907 年心理分析家的辩论是一个典型的例子。像剑桥使徒社这类由英国男性知识青年组成的强烈而有意识的同性文化团体,可能也反映了类似的不安。[9]

不过,这里要强调的不是男性暗地里对女权的继续反对,而是他们承认资产阶级女性的作用已经发生了变化,前面引用的弗洛伊德的话就表明了这一点。在男性眼中,这场世纪末的两性之战中的一个要素是对资产阶级妇女在性方面的独立的承认。把包括资产阶级女性在内的所有女性作为独立的人来对待,这本身就是新事物;在男性看来,女性的本质不再是端庄、温婉和贞洁,而是肉欲性感,不再是**守贞**(Sittlichkeit)而是**纵欲**(Sinnlichkeit)。卡尔·克劳斯就这个主题写过许多作品,从施尼茨勒到穆西尔,整个奥地利文学充斥着这方面的内容。在里希特霍芬姐妹的时代,谁能说这样的描写不现实呢?性解放自然成为妇女解放的一部分,至少在理论上是如此。当然,这对按习俗要求必须保持完璧之身的资产阶级未婚女子来说特别重要。研究一贯表明,要人吐露自己性生活的状况非常之难,把性生活量化更是难上加难。但我相信,到1914年,在欧洲的新教徒和犹太人中间,和中产阶级的女孩春风一度已经比20年前容易得多了。H. G. 威尔斯(H. G. Wells)的丰富情史就是证明。通奸的情况难以得窥真相,在此不便妄加揣测。

那么,在资产阶级文化的这个阶段,性别到底起了什么作用?它在公共和私人领域中有何地位?有一种说法是,传统的19世纪资产阶级社会的女性典范把女性作为文化的首要载体,或者应该说把女性作为生活中精神和道德这些"高级"价值的化身,与之相对的男性则代表着物质的、甚至是动物性的"低级"价值。典型的形象是殷实的商人被太太强拉去听交响乐,坐在音乐厅里穷极无聊。这种典范有一定的代表性,即使我们假设商人太太参加文化活动是为了爬上音乐会听众的高级社会地位,而不是真的喜欢音乐。然而,一定要记住对资产阶级女性文化作用的一个关键的限制。在实践中，一方面，男性在公共领域中垄断了智力活动（文化无疑属于这类活动）；另一方面，女性得不到必要的教育，而没有这样的教育，文化就无从谈起。当然，资产阶级妇女也读书，但她们主要读的是其他妇女专门为女性市场写的作品，如小说、时尚、新闻、社会花边消息和信件。这个女人世界中的伟大小说，如简·奥斯丁的作品中描写的聪明活泼的年轻女子，不仅在男人当中知音难觅，在女人中同样落落寡合，因为男人要求的只是自己的新娘掌握那些被称为"造诣"的对文化的漫画式模仿——会弹一点儿钢琴，会一点儿素描或水彩画，等等；别的女人则一心只想着用什么办法和招数找丈夫，其他的一窍不通，有时连家都管不好，像《傲慢与偏见》中的班奈特太太。既然一桩好婚姻的根本在于找个有钱的丈夫，那么管家的能力就不是很重要。

一个矛盾的现象是，在处于社会低层但不断努力提升自己的人群中，女性传载文化的作用表现得最为明显（包括苏联意义上的**文化**，指搞好个人卫生这类的事情）。劳动阶级的男性普遍勇猛野蛮，只有女性代表着不同的价值观。在资产阶级的世界中，男性靠脑力而非体力的资格和努力取得成功，以此有别于下层愚昧不明的大众，恰好也与上层贵族那群野蛮的少数人区分开来。从社会地位较低的人的传记和自传中可以看出，鼓励儿子发展智力或文化方面的志向的经常是母亲而不是父亲，D. H. 劳伦斯就是例证。住在偏远地区的哈克贝里·费恩[1]对妇女的文明影响避之唯恐不及，是理想中典型的男子汉气魄十足的男性。大规模初级教育甫一建立，英语国家和

---

[1] 哈克贝里·费恩，马克·吐温小说《哈克贝里·费恩历险记》的主人公。——译者注

其他几个国家就出现了出色的女教师。在法国，早在1891年，女教师的人数就超过了男教师。[10]

据我之见，资产阶级妇女直到19世纪末才得以成为货真价实的文化载体。顺便指出，这段时间内，妇女作为独立的文化赞助人也开始崭露头角：伊莎贝尔·斯图亚特·加德纳是艺术收藏家，霍尼曼小姐、爱玛·康斯、莉莲·贝利斯和格里高利夫人是剧院的创办人、支持者和管理人。当然，她们也通过做艺术和工艺生意积极参加商业文化和（主要由女性组成的）室内装潢这一新行业（艾尔西·德·沃尔夫、茜瑞·毛姆等）。"室内装潢和陈设是近几年来妇女发展得非常成功的行业。"[11] 显然，这全要归功于女子中等和高等教育的扩大，包括威廉·莫里斯（William Morris）之后英国艺术学校数目大为增加，以及中欧的学校大量增设艺术史课程；这些学校里的多数学生可能都是女性。然而，是资产阶级本身结构的改变使得文化成为它的一个中心特点，并突出了女性在其中的作用。

三个变化不谋而合。第一，地位已经确立的资产阶级——指已经成功，不需要再往上爬的家庭，或通常第一代以后的资产阶级家庭——面临的问题不再是如何赚钱，而是如何花钱。如同任何家族史所显示的那样，这类家庭产生了一个有闲的部分，特别包括孀居或未婚、靠非劳动收入过活的女性成员。用这类收入从事文化活动最理想不过了，因为它既体面，又不像凡勃伦所谓有闲阶级的炫耀性消费那样花费巨大。当然这类活动有时还是相当费钱的，弗里克、摩根、梅隆等人可以做证。

第二，在同一时期，正式的学校教育成为家境富裕的标志，至今依然如此；这也是把**暴发户**的后代培养为真正的资产阶级的最佳办法。凯恩斯家族从在小地方做园丁的洗礼派教徒到出现世界闻名的经济学家约翰·梅纳德·凯恩斯的三代发家史就是明证。[12] 但**教养**（Bildung）和**有教养的资产者**（Bildungbürgertum）不可避免地带有强烈的文化因素。简言之，虽然维多利亚时代中期的英国诗人马修·阿诺德目之所及只有野蛮的贵族和不懂艺术的庸俗中产阶级，但那个庸俗的环境中已经开始出现数量相当大的一群有教养的资产者。

第三，与此同时的另一个发展是资产阶级生活方式出现了明显的隐私化和文明化的趋势。这方面英国又是先驱，它首创了真正舒适的资产阶级家居生活方式——位于郊区或乡村，建筑风格时髦，陈设高雅时尚的别墅或村舍。虽然这里不是讨论这一发展的地方，但要指出，首先，这种新风格代表了审美和艺术的价值观——莫里斯墙纸就是证明；其次，按资产阶级的定义，专职主持家务的妇女因此而与文化建立起重要的关系，就连比阿特丽斯·韦布（Beatrice Webb）都得从社会和政治活动中抽出身来去寻找威廉·莫里斯设计的家具。[13] 当时在英国至少成立了3家商业公司，专做布料、家具和讲究审美的艺术与工艺的室内装潢生意。这3家公司至今仍在，它们是希尔斯公司（做家具生意）、桑德森公司——它今天仍在出售莫里斯亲自设计的墙纸和窗帘，和利伯蒂百货公司——它的名字被意大利人用来表示德语中**青年风格**（Jugendstil）的意思。而**青年风格**或新艺术风格在各个地区的变种就是应用于家居生活的艺术先锋派。

所有这三点都必定会把妇女推到文化生活的中心。毕竟是她们在靠非劳动收入或别人赚取的收入生活的资产阶级有闲阶层中占了大多数。我们已经看到，在几个国家中，她们在原来只有男性才能接受的中等教育方面迎头赶上。另外，在英国和美国，她们上学的时间一般比男孩还长，尽管上大学的不多。在资产阶级的家庭分工中，她们负责花钱，这是毫无疑问的，然而即使是今天所谓"美丽家居"方面的实用性花费也有非常清楚的文化方面的考虑。文化的生产者对此心知肚明，虽然他们也许像威廉·莫里斯一样，对自己成为闲着没事的阔太太感兴趣的人物并不开心。

即使没有资产阶级妇女自发的解放运动，她们的文化作用也会因上述原因而加强，而妇女解放运动必然也是争取教育和文化平等的运动。也不要忘记，艺术的先锋派和社会的先锋派，包括妇女解放，有着千丝万缕的联系，这种联系在19世纪80年代和90年代特别紧密。另一个不应忽视的事实是，资产阶级男性开始普遍认为"女人们翩然而过／一边谈论着米开朗琪罗"（T. S.艾略特），要比她们参加更传统的活动更好。

可以肯定，这个时期受过教育的妇女文化修养得到了提高，她们自认有义务进行文化活动，并在维护文化生产，特别是表演艺术方面担负起了更重要的责任。19世纪"林荫道戏剧"的作家心目中的典型观众是没有女性的，但在两次世界大战之间，如英国商业剧作家特伦斯·拉蒂根所说，他们写作的对象是想象中来伦敦西区看日场演出的"埃德娜姑妈"。相比之下，美国电影院原来的观众几乎全部是穷苦的粗人，75％为男性。美国引进并最终自己制作了经典影片（即有文化意义的高级影片），主要是为了引起新中产阶级妇女及其孩子的兴趣，好赚他们的钱。我敢肯定，从1908年开始重版意大利大师作品的美第奇学会，或"岛屿书库"丛书的出版商也盯上了年轻女性读者这个市场。

尽管如此，仍不能说资产阶级文化在此期间的巨变主要由妇女促成，或表现出了对于哪个性别的倾向。即使在小说创作这个在英语世界中女性一贯占突出地位的文学分支中,那时"严肃的"女小说家比起简·奥斯丁和乔治·艾略特的时代来似乎都黯淡了不少,到两次世界大战之间又出现了一段消沉期。[14]人物汇编中的女性条目中原来(和表演艺术家一道)占一大部分的"作家"在这个时期的比重也迅速缩小。不过,对整个资产阶级而言,文化变得更加重要了。

我觉得这主要是因为在1870年以后,青年成了资产阶级公共生活中一个特征鲜明的群体。虽然青年无疑包括地位比以前更平等的女青年,但自然也包括男青年。青年和文化的联系,或更具体来说,青年和现代化的联系人所共见,无须多谈。那个时期的语汇就表明了这一点(青年风格、青年、青年维也纳等等)。很明显,大多数资产者是在青年时期上中学和上大学的时候,通过学习以及同龄人之间交流的耳濡目染获得文化知识和品位的。比如,尼采和瓦格纳风靡一时,也明显地发生在年轻一代中间。

然而,鉴于获得中等和高等教育的资产阶级男性远多于资产阶级女性,从统计的角度来看,认真致力于文化的人本应以男性为主才是。

同样重要的是,资产阶级男性选择(并有能力)以文化事业为生的人比过去多了很多;父母或亲戚对他们这种选择的支持程度也大为增强;资本主义社会的发展又使其成为可能。大家都知道,这个时期的一些文化名人至少在经济自立之前生活要靠家族生意补贴,或由亲戚或其他好心人帮助,如指挥家托马斯·比彻姆爵士、作曲家弗里德里克·德利乌斯、小说家 E. M. 福斯特(E. M. Forster,用他自己的话说:"股息入账,崇高的思想随之飞扬。")、胡戈·冯·霍夫曼斯塔尔(Hugo von Hofmannsthal)、卡尔·克劳斯、斯特凡·格奥尔格、托马斯·曼、莱纳·玛利亚·里尔克（Rainer Maria Rilke）、马塞尔·普鲁斯特，还有捷尔吉·卢卡奇。在欧洲可以被称为文化区的地方，甚至有商人弃商从文，温特图尔的赖因哈特就是一例。他的情况也许有些特殊，但商人普遍希望自己的孩子赢得更高的社会地位和承认，而达到这一目的的方法正是从事商业以外的生计。这个时期的新事物是，获得更高社会地位的途径不再仅限于做公务员或从政，或依靠家庭雄厚的财力炫耀贵族式奢华的生活方式，而是也包括从事艺术，或在较少的情形中，从事科学（如英国的罗思柴尔德家族）。这表明社会对艺术的接受度更高了，其中包括传统资产阶级最纯粹、最虔诚的价值观迄今为止最不能接受的艺术形式——表演。19世纪90年代，随着著名戏剧演员被授予贵族头衔，越来越多的资产阶级家庭的儿子，甚至女儿，成为专业演员。

总而言之，从19世纪末到20世纪初这段时间，对于属于或希望成为资产阶级的欧洲人来说，文化成为比以前重要得多的阶级特征。然而，那时两性之间并没有清楚的文化分工，就连理想的模式也不存在。当然，在实践中，妇女在文化中的作用受到重视，主要出于两个原因：第一，因为大多数资产阶级成人男子要谋生，所以必然不如大多数不工作的资产阶级已婚妇女有空余时间从事日间的文化活动；第二，前面已经说过，因为资产者的家居越来越"美化"，而妇女（根据传统）主要负责管家和布置家居，迅速崛起的广告业也起了有力的推动的作用。在好莱坞电影中，经常会看到身家百万的大老粗被太太的附庸风雅折腾得不胜其烦，但显然不可能把这样的漫画式形象套在有教养的资产阶级男性头上。还处于财富积累期的第一代资产者也许是这样，甚至也可以包括在办公室忙碌了一天，回到家里疲惫不堪，只想按通常的办法放松一下的商人。但是，中产阶级有一大批人接受了中等和高等教育，并以教育程度和举止的文雅礼貌界定自己的社会地位，对于这一批人，这样的形象显然并不适用，对他们的子女就更不适用。至少必须区分 E. M. 福斯特的小说《霍华德别业》(1910年)中描绘的由施莱格尔和威尔考克斯两家所代表的两种资产者：前者文雅，后者粗鄙。也不应忘记，在这个时期，就连腰缠万贯的大老粗也很快懂得，收藏油画也是一种炫耀性消费，与买赛马、买游艇和养情妇别无二致。

因此，本章的结论是，男女之间没有文化上的分工，并不是男人在外面忙于市场运作和与人交流沟通，无暇顾及文化活动，而女人则是文化和精神价值观的传承者。基于前面讲过的理由，我要说这只是19世纪前期的偶然现象。当时观念中的女性的范畴与风趣、教养和修养毫不相干，只除了在最表面的意义上，而资产阶级世界观恰好认为，文化不能只有表面的意义。

在资产阶级妇女解放的早期，妇女确实夺得了过去在**法律上**或事实上一直是男性专属的高等文化权利和其他权利。但她们恰恰是通过摆脱规定了女性具体职能的女性专属领域来赢得那些权利的。至于她们仍然留在其中的某个女性专属领域，那里面也没有资产阶级高等文化的内容。正好相反，那个女性专属领域中当时的重大发展是把女性作为货物和服务的市场来进行系统的开发，无论是诱使她们购买一般性的货品，还是购买文学作品。一方面，出现了专门针对女性的广告；另一方面，出现了专为女性读者服务的刊物，普通报纸和期刊也开设了妇女专栏。这两个趋势都有意识地采用它们认为最能有效地打动妇女，让她们打开钱包的手法，集中于它们认为女性最感兴趣的题目：家庭、家居、子女、美容、爱情、浪漫故事等等。高等文化不在女性普遍关心的题目之列，除了极少数唯恐在社交场合跟不上最新潮流的巨富和极端势利鬼。许多解放了的知识女性一定也是时尚杂志和浪漫小说的热心读者，这并不有损于她们的地位，但即使在今天，也不会有多少这类女性公开坦承自己喜欢看浪漫小说。

这一切并不意味着1880—1914年的女性想效仿男人，更不是说她们想做男人。她们很清楚，男人和女人不一样，即使她/他们做一样的事，彼此承认地位平等，或承担同样的公共责任；罗莎·卢森堡的信件和比阿特丽斯·韦布的日记就此表明得非常清楚。前面描述的一切只是说明，那时坚持女性有其特有的领域，包括声称她们对文化负有特殊的责任，个中有政治和社会的因素。解放了的男女都希望公共领域中没有针对任何性别的歧视。而在这个公共领域中，资产阶级意义上的文化在"中产阶级"一词的定义中，也许比过去，甚至比后来都更加重要。

第十章

新艺术

首次出版。原为2000年6月25日在维多利亚和阿尔伯特博物馆的演讲。

美学不是在真空中存在的，特别是新艺术的美学，因为新艺术是深深致力于变艺术为日常生活一部分的一场运动，或者可以说是一组运动。只从新艺术运动的定义就看得出，它不仅带有自己的风格，而且提倡某种生活方式。维也纳的伟大建筑家奥托·瓦格纳在他1895年的教科书《现代建筑》中写道："我们做艺术创造唯一可能的出发点就是现代生活。"今天下午我想谈一谈现代生活的服务对象，我所指的是原义上的"现代生活"，即产生了新艺术的环境和包括新艺术在内的各种艺术运动对社会的需求。具体来说，这个服务对象就是19世纪末的城市。罗斯玛丽·希尔在本次展览的广告中卓有见地地指出："如果关于新艺术有一条普遍真理的话，那就是它是城市性的，是属于大都市的。"[1]

新艺术的城市性和大都市性有几种明显的表现。大家只要环顾一下本次展览的内容就可以看到，它是地铁站的建筑风格；巴黎地铁站和维也纳轻轨火车站都是新艺术的风格。(再借用希尔博士的话说)"它的建筑类型是公寓楼、音乐厅和浴场。"(我猜想她想到了布达佩斯盖勒特酒店的大浴池。)它的风格几乎完全用于世俗的建筑,只有伟大的加泰罗尼亚建筑家高迪除外,但他也只设计过一座教堂。在世纪之交,它无疑是"现代城市生活面向未来的选择,是《格拉斯哥先驱报》和(德国)《时代周报》办公楼的选择,也是慕尼黑和布达佩斯的摄影室、酒店、巴黎地铁站和百货商店(如巴黎的老佛爷和莎玛丽丹)的选择"。事实上,这种风格在意大利就是以百货商店命名的,叫"自由"风格。听说今天还能从哈罗德百货商店 1900—1905 年建造的现代式门面的铁工装饰中看出新艺术风格的影响,我们也不能忘记该时期建造的现代城市基础设施的另一部分——1891 年建起的伦敦新苏格兰场(建筑师是威廉·莫里斯的老搭档菲利普·韦布)。

这没有什么奇怪的。到 19 世纪晚期,西欧和中欧的大都市,即人口在 100 万以上的城市,几乎已经发展到了 20 世纪的规模,因此这类城市急需必备一些服务设施,特别是快速城市交通体系。这就是为什么除了伦敦之前在使用蒸汽机车铁路方面做过尝试以外,各大城市都开始在那个时候大兴土木,修建地下和地上的电气铁路,包括伦敦、柏林、巴黎、维也纳,还有布达佩斯——它是欧洲大陆上第一个这样做的城市。我用"服务设施"这个词是有意为之,因为它们的功能比雄伟的外貌更重要。它们与 19 世纪象征着资产阶级现代化的伟大建筑(火车站、歌剧院、议会大厦、宫殿式的剧场)有所不同,不需要成为纪念碑式的建筑,也就是说它们不必借鉴被公认为高级的传统风格。这就给了公共交通车站、百货商店和银行这类服务性建筑相当大的空间,使它们可以采用非传统的风格。新艺术还有一项对城市风景的重要贡献，那就是风格轻松、令人愉快的招贴画。

虽然新艺术并不追求纪念碑式的风格，但它无疑对公共形象极为注意。在与它联系至为密切的城市中，如赫尔辛基、格拉斯哥、巴塞罗那、慕尼黑、芝加哥、布拉格，新艺术的影响随处可见。新艺术风格流行之际正值这些城市迅速增长的时期，于是建造了大片新艺术风格的中产阶级住宅，这在赫尔辛基非常明显。（要记住，除了新型服务设施和布鲁塞尔及巴塞罗那的几座富豪宅邸以外，新艺术风格的建筑主要是中产阶级住宅。）但是，在有些城市中，新艺术风格比别的城市明显得多，个中原因并非只用增长速度即可解释。新艺术风格在格拉斯哥比在伦敦明显得多，在慕尼黑比在柏林明显得多，甚至在沙利文和弗兰克·劳埃德·赖特的美国中西部也比在纽约明显得多——尽管最后这个对比不在本次展览之列。总的来说，除了维也纳和计划举行1900年世界博览会的巴黎这两大例外，新艺术不是国家级大都会的特征，采用它的是省级或地区级城市中自我意识强烈、怡然自信的资产阶级。这也许说明了为什么尽管新艺术的各个变种之间有着明显的联系，显示它们同出一源，但是新艺术没有一个独一无二的风格，正如它没有一个统一的名字。从某个意义上说，它有些像摇滚乐，许多乐队虽然都属同门，但每一个乐队，至少是每一个有吸引力的乐队，都努力建立自己特有的"声音"。这一点我以后还会谈到。

世纪末城市的新奇之处是什么呢？它变成了建立在公共交通之上的城市。这对城市发展来说势在必行，它意味着人们从居住的地方去工作和休闲的地方不能再靠两条腿走了。廉价的公共交通始自19世纪80年代——纽约是从70年代开始。大都会的居民一下子成了我们今天所说的公共交通的使用者。为说明这一改变的速度,仅举一例:《廉价火车法》在1883年得到通过,要求铁路公司大量提供低价火车票;12年后,伦敦南部的工人买的火车票从每年26 000张飙升到每年700万张。[2] 在此之前,至少根据伦敦的工会规则,住处离工作地点不到4英里(约为6.45千米)的工人可以步行上班,住在4英里以外的工人则应得到寄宿津贴。这个新变化暗含着一项巨大的革新——系统性地考虑城市生态和社会问题,或用新世纪头几年迅速传开的词来说,是"城市规划"。记录显示,这个词首次使用是在1904年。

两个现象的出现使公共交通成为必须,也因公共交通而加速发展。一是住宅区的集中或郊区化;二是都市内高度专门化地区的发展,比如专门的购物中心、娱乐中心,和进行各类经济活动的地方。伦敦西区出现了曾被称为"剧院区"的专门地区;后来,索霍区(Soho)成了餐馆区。伦敦西区的大多数剧院都是在19世纪80年代和第一次世界大战之间建起或重建的。与此同时,在伦敦各处还新建了一些音乐厅,作为对工人阶级居住区红火兴旺的音乐厅的补充,如帕拉丁剧院、霍尔本帝国剧院和维多利亚宫剧院。然而,这些新音乐厅的建筑甚至也涉及一定程度的城市规划,意味着对整个都市的全面考虑。1888年前,沙夫茨伯里大道上没有剧院,也不可能有,因为沙夫茨伯里大道是新建的,是早期城市规划的例证——大道的名字就有社会改革的含义[1]。"城市规划"一词在20世纪早期开始使用,几乎一夜之间就得到广泛接受。简言之,把都市的社会问题作为一个整体来思考已是势在必行。

---

[1] 沙夫茨伯里伯爵是19世纪的社会和工业改革家。——译者注

让我们对比一下维多利亚时代中期和19世纪末的公共交通发展情况。可以肯定，蒸汽机车铁路的建设打乱了伦敦的城市生活，其严重程度为自1666年大火以来之最，而且这两个事件对城市产生的影响都不是事先计划的，它们只是杂乱无章地毁坏了市内的大片地区。新的公共交通则不同，它在设计时不仅考虑到通勤者的需要，而且有意地成为郊区化的推手；也就是说，把人口疏散到不断扩张的都市的外缘地区，外迁的人口中包括不能或不愿继续住在已经变为专门区的市中心的人。要记住，在这个时期，老的都会中心通过兼并原先独立的社区，如（纽约的）布鲁克林或（柏林的）施泰格利茨，系统地得到了扩大，成为"大柏林"，或大维也纳，或大纽约。

只有几个都会对这一趋势有所抵制，其中著名的有巴黎。城市的扩大不仅意味着协调对散乱的不同社区的治理。1889年，伦敦为此目的成立了有史以来第一个全伦敦理事会。城市的扩大还意味着在城里日益专门化的各个地区大兴土木，可能还要为疏散出去的居民建造住房和基础设施。

也要记住，与新城市化联系紧密的一个现象是劳工运动的兴起，它表明了工人阶级在城市里恶劣的居住条件亟须改善。

下面要举的例子曾经是英国的骄傲，但现已荣耀不再，那就是它的免费公共图书馆制度。浏览一下尼古拉斯·佩夫斯纳（Nikolaus Pevsner）的相关著作就会知道，遍布伦敦的图书馆主要建于19世纪90年代，和各地的游泳馆同时；它们的建筑风格是与欧洲大陆新艺术相对应的英国"艺术与工艺运动"风格，这一点当在意料之中，因为当时激励着人们的既有改善社会的动力，也有审美的因素。同样可以料到的是城市规划者和社区建造者抱有强烈的社会信念。他们来自英国的进步-社会主义（progressive-socialist）环境。审美与社会理想主义携手并进。

但这里我们遇到了一个奇怪的矛盾，它关系到新艺术的核心，以及它所属的世纪末一整套先锋艺术派别的核心。新艺术是欧洲中产阶级发展过程中某个时刻的风格，但它并非为中产阶级所设计。恰恰相反，它属于一个以反资产阶级，甚至反资本主义起家的先锋派，其成员在感情上也是反对资产阶级和资本主义的。如果这个先锋派别有任何社会和政治倾向的话，可以说它支持在19世纪80年代和90年代初突然崛起，以社会主义为主旨的新劳工运动。这一新风格最出色的建筑家伯尔拉赫（Berlage）建造了钻石工会大厦，它是阿姆斯特丹最强大的工会——钻石工会的总部。霍塔[1]亲自设计了比利时工人党（后改称"比利时社会党"）党部"人民之家"，可惜在20世纪60年代那个城市现代化历史上最灾难性的十年中被拆毁了。他设计这座建筑，用他自己的话说，专门要"使它空气流通，阳光充足，这些是工人居住的贫民窟里从来没有过的奢侈品"。³确实，比利时的社会主义领导人热烈支持当时的艺术先锋派，包括诗歌和绘画中的象征主义，雕塑中的社会现实主义或"自然主义"，以及建筑中的新艺术风格。新艺术和其他艺术先锋派的风格（威廉·莫里斯的设计中表现出来的对飘逸的有机形状的偏好）、对社会的批评，以及把艺术变为人民（即普通老百姓）的生活和社区环境一部分的理想，这一切都深深地得益于英国艺术与工艺运动的启发。

因为英国是第一个被工业资本主义改造的欧洲国家，所以产生了以罗斯金和莫里斯为代表的批评家，他们强烈谴责工业资本主义所造成的社会和文化后果，包括对艺术创造和人的环境的影响，并

---

[1] 霍塔，比利时建筑师，以新艺术风格出名。——译者注

在社会与审美方面不断求索，另辟蹊径。莫里斯在欧洲大陆上尤其被视为社会革命理论的鼓吹者，因此也是审美革命的倡导者，特别是在比利时和德国这两个工业化国家中，而比利时正是"新艺术"一词的实际诞生地。

有意思的是，新艺术产生影响的途径不是政治，也不是社会主义运动，而是直接通过有社会觉悟的艺术家、设计家和城市规划者，博物馆和艺术学校的创办人在这方面也起了不小的作用。19世纪80年代在英国势单力薄的社会主义运动的审美思想就这样席卷欧洲。沃尔特·克莱恩（Walter Crane）的社会主义意象和象征成了欧洲大陆上宏大得多的社会主义运动的榜样。

所以，尼古拉斯·佩夫斯纳在《现代设计的先驱者》中把莫里斯和艺术与工艺运动称为建筑现代运动的滥觞一点儿不错：根据20世纪现代主义始终坚持的梦想，建筑就是要建造社会的乌托邦。为此目的，阿什比于1888年在伦敦东区成立了"手工艺行会"。美国社会主义作家贝拉米的乌托邦小说《回顾》在19世纪80年代和90年代期间影响巨大，埃比尼泽·霍华德（Ebenezer Howard）读后受到启发，着手建立名为"花园城"的没有阶级、城乡结合的乌托邦，或者应该说是邻里和睦的绿色城市社区。伦敦东区汤因比馆创始人S. A. 巴尼特牧师的遗孀亨丽埃塔·巴尼特（Henrietta Barnett）夫人，热情洋溢地要把她居住的新开发的汉普斯特德花园郊区建设成中产阶级和穷人在美丽舒适的环境中共同生活的社区——但显然不能有酒馆。在她看来，汉普斯特德花园的住户不应限于有钱人家，虽然它后来恰恰变成了富裕的专业人员的居住区。这些社区的规划者和建筑师，包括帕特里克·格迪斯（Patrick Geddes）、设计了莱奇沃思花园城及周边大部分郊区的雷蒙德·昂温（Raymond

Unwin），和创立了伦敦郡议会的艺术与工艺中心学校的威廉·莱瑟比（William Lethaby），都属于曾与威廉·莫里斯共过事的一群人，昂温和莱瑟比还是费边主义者。

然而，艺术与工艺运动不只设计乌托邦式的社区，也生产精巧细致，自然也价格不菲的家居用品和装饰。它为新型的中产阶级生活配备家具，点缀空间；对女性来说，它为她们提供舒适便利的用品。事实上，英国的发明中对欧洲人最有吸引力的就是罗斯金-莫里斯传统的精髓，设计不求盛大骄人，而是注重美丽怡人。欧洲大陆坚决支持这一理念的穆特修斯（Muthesius）和凡·德·费尔德（vande Velde）很快成为这种模式的代言人，虽然他们采用了非常不同的方式。在法国和奥地利，奢侈品工艺历史悠久，长盛不衰；它们接纳了英国的艺术与工艺运动，但维也纳剔除了它的政治思想，[4]法国则接受了完全不同的政治思想。[5]事实上，莫里斯梦想艺术有人民参加，为人民服务，但他的公司却生产只有少数有钱人才买得起的高价产品，这两者中间显然有距离，甚至可以说是矛盾。

这就涉及我的第二个主题——1900年前后几十年内中产阶级的变化。在我所著19世纪历史的第三卷《帝国的年代》（*The Age of Empire*）中，以及在本书前面的一章中，我就这个主题发了不少议论；但在这里，我想试着简单总结一下我依然坚信的一个论点。先来谈一个奇怪的矛盾。

在攻无不克的资产阶级（这个称呼是我从一位法国历史学家那里借来的）的世纪里，成功的中产阶级成员对他们的文明心中有底。一般来说颇有自信。通常生计无忧，但只是到了世纪晚期，他们才真正过上了**舒适**的生活……这个最资产阶级化的世纪的矛盾是，它的生活方式到了世纪晚期才变为"资产阶级"的……作为一个阶级的生活方式和方法，它只取得了短暂的胜利。[6]

这个改变趋于明显之时正是新艺术这第一个征服一切，有意识、有计划的"现代"风格流行之际。最近一本书中讲到"新艺术所代表的资产阶级理直气壮的安逸"，[7]这种说法并非全无根据。

中产阶级生活方式发生这种变化有四个原因。第一是政治的民主化削弱了除最伟大和最强势的少数人之外所有个人的公共和政治影响力。过去，"私人生活与公开显示地位和社会声望混为一体"，现在的生活方式则不再那么正式，真正变得更加隐私化和个人化。新艺术派伟大的比利时建筑家维克多·霍塔说，他的顾客们"因专业的缘故不能采取公共行动或投身于政治事务；因自身的性格喜爱安静和美的事物，远离大众和普遍的庸俗"。[8]这些人大多是叫作"慈善的朋友"的共济会支部成员，是家境宽裕的专业人员。不过，他们不参与政治并不妨碍他们反对教权，倾向政治进步。

第二是成功后的资产阶级对他们原来在财富积累时期奉为圭臬的清教徒价值观不再严格遵守。钱已经赚到手了，不再需要省吃俭用，锱铢必较。简言之，花钱变得和挣钱一样重要，就连远非巨富的人也学会了如何花钱买享受。这必然导致对审美问题的重视，特别是在女性的消费中。《装饰艺术回顾》不是说了嘛，女性在社会中的作用和使命是通过她们按季节更换的服饰和家中的陈设来体现"自然的清新"。[9]1900年世博会把"巴黎妇女"作为最重要的象征因此也就不足为奇了。

第三是父系家庭结构不再像过去那样紧密。一方面，资产阶级女性得到了相当程度的解放；另一方面，少年和已婚之人之间出现了"青年"这个独立的类别。请记住新艺术的德语词是"Jugendstil"，也就是"青年风格"。恕我引用我过去说过的话："'青年'和'现代'有时几乎成了同义词，'现代'意味着品味、装潢和风格的改变……（这）不仅影响到休闲的形式……而且大大增加了家庭作为妇女的活动场所（和供她们挥洒创造的素材）的作用。"[10]这种新的生活方式在某种程度上也和过去老的生活方式一样变成了强制性的。请大家回想一下19世纪90年代的一个应该算是极其不同寻常的资产阶级家庭——伟大的费边主义者夫妇比阿特丽斯·韦布和西德尼·韦布。他们的家（每年有1 000英镑不靠劳动得来的收入，在当时是不小的一笔）基本上是进行政治联络的场所，也是社会改革的宣传总部。比阿特丽斯·韦布对家居的美学和舒适，甚至可以说对家庭和治家，都毫不关心，韦布家的派对在为来客提供舒适、食物和酒水方面粗疏到令人咋舌的地步。然而，就连比阿特丽斯——据她自己在日记中所说——也从重大事务的繁忙之中抽出时间去希尔百货商店选购威廉·莫里斯设计的壁纸和窗帘。

还有第四个原因，那就是已经属于，或自称属于，或日思夜盼地希望属于"中产阶级"的人数大量增加。这些人的一个共同点无疑就是购物。H. G. 威尔斯在他描绘典型爱德华时期的杰作《托诺-邦盖》(*Tono-Bungay*)中写道："他们像投入事业那样一头扎进去；作为一个阶级，他们所谈所想，梦寐以求的就是拥有物品。"本次展览中展出的物品属于市场的高端，只有富豪才买得起，但千万不要忘记，新艺术制品，或具有新艺术运动明显特征——有机的、植物形状的曲线和卷须，长发飘飘、衣袂飞扬的女体——的物品有各种价位，适合所有消费水平。大家下一次去巴黎时，请注意看一下一法郎的硬币，它是 1895 年设计的，专门显示了审美和道德方面的现代性。自那以后再没有重新设计过。我在 20 世纪 80 年代晚期撰写《帝国的年代》一书，写到新艺术的时候，我发现我用的茶匙是廉价的韩国货，上面雕刻的花纹却仍然脱胎于新艺术。

中产阶级意识到的另一个更加重要的因素是舒适的家居生活，特别包括在特别为休闲而打造的"休息室"内进行的轻松休闲活动，因为许多向往中产阶级地位的人家的财务状况不允许他们把购物作为休闲活动。过这样生活的人家一般住在远离社会底层居住区的地方，同"和我们一样的"家庭一起，居住在中产阶级区和郊区，在当时如雨后春笋般出现的、由新建筑家设计的百货商场中购物。工业制造降低了新艺术产品的价格，使得处于这些社会群体低端的人家也能买得起。郊区是新都市的重要部分。当然，在英语世界之外，下层中产阶级尚未过上这样的生活。住在中欧"别墅"或"村舍"中的人比伦敦图庭上城区的居民无论在收入还是社会地位上都高出许多，1894 年《潘趣》杂志曾对图庭上城区模仿"利伯蒂风格"的室内装潢大肆嘲讽。[11]

使新艺术成为"资产阶级"艺术的一个更重要的原因，是当时负责治理城市并进行现代化建设的资产阶级精英以这样或那样的方式接纳了它（主要作为地区自豪感或民族自信的表示）。因此，现代主义很容易与某种真正的或编造出来的民族风格结合起来，如布达佩斯的亚细亚风格、赫尔辛基的北欧风格和波希米亚的斯拉夫风格。巴塞罗那是城市规划与"现代主义"风格的绝妙结合，当地的加泰罗尼亚资产阶级为自己的崛起和财富而无比自豪，他们借城市规划的风格与马德里古板保守的统治者划清界限。电气化和当地被称为"现代主义"的新艺术齐头并进，力图把这个省会变为世界级城市，建成当地思想家所谓"帝国的巴塞罗那，它将推进全加泰罗尼亚，甚至全西班牙人的财富和文化，走向伊比利亚胜利的明天"。[12]顺便指出，"现代主义"也是年轻的资产者夫妇为他们在新资产阶级居住区的新公寓选择家具时喜欢的风格。[13]

换个角度来说，1900年左右，二线和三线城市试图使用某种形式的新艺术来证明它们比首都级的大城市更加现代化，好比百事可乐对抗占统治地位的可口可乐，尽管大多数这样的城市都没有巴塞罗那那么宏大的抱负。维也纳和巴黎由国家支持的新艺术不在此列，法国和哈布斯堡政府的特殊政治形势不是我们在这里关心的问题。况且，新艺术并非世纪末资产阶级唯一的风格，也不是1900年前后城市建设的唯一风格。明显的例子是几乎不受其影响的伦敦地铁。

这就涉及一个所有来参观这个展览的观众都会想到的疑问：新艺术派为什么如此昙花一现？如果算上英国的艺术与工艺运动的影响，它持续的时间可能会长一些，但艺术与工艺运动和新艺术并不完全吻合，它在现代风格起源中的作用由尼古拉斯·佩夫斯纳做了令人信服的阐述。

确实，从长远来看，属于新艺术派的各种风格其实不太适合解决城市增长和治理的各种问题，无论是实际的还是象征性的问题。在最出色的建筑家的生涯中，新艺术和与它相应的风格（如英国的艺术与工艺风格）只是通往现代主义途中的一个阶段。新世纪的主要建筑风格是去尽雕饰、线条平直的类功能主义。它同新艺术一样，热情地追求现代化，拒绝古典模式或其他的历史模式。它也和维也纳建筑家奥托·瓦格纳一样，注重建筑的功能性。但它摒弃了深深植根于新艺术中的两个因素，即对前工业化或非工业化的手工艺的理想化，以及更重要的，希望通过受生物形状启发的精巧雕饰来以象征的手法表示现代化。这两个因素都是妨碍新艺术发展的原因。显然，任何风格要想适合于新世纪大众消费社会，哪怕只是中产阶级大众消费社会，都必须摈弃反工业主义，因为它必须适合大规模生产，与机器相适应。

奇怪的是，威廉·莫里斯型的艺术与工艺风格很容易就做到了这一点。尽管它推崇哥特式的过去，但它热情地致力于为普通百姓建设更好、更美丽、更舒适的生活环境，这就意味着为所有人生产日常**用品**。所以，佩夫斯纳认识到，从威廉·莫里斯发展到包豪斯建筑学派是水到渠成的事。在技术方面，倒是没有相应的以纯功能主义的名义对曲线或其他装饰的摒弃。然而必须承认，某种巴洛克式繁茂风格的趋势，特别是1900年世博会上法国政府赞助的新艺术样板，有时真可能会妨碍产品的功能。比如，新艺术招贴画上的文字就不易辨识。

无论如何，对有些东西，新艺术就是不合适。彼得·贝伦斯和其他属于德国工作联盟的**青年风格**建筑家为同是联盟一员的德国电气公司这样的大工业公司进行设计时，采用的风格自然和为私人住宅设计的风格全然不同。城市住宅区这样的大型社会项目也都没有多少新艺术的风格。所以，新艺术的极端形式只持续了几年即告完结，这并不令人惊奇。但它如此短命可能还有另外一个原因。令后人无限怀念的1914年前欧洲资产阶级的白银时代，或"美好时期"，结束了。在欧洲大部分地区，致力于城市建设，家中雇有用人的自信、富裕的家庭随着第一次世界大战的结束而消失。不过，这种艺术形式在大西洋的彼岸幸存了下来，表现为装饰艺术；它是法国新艺术的直系后代，只是少了柔和的曲线。装饰艺术成为20世纪20年代美国大都市繁荣的门面。直至今日，纽约的市景还由两座这种风格的纪念碑式的建筑所统治着,那就是洛克菲勒中心和克莱斯勒大厦。它们于1929年华尔街大崩盘前夕建成。然而,即使在美国,"美好时期"也随着30年代的大萧条而告终结。

第十一章

人类最后的日子

首次以英文出版。由克里斯蒂娜·沙特尔沃思翻译。

卡尔·克劳斯的著作与他的生活密不可分，因为用贝托尔特·布莱希特（Bertolt Brecht）的话说，他"以自己的经历来显示他的时代毫无价值"。不过，他的生活表面上并无与众不同之处。他于 1874 年生于波希米亚的一个小镇，是一个造纸业犹太富商的小儿子。家里的财富使他不必在经济上仰人鼻息，使他后来能够在文化和公共生活中发挥作用，并过着刻意乖张、离群索居的生活。1877 年，克劳斯全家迁往维也纳，此后他几乎一辈子都没有离开过那里，除了当时富裕的中产阶级常做的去乡间和德国的远途旅行。后来，他在德国的作家和表演艺术家中虽然赢得的崇拜者不比别处多，但树敌较少。他于 1936 年 6 月 12 日故于维也纳，享年 62 岁。

他根据自己的原则选择做局外人。同格劳乔·马克斯（Groucho Marx）一样，他拒绝加入任何接受像他这样的人的俱乐部。他不属于任何学派，尽管可以把他算作第二波维也纳先锋派，这一派脱离了 19 世纪 80 年代的"现代主义"，脱离了赫尔曼·巴尔（Hermann

Bahr）和胡戈·冯·霍夫曼斯塔尔，脱离了古斯塔夫·克利姆特（Gustav Klimt）和**青年风格**，也脱离了阿瑟·施尼茨勒和自然主义。克劳斯自己没有开山立派，虽然他吸引并影响了其他才华横溢的局外人（在维也纳有勋伯格、维特根斯坦、卢斯、柯柯什卡、年轻的社会民主党人和表现派艺术家；后来在德国有本雅明和布莱希特），并挺身支持未得到应有重视的作家。他不为任何报纸或刊物撰稿，后来自办杂志，内容和出版时间全看他的高兴，最后干脆一手包办全本杂志的文章。这在他的性格行为中是有迹可循的。谁若想听他的意见就必须去找他的著作，或者去找他本人，再不然就是去参加他著名的演出晚会，晚会上朗诵和演唱的都是他的作品，他也总是亲临现场。

他一生对世界的这种独角戏构成了他的公共生活，他的私人生活则可以说是与世隔绝。他喜欢独处，经常独自漫步于维也纳的大街小巷。"一个胡须刮得干干净净，眼睛近视，面容高贵，棱角鲜明的小个子"，过往行人常常认出他，和他打招呼——维也纳毕竟只是个省级大城镇，但他对不认识的人不予理睬。他不属于任何圈子。他工作起来夜以继日，非常投入，还是游泳健将；他对敌人穷追猛打，如同一个正直的战士，很高兴卑劣的敌人给他提供机会，使他得以证明自己的优越。他一生未婚，虽然在第一次世界大战期间曾向西多妮·纳德赫尔尼·冯·博鲁丁女男爵（Baroness Sidonie Nádherný von Borutin）求婚，是她的爱帮他熬过撰写《人类最后的日子》那段时间。［克劳斯喜欢混迹于波希米亚贵族之中，据他的朋友利希诺夫斯基公主（Princess Lichnowsky）说，他有"一种特别的本事，能不声不响，不事张扬地吸引社交界中最优秀的成员"。］他们最终没有结婚，因为据说诗人莱纳·玛利亚·里尔克（Rainer

Maria Rilke）向女男爵指出，和一个中产阶级犹太人结婚有诸多不利之处，不管那个人多么聪明可亲。

有人憎恨他，也有人爱戴他，但绝对没有人忽视他。维也纳的报界对他基本上敬而远之。在他的崇拜者眼中，他是衡量一把腐败时代的标尺。《工人报》的弗里德里希·奥斯特利茨（Friedrich Austerlitz）写道，文学人物"是真诚实在还是肤浅虚假，从他们对卡尔·克劳斯的态度就看得出来"，不过克劳斯对这家报纸照批不误。只有在纳粹主义的淫威下，他才被迫陷入沉默。他对纳粹掌权后的时事无法理解，最后在孤独中死去。

克劳斯的出众天赋在他年轻时即显露出来，他的表演才能甚至比文学才能更为出色，但由于他身体条件的限制，一直没有机会发挥。他18岁时开始为期刊撰稿并举办了第一次公开讲座。19世纪90年代期间，他作为记者、批评家和文学-政治辩论家而声名鹊起，他批评的对象有80年代的赫尔曼·巴尔和现代主义派，也有西奥多·赫茨尔的现代犹太复国主义。哈布斯堡开明的中产阶级最重要的报纸《新自由报》对这个25岁的年轻人激赏不已，甚至请他接替才华横溢的丹尼尔·施皮策（Daniel Spitzer，"好奥地利人首先是谨慎的奥地利人"）担任讽刺性的"系列"版或艺术版的编辑。

克劳斯谢绝了《新自由报》，在对犹太人社团发出谴责的同一年创立了他自己的期刊《火炬》。这本鲜红色封面的小小杂志的出版时断时续，投稿人日渐减少，最后全由克劳斯一手包办，对世人的愚蠢或恶意做出辛辣的评论。他用这本杂志作为麦克风向世界喊话，或应当说对世界发起攻击。这份杂志使他得名"火炬克劳斯"，他通过新发展起来的媒体文化，在哈布斯堡时代晚期担负起了《圣经》中先知的作用——他有着与先知一样的激情，但文笔优雅，也很风趣。辩论对他不仅是美学意义上所必需的，而且是道德的要求。他的经济独立使他得以辩论不辍，直至生命尽头，虽然在1933年后，他失去了他的德国读者以及一部分奥地利读者，这使他曾认真考虑过停刊。他的去世使他免于做出这个等于精神自杀的决定。像克劳斯所有的作品一样，《人类最后的日子》最初是发表在《火炬》上的。

《圣经》的先知、道德家，甚至讽刺家都对政治问题不感兴趣。克劳斯自己也写到《火炬》的"非政治倾向"，说他的意见"不受任何政党政治的蒙蔽"。但绝不能说他不关心政治，尽管如君主制或共和制、民族自决权和全民选举权这样的问题激不起他的兴趣。他拒绝卷入政党政治，社会主义者因此十分恼火，他们本来希望这位伟大的现行制度反对者能加入他们的行列；克劳斯批评他们时也不像攻击其他政党或政客那么不遗余力，可能还带有恨铁不成钢的遗憾。第一次世界大战后，克劳斯和社会主义者共同的反战立场一度看起来会使他们更为接近，但事实证明那只是幻觉。克劳斯无法被归入任何政治派别，即使在他就时事发表意见的时候，他也一直游离于政党政治的局外。对他来说，政治问题是次要的，因为他坚信"有效力量的用武之地不是代表机构，不是议会，而是编辑室"。

克劳斯是在报纸上听到，应该说是看到，召唤他投入最后战斗的号角的。在战前的资产阶级新闻报道中，特别是在《新自由报》中，他看到了建立在空洞的文字和形象基础上的媒体的萌芽，应当说现在这已成为我们媒体时代的现实。他知道"精神在哪个领域死去，鬣狗啃食它的尸体——词语——的时候对哪个部分吃得最津津有味"。报刊不仅表达了时代的堕落，而且自己就是导致堕落的元凶之一，方法很简单，它"通过文字劫持了价值观"。克劳斯后来发现了孔子的一段话，大为高兴，因为那段话与他的意见不谋而合：

> 名不正，则言不顺；言不顺，则事不成；事不成，则礼乐不兴；礼乐不兴，则刑罚不中；刑罚不中，则民无所措手足。故君子名之必可言也，言之必可行也。君子于其言，无所苟而已矣。

卡尔·克劳斯一生致力于通过文字来整治世界。说的、听的，特别是读的文字所造成的价值观的堕落构成了《人类最后的日子》的形式和结构。按照他的刻意安排，这部悲剧每一幕都以报贩子的叫卖声和新闻头条开始。

《人类最后的日子》成为20世纪一部伟大的文学杰作，因为克劳斯的攻击炮火终于找到了配得上它的目标（"我在这个伟大的时代还那么渺小的时候就认识它了"）；在1914年以前，遭他炮轰的目标都比较小。克劳斯一直专攻世界史，我们知道那是世界的最高上诉法院，历史上许多事情都能拿出来翻案做文章，但在《人类最后的日子》里，他是从维也纳当地的一个记者的角度来写历史的。他理想中的典型地点也是该剧每一幕开始时的地点，在环形大道和克恩顿大道交叉路口的街角西尔克角，那是时髦的维也纳人每天散步的必经之地。他的宇宙是这个街角的微观世界。斐迪南大公在萨拉热窝——今天它仍然是个不祥的名字——遭暗杀，这个事件把这个微观世界变成了宏观世界，对当地事件的叙述明显地成为对整个世界的末日的评说，成为"人类的悲剧"。

《人类最后的日子》在第一次世界大战期间写成。对那场战争，克劳斯从一开始就坚决反对，并在讲座中公开予以谴责。这部剧作的大部分初稿写作于1915年到1917年那几年的夏天，1919年经润色修改后成书出版。同年，它分三次刊载于《火炬》特刊，1922年稍加增添后由他自己的出版社出版，初版792页。根据原稿，这部剧"按照地球计算时间的方法需要10个晚上才能演完……是为火星上的剧院而写"，所以不是为了在地球上演出的。直到1928年，他才不顾崇拜者们合情合理的抗议，原则上准许维也纳的社会民主艺术中心把它缩短后搬上舞台，但坦率地说，缩短了的剧本大不如前。克劳斯在1930年春天曾在维也纳、柏林、布拉格和俄斯特拉发亲自朗读过稍加改动的剧本片段，但后来再也没有这样做过。该剧本直到1992年才出版。

所以，现在《人类最后的日子》的版本只是原版的一小部分，而且关于民族主义抬头的内容是为了政治的原因从这部为火星而写的剧作中选摘的。因此，现在的剧本不能取代原作。不过，现在的剧本中包括了原作中所没有的，但对读者来说至为重要的东西，那就是乔治·艾斯勒（Georg Eisler）画的插图。《人类最后的日子》原作只有两幅插图：卷首插图是臭名昭著的《奥地利人的嘴脸》，画中一个得意扬扬的刽子手坐在一具尸体上，周围是穿军装和不穿军装的一大群奥地利人，都争先恐后地想挤进图画中来；再就是卷尾插图，里面是空旷的野地里一个被炮火毁坏的十字架。［第一幅画是意大利社会主义者塞萨尔·巴提斯蒂（Cesare Battisti）被处决后在全国各地叫卖的明信片；第二幅是年轻的库尔特·图霍尔斯基（Kurt Tucholsky）寄给克劳斯的。］一场世界悲剧，像种族灭绝一样，不可能以图画这种直观的方式予以表达，所以，给这本书加插图乍看起来似乎不知天高地厚。但乔治·艾斯勒的画所评论和解释的不是书的题目，而是作者本人。艾斯勒是维也纳人，可以说从幼年的时候就开始吸收克劳斯的影响。他父亲是勋伯格的学生，他自己则师从柯柯什卡这位同克劳斯关系最深的视觉艺术家。所以艾斯勒作为艺术家在其成长的过程中深深浸淫于克劳斯的影响之中。没有人比他更有能力为现代读者建起理解《人类最后的日子》的桥梁。

这本书现在很少见了。对于我和艾斯勒那一代的维也纳人，《人类最后的日子》是我们生活的一部分。现在，我还经常重读它的第一版，扉页上有我母亲的名字，她是克劳斯在维也纳中产阶级中众多崇拜者之一。《奥地利人的嘴脸》陪伴我度过了我的童年。吾生也晚，没有经历第一次世界大战和奥匈帝国的灭亡，是从这本书中了解这两个事件的。我在这部剧作的序幕中，在克劳斯的环形大道上得知了斐迪南大公的遇刺，可惜后来上演的剧本把序幕删去了。（"报贩：号外！王储遇刺！凶手落网！路过者（对妻子）：谢天谢地，不是犹太人。"）我初次听闻世界历史就是从剧中人的口中，他们是被乔治·艾斯勒赋予了面貌和形象的波科尔尼上尉、诺沃特尼上尉、波沃尔尼上尉；订报人和爱国者；还有老比亚奇，以及加塞尔塞德尔和麦罗莱斯两个男孩。就连书中的维也纳方言也是我孩童时期的。对我这个年纪的维也纳人来说，《人类最后的日子》虽然提到了一些已被遗忘的当时的人物和事件，但我是可以看得懂的，甚至认为是理所当然的。但其他人，特别是非奥地利读者，面对着这部深奥难测，既记录了当时的情形又预示了未来形势的大部头，恐怕就会感到费解。

可是这部著作需要评注吗？对于《人类最后的日子》中人物和情景的故事，今天的我们是不是漠不关心呢？而且不是从来就如此吗？谁引起了克劳斯的愤怒和轻蔑？这些场景和人物，比如现已被遗忘的战地记者艾丽丝·沙勒克（Alice Schalek）和已经泛黄的旧报纸头版新闻报道中的引文，是通过克劳斯才传给我们和后人的。知道"这里最不可思议的交谈是对谈话人所说内容的逐字记录；最匪夷所思的话语其实是真人说过的"，这难道不就足够了吗？

也是，也不是。比如，在第一幕第一场中只有几句愚蠢的台词的汉斯·缪勒（Hans Müller）自然不会有人记得，但他在当时是著名戏剧家，当然这一点和剧作本身没有关系。第一幕第四场是四个（确有其人的）将领穿越世代的交谈；哈布斯堡的将军"从遥远的军营"写了一张满是陈词滥调的明信片给"里德尔"，一个小小的脚注说明了这位里德尔也确有其人，是维也纳一家受人喜爱的咖啡厅的老板。

另一方面，它记录了克劳斯观察到的肢体已经腐烂，非截肢不可的时代。它全部的内容只是作家读到、看到的东西和逐字记录下来的别人的谈话。看懂"由维也纳人和犹太人的语言混杂而成的维也纳松散芜漫的方言"不是问题，它对今天的德文读者比莎士比亚的作品对现代英国中学生还更容易一些。问题是要抓住时代声音的特有调子；这对克劳斯这样的作家尤为重要，因为根据他的理念，文字实际上要能听到才行。写出的文字和上演的台词是一回事，都是他未圆的演员梦的替代。他的文笔才华横溢，但精雕细琢，读时需要全神贯注，但大声朗读出来立现活泼的生机。"我也许是第一个写作时脑子里想着戏剧效果的作家，"他自己如是说，"我的写作是文字表演。"

克劳斯几乎在同一时期（1910—1911年）决定一手包办《火炬》杂志刊载的文章，并恢复他在19世纪90年代初就放弃了的公开朗读晚会，这也许并非偶然。

"我留住了（时代的）精髓，"他在全本《人类最后的日子》中**抱怨者**的独白中写道，"我听到了行动的声音，我看到了言语的姿态，我在重复别人的话时，一直保留了他们基本的调子。"艾斯勒的画反映的正是这种"言语的姿态"、行动和态度，还有作为时代基调一部分的肢体语言。他的画是对理解这部作品的重要贡献。

这一点之所以重要还有另外一个原因。《人类最后的日子》不仅是声讨第一次世界大战和造成人类堕落的新闻业的呐喊（"让他们看看他们是怎么祈祷的"），也是对哈布斯堡奥地利的激情控诉；克劳斯认为是奥地利挑起了战事，他的意见不无道理。这部著作还是对"奥地利人的嘴脸"的痛斥；剧中各场表现的"奥地利人的嘴脸"形形色色，但都无一例外地肤浅。战后不久，克劳斯在关于王国的《讣告》中写道："在世纪的暗夜里从坟墓中爬出来作祟的难道不就是这张脸，是奥地利，是战争，是那个狂热嗜血的幽灵吗？它无论是在困苦死亡、仇恨愤怒中，还是在跳舞欢宴、体育运动时，都在我们中间挥之不去。……那些形形色色的人成为杀人犯，不仅是因为这是杀戮的时刻，而且是因为他们没有想象力。"它是西尔克角（"那个罪孽城堡的环形大道方面"）的军官的脸，是只有在摄影师、记者和渴望参战但因故留在维也纳的文人面前才研究战区地图的将军的脸（那时还没有"摄影机会"这个词）。在克劳斯看来，旧的君主制不仅注定要灭亡——每一个维也纳的政府官员对此都心知肚明，而且咎由自取。

可能从来没有一个帝国像哈布斯堡那样在如此的嘲讽讥笑声中入土。但矛盾的是，我们世纪众多帝国的灭亡也没有一个像哈布斯堡的完结那样产生了如此大量的文学杰作。想一想穆西尔、约瑟夫·罗特，当然还有雅罗斯拉夫·哈谢克的《好兵帅克》以及《人类最后的日子》本身——它们都是专门有关老大帝国的衰败的。

这些属于"奥地利挽歌"体裁的作品有一个共同之处——都表现了那个政权的荒诞可笑。它的悲剧中有一种喜剧感，哪怕是对它最无情的谴责也免不了这种喜剧感的影响。即使（少数）带有感伤的情绪回顾弗朗茨·约瑟夫时代的作品也含着嘲讽的微笑。

比如，最没有人性的莫过于军事医院那一场的标题了（《人类最后的日子》第四幕第六场），它可以与《好兵帅克》出色的第八章（"帅克成了装病的人"）相提并论。然而，读者莫名惊骇的同时又禁不住咧嘴而笑。但有谁看到达豪和毛特豪森集中营能笑得出呢？就连乔治·格罗茨画中的军官、士兵和残疾人我们都不会嘲笑；那些画恰好与克劳斯剧作最后几幕中环形大道上的情况相对应。诺沃特尼、波科尔尼和波沃尔尼这几个军官既可怕又可笑；他们和剧中的德国人同样可怕，不过绝对比他们更可笑。这不是因为克劳斯对维也纳人的口语比对德国人的口语掌握得更加精确到位，而是因为，可以说，战时奥地利的形势虽然危在旦夕，但在当时人的眼中不是什么大不了的事情。

相比之下，德意志帝国只是在外国人眼中荒唐可笑，本国国民可从来不这么看。哈布斯堡王朝这种对文学特别有利的气候也可以从艾斯勒的画中看出来。

这种气候也说明了为什么对克劳斯来说，第一次世界大战所代表的不只是残酷的大规模屠杀突然粉碎了原来井然有序的社会。他马上意识到战争意味着一个世界的崩溃，这个世界就是19世纪的资产阶级和自由派的文明，他自己尽管不情不愿，但也属于这个文明。在许多方面，弗朗茨·约瑟夫晚期的维也纳是帝国的开明官僚和开明犹太资产阶级的交汇处。他们都坚决支持环形大道沿途宏伟的公共建筑,那些建筑是那个世纪资产阶级自由主义意识形态的宣言,也是这种意识形态通过古典方式的表达。开明官僚和开明犹太资产阶级都处境艰难。他们是《新自由报》一小群"有文化"、讲德语的读者,游离于乡村地区大量的斯拉夫民众之上,并因支持一个没有未来的国家而坐困愁城。有一点可以肯定,从世纪末开始,维也纳人就比欧洲其他地方的人更加尖锐地意识到这个文明的危机。克劳斯是想要自由世界垮台的,并为此做好了准备。但既然他攻击的对象是维也纳,或至少是《新自由报》的读者,而他们不仅是(用罗伯特·穆西尔的话说)"卡卡尼亚人",而且代表着资产阶级——自由社会和技术——资本主义社会的发展典范,那么大战对他来说就意味着不仅是奥地利的完结,而且是人类的最后的日子。这个社会一旦崩塌,就再也没有回头路,只有一直向前走进不可想象的可怕未来。

但那个垂死的帝国其实待克劳斯不薄。它使他得以在战争仍在进行**期间**写出了他的著作。在其他地方,只有战争结束后才有可能写出这样的著作,以此来梳理那一段痛苦的个人经历,如德意志帝国垮台10年后在德国开始出现的战争文学。哈布斯堡帝国还有哪个地方能让一个公开反战的人发表演讲和文章以示抗议呢?还有哪个地方能使这样一次演讲"在部分由军官和其他军方人员组成的听众面前演变为激烈的反战宣言"——这是1918年春的事情——并"激起了听众几乎一致的热情拥护"呢?至少帝国和皇家作战部反敌宣传中心把克劳斯的那篇演讲谴责为反战宣言。演讲所在地的警长"作为政府代表出席了演讲",他向上级报告说克劳斯在演讲中明确反对使用毒气,这位警长听了这话"感到极不舒服,甚至痛苦",但"他认为没有理由干预";还有哪个地方能有这样的事呢?

维也纳警方同克劳斯达成了协议：《火炬》已经刊出的文章可以公开宣读，不再追究，但未发表的文章先要提交审查。一次在有人告发后，警方传唤了克劳斯，而他的反应是正式以诽谤罪起诉那个无名的告发人，说他假报克劳斯反战演讲的内容。最后，作战部注销了克劳斯的案卷，不久后，哈布斯堡奥地利自己的档案也被历史注销，克劳斯则毫发无损。还有哪个地方能有这样的结果呢？

　　克劳斯用作素材的事件和经历的历史涵盖期相对较短，而关于我们世纪发生的有些事，就连最激烈的讽刺家也没法摆出哪怕是最刻毒的笑容。卡尔·克劳斯对于纳粹主义如是说："关于希特勒，我没有想法。"当他最终有了想法时，却无法言表。"那个世界醒来时，我们的世界却睡着了。"苏联历史上，在新经济政策时期和勃列日涅夫时期有讽刺家存在的空间，顺便说一句，勃列日涅夫时期有时使人想起哈布斯堡帝国最后的日子，但在约瑟夫·斯大林的严酷统治下是没有讽刺家的。直至今日，哪怕已经是时过境迁，也没人拿那个时期的事开玩笑。

　　克劳斯的运气不错，几乎直到去世，都生活在一个可以让他自由写作的世界和时代中，那个世界和时代还没有灭绝人性到连写作和讽刺都不容的地步。他仍然能找到文字来形容20世纪的第一次大悲剧，即1914年的世界大战。他是从当时主要的文章、各种宣告、偶然听到的交谈和报纸的报道中找到这些文字的。他目击了一场悲剧的展开，悲剧的主角不是李尔王，而是小丑；不是哈姆雷特，而是罗森克兰茨和吉尔登斯特恩[1]。克劳斯在世事尚未沦落到不可说的

---

[1] 罗森克兰茨和吉尔登斯特恩是《哈姆雷特》一剧中出场不久即死去的两个小角色，20世纪剧作家汤姆·斯托帕德以此创作了荒诞剧《罗森克兰茨和吉尔登斯特恩都已死去》。——译者注

地步时找到了文字来表达不可说的意思。

　　贝托尔特·布莱希特为他写的讣告最优雅简洁："当时代用暴力之手自戕的时候，他就是那只手。"

第十二章

遗产

2011—2012 年写成，首次发表。

古典资产阶级文化留下了什么？人们记住了什么？什么还能为今所用？

"高等文化"是一种机制，用来生产可以保留的永久性产品，如建筑物、绘画、书籍等等。它也包括一套被我们称为"表演"的各种行动，如唱歌、演戏、舞蹈等等。这些行动按性质是不持久的，虽然托 20 世纪技术发展的福，它们可以留下永久的记录——录音、胶片、硬盘和软盘。更和本章内容相关的是，有些表演的场所是被视为应该保留的文化遗产的特殊建筑，虽然并非全部如此。自传播文化的家居装置兴起以来——20 世纪 30 年代出现了收音机，后来是电视，最后是 21 世纪初越来越一机多用的便携式机器——公共表演正式场所的规模大大缩小，然而，民族自豪感，也许还有好大喜功的心理，仍然在导致更多的这类场所和网点的建设。一个显著的推动因素是奥运会这类全球表演活动的增加。

本章并不论述人类学意义上的广义文化，尽管事实上那种文化的仪式和产品如今也日益被作为民族遗产的一部分珍藏于专门的博物馆和文化场所。但是，我们将要看到，它避免不了与"文化认同"（cultural identity）相关的难题，下面将就此进一步讨论。

由大众市场引导的文化在19世纪兴起之前，高等文化的大部分产品都是由赞助人定制和收藏的，只有技术革命的第一个成果——印刷机的产品除外。因此，一直存在着"艺术市场"；它是钟情于独一无二、不可复制，自然也价格不菲的"作品"的收藏家的主要活动场所。在欧洲，创作不可复制的艺术品的艺术家基本上依靠宫廷、王公贵族、城市的权贵和富豪，当然还有教会。大型建筑至今仍然主要依靠以扬名为首要目的的赞助，也许因此会比其他视觉艺术更加兴旺。

赞助在表演艺术中的作用一直不大，因为表演艺术深深地植根于普通百姓的生活和娱乐当中，不过它有些具体形式被教会和宫廷文化吸纳，之后也就主要依靠它们的赞助；一些表演形式今天仍要靠外部支持，明显的例子是歌剧和芭蕾舞。现在赞助人通常变成了国家或其他公共机构，偶尔（如在美国）也会由当地的亿万富豪组成的小集团取代过去的赞助人。这里要顺便说一句，迄今为止，大型演出中心尚未有像足球队那样被某一个超级富豪作为奢侈品接管的情形。19世纪资产阶级的典型办法是一群比较富裕的艺术爱好者定期去剧院观看演出，或长期包租剧院的座位或包厢，现在这种做法已经不复存在了。

大众市场中，依靠本雅明所谓的"机械复制时代"的营利性文化生产，包括表演在内，基本上是20世纪的产物，只有印刷品例外。在理论上，这类文化生产的收入依靠销售，因此不需要国家机构的支持、补贴或维护。阿加莎·克里斯蒂的话剧《捕鼠器》完全可以靠它的上座率再演上半个世纪。反之，随着电影观众的减少，英国的大部分电影院，从小型影院到基尔本国家电影院这种可容纳5 000 人的大型场馆，都慢慢从公众的视线中和地图上消失了，而就此提出的抗议还比不上因尤斯顿车站的一道拱门引发的喧闹[1]。电影院全靠票房收入定存亡。然而，有些向市场推出的演出无法赢得时间足够长久的受众，可能会需要补贴或援助，因为演出者和演出的产品，如爵士乐和一些先锋派电影，被视为有文化价值或为了其他非经济性的理由而应当保存，但靠自身又赚不到足够的商业回报；它们因此可能被纳入文化保护之下，像为古典音乐专设领地一样（比如纽约的林肯中心），并日益成为高等文化的一部分。

在此，必须在"民族文化"和普世的"高等文化"或"古典文化"之间做出区分。前者通常以现存的或预期的民族-语言单位为基础；后者指（主要在19世纪的欧洲）确立的一套享有盛名的文化产品，热心于现代化——西方化——的非欧洲国家的社会精英对其趋之若鹜。这套产品的高贵名声使历代新富新贵为它不惜一掷千金，时至今日仍然如此；特别是在视觉艺术和音乐领域，这套产品构成了博物馆和美术馆的展览内容及音乐会和歌剧演出的曲目，也促使有关方面不仅在斯德哥尔摩和洛杉矶，而且在东京、北京和首尔招募音乐家和歌唱家，以保证"伟大的艺术家"的"伟大作品"的历史传承。

民族文化和普世文化的分别有一个很好的例子，那就是伟大的瑞士裔德国收藏家，温特图尔的奥斯卡·赖因哈特的第一座和第二座博物馆。他的第一座博物馆专门收藏18世纪到19世纪的德国、

---

[1] 指20世纪60年代为保存1837年建成的尤斯顿车站拱门而进行的游说抗议活动，但最终没有成功。——译者注

奥地利和瑞士的绘画，其中有许多杰作，但可以说这座博物馆不是文化旅游的景点。另一方面，赖因哈特在他的私人别墅中建立了第二座美术馆，收藏的都是举世闻名的"伟大艺术品"，至今仍是20世纪屈指可数的私人艺术品收藏。此类博物馆尽管位于某个国家，但里面的收藏并非本国艺术，不管以何种方式把它们收集在一起（盗窃、征服、君王赐予、收购或赞助），它们都不属于某一个具体民族的遗产。无论此种收藏是否成为官方指定的国家博物馆的镇馆之宝，它们的范围从来就是超国家的。然而，在非殖民化和现代全球旅游的世界中，出现了一个新问题：公认的"高等艺术"的大部分作品都集中在前西方（直到20世纪大多是欧洲）帝国主义国家的博物馆中，或是在这些国家的统治者和富人的收藏中。这招来了艺术品原属国要求物归原主的呼声，希腊、土耳其和西非的国家都提出过这样的要求。

尽管围绕着艺术品归属的问题争议纷纷，但高等艺术收藏在全球的分布不会发生根本性的变化；因为新兴国家无论多富，它们主要博物馆中的收藏都无法与高度集中于欧洲和美国的"高等艺术品"收藏一较高下，而且西方靠巧取豪夺得来的艺术品收藏中也有很多其他伟大文化的奇珍异宝。然而，过去半个世纪中的另一个发展却将影响到艺术品收藏的分布，那就是博物馆开始成为主要的文化景点，里面的收藏反倒不再重要。那些博物馆的设计出自世界级大师之手，气势不凡，造型奇特，为的就是在本来名不见经传的地方建起吸引全球注意的中心。博物馆里面展览什么没有关系，或者并不重要，像埃菲尔铁塔一样，立在那里就是让人景仰的。丹尼尔·利伯斯金著名的柏林犹太博物馆为了展出合适的展品，反而失去了它的象征力量。这方面一个大家都熟悉的例子是20世纪70年代早期建造的悉尼歌剧院；20世纪90年代毕尔巴鄂这个原来并不起眼的城市，也是靠弗兰克·盖里设计的古根海姆博物馆摇身一变，成为世界级的旅游胜地。当然，西班牙世界级的艺术品收藏，像普拉多博物馆和提森-博内米萨博物馆，仍然不需要依靠建筑式样的别出心裁来吸引观众。另一方面，自从20世纪50年代现代派解体之后，当代视觉艺术一般倾向于认为新型的形状夸张、功能灵活的空间更适宜表演和展出。这样做倒确实会模糊"全球"和"当地"艺术之间的分别，使传统艺术不再独领风骚，伦敦的泰特不列颠美术馆和泰特现代美术馆就是例子。

一国或一省范围内的艺术遗产通常受到爱国的政府和收藏家的保护，而且国外没有人对这类艺术感兴趣，这也使它们得以保全，所以对它们的保护不是问题。问题在于如何保护那些无论是否本国出产都被过去的"征服者"和今天的市场视为国际典藏级的艺术品，那些是值得竞拍、偷窃、走私和伪造的艺术品。

这提出了把艺术纳入文化认同的问题。什么是"文化认同"？属于"我们"，不属于"他们"，以这种方式界定的集体特征不是什么新概念。事实上，我们所有人都同时属于好几个集体，尽管民族国家和自20世纪60年代以来"身份政治"（identity politics）的鼓吹者坚持说，其中一个集体应该占首要地位，或应绝对排除其他集体。按照那样的标准，临终时宣布相信耶稣基督的英国老牌激进社会主义分子基尔·哈迪和哈德斯菲尔德足球队都不合格，除非他们宣布首先忠于英国国旗。然而，集体认同本身没有特别的文化因素，虽然它可以利用或树立一些文化形象作为与别的集体相区分的标志。不过，语言绝对不能用作标志，尽管由于知识分子的大力营造，语言经常被提到民族基本价值观的高度。确实，如果一国的官方语言不普及，老百姓除非上学或在国家军队中服役，否则不懂的话，那么，这种语言是不可能在人民的生活中扎根的。

　　因此，如果涉及"遗产"，"民族文化"就有了政治意义。今天世界上多数政治单位都已经成为或希望成为"民族国家"，所以"民族文化"绝大多数都是以国家为框架的。一个民族国家甫一成立，在精神领域中的首要任务就是为"民族"建起或重建一套合适的"遗产"，于是自然会注重保存文化，特别是因为民族文化很容易与民族神话合为一体。即使在众多国家使用同一种语言或信奉同一个宗教的地区也是如此，比如，在讲英语或讲阿拉伯语的广大地区，或普遍信奉天主教或伊斯兰教的地区。当文化和教育只限于少数精英的时候，民族性由于这些精英的世界性而受到一定的抵消，这类人就是今天生活在各个地球村中的少数商人、技术人员和知识分子。在社会天平的另一头，不懂国家语言，基本文化单位比民族小得多的老百姓的地方主义也抵消了民族性。意大利统一初期，只有极少数意大利人讲意大利语，由于媒体需要一种让讲各种方言的人都听得懂的口语，才逐渐在全国推广了意大利语。别的方言不敌国家的强大力量，在语言一体化的攻势面前节节后退，只留下地区或地方的口音；不过在像西西里这样的地方，人们日常交流仍然使用西西里方言。

　　然而总的来说，通过行政管理和教育，农民逐渐成了法国人、意大利人或鲁里坦尼亚人，实现了大众的民族化；中产阶级和下层中产阶级人数的增加，既扩大了精英阶层，也加强了这个阶层的民族性。对于这些人来说，世界文学的经典之作只有翻译成他们的本国语言或改编为意大利和法国歌剧的歌词后，他们才看得懂。同样的办法可以把公认的"世界文学"与限于本国市场的作品区分开来

（至少在电视时代之前做得到），后者包括西班牙的喜剧性小歌剧、英国的吉尔伯特和沙利文的喜歌剧，还有19世纪德国人所热衷的大量历史小说。民主化大概更进一步把民族语言和文化同国家紧密地连在了一起。

教育，过去和现在都一直是两者之间的主要环节。教育由国家掌控，在国家或其他公共当局的主持下进行，除了几个神权统治的地方，世界各地皆是如此。在没有超越国家的有效政治机构或当局的情况下，很难想象除了由国家办教育以外还能有别的什么办法。这种情况当然造成了对所教授内容的歪曲，并为政治洗脑铺平了道路。很清楚的一点是，"历史"不能只被看作某个现行政治单位的过去，哪怕它有着漫长的不间断的过去，而事实上世界上大多数民族国家的情形并非如此。可是，鉴于历史在形成个人和集体认同中的作用，把一个特定的故乡过去的历史作为教育的中心内容也是合情合理的，这个故乡可大可小，甚至可以是国家。无论我们对教育有什么意见，都无法否认它（这里指当今全国范围内的公共教育）是推进民族社会化和民族特征形成的动力。

这给予了国家相当大的权力，不止独裁国家有这样的权力。显然，曾被称为极权的国家，那种集一切权力和宣传手段于一身，并企图强迫国民接受同一套信仰的国家是不可取的，不过欧洲已经没有这类国家了，连俄国也已不再是极权国家。

在自由社会中，国家构成的主要危险不是强加某种官方文化或垄断文化资金，它已经失去了对资金的垄断。它的主要危险在于企图通过权力或法律来干涉对历史真相的寻求。这方面的例子不胜枚举，特别是过去30年间，对历史各种形式的表述纷纷出现，比如，国家主办的仪式和纪念活动、博物馆、文化遗址、主题公园等等。

政权更迭和新兴的民族主义催生了许多新国家，领导人需要既适合国家的新形势，又能激发民众爱国心的历史或传统。这在新独立的国家中尤其明显。其中有些国家，如克罗地亚和格鲁吉亚，开国者本身就是专业历史学家，或者应该说是民族神话的鼓吹者。另外，还有民众的游说集团或选民坚持他们自己对历史的解释或政治的正确性，领导人要对他们做出让步，争取他们的选票。最近在法国、美国和苏格兰都发生过这样的事情。通过法令或议会法案来确定历史真相，这对政客是颇为诱人的办法，但这种行为在宪政国家中是不允许的。国家政权应该记住厄内斯特·勒南（Ernest Renan）说过的话："无视历史，甚至捏造历史，是建国的要素之一；所以，历史研究的进步对民族主义而言经常是一种危险。"我以为，现代历史学家的首要责任就是要成为这样的危险。

不过，在今天自由民主的资本主义社会中，国家并非文化面临的唯一主要危险。还有一支独立的力量与国家在一种令人不安的不稳定状态中共存，那就是日益全球化、快速增长的资本主义经济；在消费社会及大众传媒的时代，它可能是推动政治及意识形态社会化和一体化的更强大的力量。而且，有地中海的沙滩为证，只有公共权威和法律（有时）能限制国家政权对本国的物质和历史遗产所造成的通常是灾难性的影响。确实，国家权力如果不加控制，常常会破坏甚至摧毁当代概念中的"遗产"。遗产概念最根本的实质就是保护行将不保的过去不致再受侵蚀，无论这种侵蚀是来自忽视、市场、"扫清过去的一切"（从头开始）的革命信念，还是基本教义派的神学理念。

公共权威是确保遗产受到保护的唯一途径，除了在有些情况下，它也发挥起了摧毁历史或消灭历史中不合适的部分的作用。

然而，就连最热心保护遗产的人也必须承认，过去的半个世纪中，"文化遗产"这个概念本身成了问题，就连应该明白无误的"物质遗产"的概念都未能幸免。这种混乱在第二次世界大战结束后达到高峰。当时，在清除了城市的瓦砾后，一些战时被炸毁的具有象征意义的公共建筑几乎全都按原样重新建立起来。保存实际遗留下来的东西到了后来才成为主要的关注点，特别是在城市建设陷入低谷的20世纪60年代以后。不过可以看到，在这两种情况中，"遗产"无论多么有必要，都是人为的东西。今天需要保全的脆弱景点，无论是城市（如威尼斯）还是乡村（甚至是林中小路和山顶），都几乎为海啸般的游客所淹没，使它们遭到空前的危险，或完全破坏了它们的特征。在极端的情形中，不得不限制游客数量，甚至干脆关闭景点。

这里的主要问题是高等文化的概念和组成。高等文化是19世纪资产阶级社会的精神核心，这样的概念反映在使现代城市中心旧貌换新颜的设施和建筑物中，时至今日依然是高等文化以及对它的保存的核心所在。高等文化属于一小群受过教育的人，是一些人确定自己社会地位的标准，德文中"有教养的中产阶级"（Bildungsbürgertum）一词就是这方面的一个例子。但在一个不拘一格欢迎人才，鼓励人们大胆高飞的社会中，教养是不设限的。巴西不识字的父母不也为自己的孩子取名叫"弥尔顿"和"莫扎特"吗？中等教育和高等教育的发展，加上受过教育的中等阶层人士的大量涌现，造成对高等文化需求的猛增。这样的文化主要包括由才能卓越、独一无二的艺术家，最好是天才，创作的"作品"所组成的普遍公认的经典之作，或者是歌唱家、演奏家和指挥／导演对此类经典之作的演出所做的独特贡献。对高等艺术的这些作品，只欣赏是不够的，还要由观众，或是去文化圣地朝圣的旅游者，怀着审美和精神升华的感情去吸收。

这种模式的文化生存了下来，对此早有明证，但由于本书其他章节讨论过的原因，它在20世纪已不再占据统治地位，特别是因为文化创造者自己在第二次世界大战后基本上抛弃了它。当人们对伦勃朗或布鲁克纳无动于衷，大众消费社会无时无刻不沉浸在为了促销而制造的五花八门的形象和声音中的时候，传统的高等艺术模式对人的生活还有意义吗？"艺术家"个人的技艺和情感的投入对"作品"的创作已经不再至关重要，不仅是因为有技术过时的问题，而且也因为何为"作品"都不再确定；在这样的时代里，艺术家的技艺和情感还有价值吗？美术馆墙上挂的画和每天川流不息，有时附有看后即忘的文字或俏皮话的广告，以及连环漫画中让人转眼就扔在脑后的图形之间有什么分别吗？

从一种意义上说，在这样的情况中生产的"艺术"作品是玩笑，笑的是那些把利希滕斯坦（Lichtenstein）放大的连环漫画与《蒙娜丽莎》相提并论的人。安迪·沃霍尔（Andy Warhol）的艺术有意地显得反艺术或非艺术，不带任何感情和情绪，连技巧也付阙如，只是把缥缈易逝的形象用丝网印刷定格下来，在他的"工厂"里大量生产出这种形象或物品的无穷无尽的复制品。这是对通过直观的方法区分艺术和非艺术这条根本原则的挑战。"概念艺术"只存在于创造者的脑子里，连作品都省了，如果需要，任何人都能按说明把作品做出来。这给了不懂装懂的骗子大显身手的机会。如果他们有美国那位大名鼎鼎的演出经理人P. T. 巴纳姆（P. T. Barnum）的本事，那就更加如鱼得水。达米恩·赫斯特（Damien Hirst）显示了展出泡在福尔马林溶液中被劈成两半的鲨鱼可以多么迅速地成为英国艺术界最大的轰动性作品。正如罗伯特·休斯所说，"品牌完全取代了神圣和扎实"。

半个世纪前，达达派和其他人对艺术初次发起攻击，是为了借挑衅和嘲笑来摧毁艺术及其表现的社会。杜尚在蒙娜丽莎脸上画的髭须和展出的小便器主要是宣战的声明，但也是年轻学生的恶作剧。20世纪下半叶受他们启发出现的"概念艺术"却没有这样的革命目的。若非按技巧和持久性这些衡量"艺术品"的传统标准来看，它"创造性活动"的产品根本不算数，否则它本是想要，更准确地说是自认理应，成为资本主义制度一部分的。技术粗疏的新手，如某些摇滚乐队，经常故意不守规矩，以宣示他们拒绝传统录音室的要求和指点他们以使他们的作品够格录音的专业工作人员。他们甚至宣称，传统的道德义务感和职业纪律都应被丢弃。然而，对戏剧、芭蕾舞和歌剧演员，还有音乐演奏家或马戏表演者，不用说还有设计组织一次性大型活动的人们来说，鞭策着他们始终维持高质量专业标准的正是这样的义务感和纪律。

后艺术家中头脑比较清醒的人从一开始就知道他们的产品和任何待价而沽的商品毫无二致。他们还认识到了电影业从来就心知肚明的一点，即在大众文化的社会中，商品的卖点不在它自身的价值，而在于个性和公共影响。面孔和轰动效应能使产品销路大开，而专业能力尽管依然重要，却隐没在前者的光辉之下；虽然有才华的大有人在，但才华成了可有可无的东西。可笑的是，在不断膨胀的传统"高等艺术"市场中，只要证明艺术作品是独一无二的，艺术商就仍然能把新的系列产品作为无法复制的创作售出。

这方面的极端例子是安迪·沃霍尔。他的作品在2010年占所有当代艺术品拍卖总值的17%，当然这里面他的遗产管理人也出了大力。尽管如此，观看他的作品，会感到那些一排排故意制成一次性可丢弃的超大号偶像画所造成的纯物质的震撼；沃霍尔的作品也表现了他显然是不经意间本能地意识到的美利坚合众国潜意识的内容。他把它表现为一系列并不相连但有一致性的影像，反映出期盼、贪婪、恐惧、梦想、渴望、钦佩等情绪，以及物质生活的基本场景；这一切加起来构成了视觉艺术中最接近美国作家一度梦寐以求的"伟大的美国小说"的境界。

有些新的后艺术就这样被纳入了固有的文化框架。大部分后艺术却不行，或只能待遗产的结构随机改变之后才能成为固有文化的一部分，比如通过采用园景和城市景观的新概念维持公共雕塑的活力，或建立巨型展览场馆以容纳巨型展品，建筑家早就意识到，大就会引起注意，产生效果。在当今的文化体验中，声音、形状、图像、颜色、名人和场面铺天盖地，它们中间有多少能存续下来成为可保存的遗产，而不只是存在于一代人记忆里的一时之秀，偶尔捡起来怀旧一下而已呢？更有多少能在人的脑海里留下任何印象呢？在 20 世纪的文化海啸为 21 世纪的新文化海啸做准备的时候，谁知道呢？

第三部分

不确定性，科学，宗教

第十三章

对未来的忧虑

> 首次发表于《伦敦书评》2009年第31卷,题为"C代表危机",评理查德·奥弗里(Richard Overy)所著《病态时代:两次大战之间的英国》(The Morbid Age: Britain Between the Wars),伦敦艾伦·莱恩出版社2009年版。

关于历史,以前和现在的研究者问的问题很不一样。传统学者问的是:"历史上发生了什么事情?什么时候发生的?为什么发生?"但过去40多年来,越来越多的历史研究着重注意的问题是:"人们对那件事情的感觉如何?"第一批口述历史学会创建于20世纪60年代。自那以后,关于"遗产"和历史回忆的机构和著作呈爆炸性增长之势,尤其是有关20世纪的重要战争的著作。对历史记忆的研究实质上研究的不是过去,而是从后来的时代对过去的回顾。理查德·奥弗里的《病态时代》属于另一种类型,采取较为直接的手法对过去的情绪氛围进行研究。他努力挖掘出当时的人对他们周围和生活中正在发生的事情的反应——可以称之为历史的气氛音乐。

虽然这类研究领域至为有趣，特别是由理查德·奥弗里这样好奇钻研和惊人博学的学者来做研究的时候，但它给历史学家提出了很大的问题。把一种情感描述为一个国家或时代特有的标志意味着什么？社会上普遍的情绪，即使是与重大历史事件明显相关的情绪，到底有什么意义？如何衡量情绪的普遍性？在多大程度上衡量？现在使用的衡量方法是民意调查，这是在1938年左右才开始的。无论如何，任何情绪都因人而异，比如反犹情绪在西方极为普遍，但在阿道夫·希特勒和维吉尼亚·伍尔夫的身上，它的强烈程度就不一样。历史上的情绪并非在一段时间内稳定不变，也不是全社会都人同此心，哪怕是像伦敦遭到德军空袭时，这种所有人都在经历着同样的事情的时候。在理智上对情绪的表现更是因人而异。怎样才能将不同人的情绪进行比较或对比？简言之，历史学家对这个新领域该如何处理？

奥弗里研究的具体情绪是危机感和恐惧感。在他看来，两次世界大战之间的英国弥漫着"大祸将至的预感"和对文明即将终结的忧虑。这种情绪并非英国独有，也非20世纪的专利。其实，在过去的千年中，至少在信奉基督教的世界里，几乎每个时期都出现过这种忧惧，《圣经·启示录》中关于大灾难的词语更是常被引用，诺曼·科恩在他的著作中对此问题做了探讨。（奥弗里引用阿尔杜斯·赫胥黎的话说，他在现代历史中看到了"彼勒操纵的手"[1]。）"我们"——无论这个词的范围如何界定——经常感到来自外部敌人或内心魔鬼的威胁，而欧洲历史充分证明，这种担忧绝非杞人忧天。

---

[1] 彼勒指魔鬼。——译者注

这一类著作的先驱是让·德吕莫（Jean Delumeau）关于西欧14世纪到18世纪早期恐惧的历史［《西方的恐惧》（*La peur en Occident*, 1978）］。该书描述并分析了一个"不安"的文明，它处于"一片惊怖之中"，充满了"病态的狂想"、危险的感觉和对世界末日的恐惧。但是，奥弗里与德吕莫不同，他不认为这样的恐惧反映了真实的经验和实在的危险；至少在英国，人所共见，两次世界大战之间社会没有崩溃，文明也没有危机。那么，为什么"那个时期出名的特点是众多的卡珊德拉和耶利米[1]，他们共同营造了两次大战之间是焦虑、怀疑或恐惧的年代的这种深入人心的形象"呢？

《病态时代》内容丰富，文笔清晰风趣，旁征博引，把对灾难的各种预期条分缕析，包括资本主义的灭亡、对人口数量和素质下降的担心、"心理分析和社会绝望"、对战争的恐惧。分析研究的素材主要是德吕莫所谓的"知识与权力人士"的公开与私下的写作；德吕莫对他的著作所涵盖的时期也采取了同样的研究方法。德吕莫研究的对象是天主教的教职人员；奥弗里研究的则是他精心挑选的资产阶级知识分子和勤于思考的政治人物。企图通过反战和作者所谓的"乌托邦政治"来避免想象中将要来临的灾难，这样的行为基本上被视为普遍悲观情绪的另一种症状。

姑且说奥弗里对"知识与权力人士"的忧郁愁闷的判断是准确的，尽管这方面显然有例外——有包括卢瑟福在内的科学家，他们自知恰逢自然科学的黄金时代；也有工程师，他们为新老技术无止境的进步而欢欣；还有官员和商人，他们看到大英帝国在两次大战之间到达鼎盛时期，而且似乎整个帝国都井然有序（除了爱尔兰自

---

[1] 卡珊德拉和耶利米两人都是预言者。——译者注

由邦);再加上侦探小说的作者和读者,作为这段时期典型的文学体裁,侦探小说讴歌这个有着道德和社会确定性的世界,它的稳定虽然遭到短暂的破坏,但现已恢复如前。于是就出现了一个明显的问题:奥弗里研究的那些头脑清醒、善于表达的少数人在多大程度上能够代表或影响 1931 年英国国王的 3 000 来万治下选民?

关于德吕莫研究的中世纪晚期和早期近代的欧洲,回答这个问题可以做到心中有数。那个时期的基督教西方,教士和布道者的思想与信徒的行为之间有着有机的联系,尽管那也并不能保证两者完全一致。罗马天主教会的教士在思想和实践上都是权威。但是,文字在两次大战之间有什么样的影响或实际效果呢?奥弗里的索引中列举了很多作者,让我们来看一下其中占了两行以上的作者:优生学学会的查尔斯·布莱克尔(Charles Blacker)、维拉·布利坦(Vera Brittain)、西里尔·伯特(Cyril Burt)、G. D. H. 科尔(G. D. H. Cole)、莱纳德·达尔文(Leonard Darwin)、G. 洛斯·迪金森(G. Lowes Dickinson)、E. M. 福斯特、爱德华·格洛弗(Edward Glover)、J. A. 霍布森(J. A. Hobson)、阿尔杜斯和朱利安·赫胥黎(Aldous and Julian Huxley)、斯托姆·詹姆森(Storm Jameson)、厄内斯特·琼斯(Ernest Jones)、阿瑟·基斯(Arthur Keith)爵士、约翰·梅纳德·凯恩斯(John Maynard Keynes)、科斯莫·兰(Cosmo Lang)大主教、巴兹尔·利德尔·哈特(Basil Liddell Hart)、布罗尼斯拉夫·马林诺夫斯基(Bronistaw Malinowski)、吉尔伯特·默里(Gilbert Murray)、菲利普·诺埃尔-贝克(Philip Noel-Baker)、乔治·奥威尔(George Orwell)、阿瑟·庞森比(Arthur Ponsonby)勋爵、伯特兰·罗素、萧伯纳、阿诺德·汤因比、韦布夫妇、H. G. 威尔斯,还有莱纳德和维吉尼亚·伍尔夫。他们这些人写的东西到底产生了什么影响和效果呢？

除非他们得到像维克多·戈兰茨出版公司和金斯利·马丁的《新政治家》这种重要出版社或期刊的明确支持，或有像罗伯特·塞西尔勋爵的国际联盟或谢泼德牧师的和平誓约同盟那样的大型组织做后盾，否则他们虽然能撰著，但没有别的能力，也无法成事。和19世纪一样，他们很有可能成为被谈论的话题；如果他们出身于精英阶层或得到了该阶层的承认的话，那么在精英阶层范围内，他们也很可能对政治和行政产生影响。有几个末日预言者是诺埃尔·安南的"知识贵族"的圈内人，他们在精英阶层的影响就更大些。但除了《泰晤士报》和《新政治家》读者来信栏的投稿人和读者以外，他们的思想在多大程度上影响了"公众的意见"呢？

这本书没有调查两次大战之间工人阶级和下层中产阶级的文化和生活方式，但似乎没有证据表明上述文人的思想对"公众意见"有任何影响。格雷西·菲尔茨[1]、乔治·福姆比[2]和巴德·弗兰纳根[3]并不时时担忧社会要垮台，伦敦西区的剧院也没有这种忧患意识。理查德·霍加特（Richard Hoggart）（和我自己）青年时代的工人阶级没有怨天尤人的情绪，他们"觉得无力改变决定自己处境的主要因素，但并未因此而绝望痛苦或失望愤懑，而是接受现状，认为这就是生活"。的确，正如奥弗里所表明的，大众传媒的飞速崛起使他书中列举的思想家的"核心思想"广为传播。然而，无处不在的电影，以及在20世纪30年代初发行量就超过200万份的报纸，都

---

[1] 格雷西·菲尔茨，英国出生的意大利女演员和歌唱家。——译者注
[2] 乔治·福姆比，英国喜剧演员。——译者注
[3] 巴德·弗兰纳根，英国演员。——译者注

不愿传播让人忧郁的思想，英国广播公司 BBC 电台倒是安排了一点儿时间，请这些思想家的代表发表谈话；到 30 年代中期几乎家家都能听到 BBC 广播，如果奥弗里能估计一下 BBC 这方面的节目有多少就好了。一个相关的数据是，记录广播电台谈话和辩论的刊物《听众》，1935 年发行量为 52 000 册，而《广播时报》的发行量是 240 万册。[1]

20 世纪 30 年代，书籍在企鹅出版社和戈兰茨出版社的手中经历了革命性的变化，成为最有效的传播知识的工具，但它的对象不是仍然把"杂志"叫作"书"的广大体力劳动者阶级，而是受过正式教育的人和胸怀大志、有政治觉悟、自学成才的一批人，当时这样的人数正在迅速增加。奥弗里书中的脚注显示，即使在这些人当中，除了 1938 年到 1939 年大战一触即发的那紧张的几个月以外，任何书籍的发行量都很难超过 50 000 册——左翼读书俱乐部的发行量就是这么多，现在的畅销书标准还到不了这么高。奥弗里对出版社的记录做了仔细的研究后发现，沃尔特·格林伍德关于大萧条的小说《领救济金的爱情》(*Love on the Dole*) 从 1933 年到 1940 年售出了 46 290 本（"没有多少关于经济萧条的文化产品有过如此广泛的受众"）。1931 年，在近 3 000 万的英国选民当中，潜在的读者群（把人口普查中"专业和半专业人员"和"职员及类似人员"加在一起）大约 250 万人。

诚然，"有些已故（或仍健在）的思想家的理论"的传播（套用凯恩斯的话）不是依靠这种常规手段，而是在潜移默化的过程中。其间一些大为压缩简化的概念，如"适者生存"、"资本主义"、"自卑情结"和"潜意识"，在不知不觉中成为公开或私下交流中的常用语汇。即使按照这样宽泛的标准，奥弗里列举的几个危言耸听的预言也只限于知识分子、激进分子和国家决策者的小圈子内，突出的例子有人口学家对人口剧降的担忧（事实证明他们错了）和优生学家关于淘汰所谓劣等基因人口的设想，现在这被视为阴险邪恶的计划。玛丽·斯托普斯对英国之所以产生巨大影响，不是因为她提倡给不正常的人做绝育手术，而是因为她率先倡导实行计划生育；那时英国民众已经认识到计划生育是对不完全性交这种传统的避孕方式的有用补充。

只有在公共意见与精英知识分子的担忧和恐惧不谋而合的问题上，他们的著作才成为对英国普遍情绪的表达。在担心战争爆发这个当时的中心问题上，大众和精英的感觉肯定是一致的，可能在某种意义上，在（英国）经济危机的问题上也是一样。在这些方面，英国人并非像奥弗里所说，只是间接地体验到两次大战之间欧洲的困境。英国人和法国人一样，记忆中深深地烙下了"大战"中血流成河的惨景，而且在街上每天都能看到肢体残缺的劫后余生者（这可能更时刻提醒着人们战争所带来的恐怖）。英国人害怕再次爆发战争是有现实根据的。特别是自 1933 年起，战争的阴影笼罩着所有人，对妇女的影响可能更甚于男人，不过此书却没有描述妇女对那段时期的看法。

奥弗里不愧为第二次世界大战史的研究专家，他在书的后半部分精彩地描述了 20 世纪 30 年代那种灾难将临、无力回天的感觉，令人印象深刻。这种感觉最终压倒了绝对和平主义的呼声，但这正是因为它不是听天由命的无助情绪，如同彼得·亨尼西（Peter Hennessy）引用的 1955 年一份关于核战争的秘密政府报告中轻描淡写到惊人地步的那句话（"我国能够经得起全面攻击并仍有力还击应该是很值得怀疑的事。"）。1939 年，我的许多同代人都想过自己可能会死于下一次战争，这种想法是很实际的——奥弗里在书中引用了我这方面的回忆，但我们同时仍然坚信仗要打，能打赢，并将带来一个更美好的社会。

英国人对两次大战之间英国经济危机的反应更为复杂，但说英国资本主义的困难不太严重肯定是错误的。在 20 世纪 20 年代，英国人似乎比其他国家的国民更有理由为他们的经济未来而忧心。英国几乎是唯一一个制造业仍然低于 1913 年水平的国家，即使在 20 年代的高峰期，世界经济产出超过"一战"前 50% 的时候，英国的制造业也没有起色；英国的失业率从未降到过 10% 以下，比德国和美国高得多。大萧条给别国带来的打击比对已经步履蹒跚的英国严重得多，这并不奇怪，但不要忘记，1929 年的影响如此之大，甚至迫使英国在 1931 年放弃了它 19 世纪经济特征的两条神圣原则——自由贸易和金本位。奥弗里引用的大部分关于经济末日论的话都是在 1934 年之前。

当然，经济危机促使掌握话语权的阶级一致认为，先前的制度不能再继续维持下去，因为资本主义有着根本的缺陷，或者是因为凯恩斯在 1926 年宣布的"放任主义的终结"。然而，未来的经济应当是社会主义经济，还是改革后加强政府干预的资本主义"计划"经济，关于这类问题的讨论只是在少数人当中进行的；与劳工运动有关的大约 50 万人议论前一种选择，大约几百名葛兰西所谓的英国统治阶级"制度内的知识分子"则探讨后一种选择。然而，根据我的记忆，我认为奥弗里说得对，在荒废的工业区以外的地方，国王那些不会著书立说的子民对经济困难最普遍的反应，与其说是感到"资本主义不管用，不如说是认为它不应该按照它原来的方法运作"。[2] 至于"社会主义"吸引了积极分子以外的人——英国工党在两次大战之间的鼎盛时期曾获得29%选民的支持，那是因为对选民来说，它代表了一种道德视角，认为可以通过国有化的魔法改造资本主义。

但无论是相信社会主义还是相信计划资本主义都没有病态、绝望或灾难感的含义。这两种观点以不同的方式假定，危机是能够并应该克服的，苏联的"五年计划"似乎完全不受大萧条影响这一事实鼓舞了怀有这个信念的人们。奥弗里正确地注意到，这一事实在20世纪30年代使得"计划"和"规划"成了政治上"芝麻开门"的万灵咒语，就连非社会主义思想家也把它们挂在嘴边。可是，这两种观点也都预示了更美好或至少更行得通的未来。只有从1914年前的时期遗留下来的几个无可救药的自由派才看不到希望。奥弗里的书中没有提到伦敦经济学派大师弗里德里希·冯·哈耶克（Friedrich von Hayek）；在哈耶克看来，社会主义者和凯恩斯学派提出的建设未来的办法都是《通往奴役之路》（*The Road to Serfdom*，1944）上预见得到的磕磕绊绊。

英国人对经济危机的这种态度不足为奇。众多的欧洲人经历了第一次世界大战的劫难，那场大战给欧洲带来了一套前所未有的令人胆战心惊的象征——空袭炸弹、坦克、防毒面罩等等，因此，对另一场很可能更加可怕的战争的恐惧是实实在在的。然而，对于过去或现在没有足够可供对比的信息的问题和情况，多数人倾向于无视或低估未来的危险，无论他们周围的言论是多么具有威胁性。1933年后，很多犹太人自己继续留在德国，但把孩子送去国外，这说明他们对生活在希特勒统治下的危险并非视若无睹，但实际等待着他们的命运在20世纪早期是无人能够想象的，就连犹太人中的失败主义者也没有想到。庞贝城中肯定有预言家对生活在火山脚下的危险做出过警告,但恐怕他们当中最悲观的人也没有真正预料到庞贝城会全城覆灭。庞贝的居民们全然没有想到末日将临。

没有一个单独的名词能代表社会群体,甚至个人,对未来的设想或预感。虽然1917年后旧的社会秩序一去不复返,只留下一片废墟,前途渺茫,难以确知,但大部分欧洲人在日常生活中对"灾难"、"混乱"或"文明的终结"没有直接的感觉,所以并不以为将来会发生那样的事情。那类情况事后回顾起来更容易看清楚,因为在历史上真正灾难性的时段,如1945—1946年的中欧,多数人都在为生存而挣扎,无暇分析、界定自己所处的困境。这就是为什么与空中力量鼓吹者的预期相反,第二次世界大战期间,大城市的居民并未因空袭的炸弹而畏缩。不管出于什么原因,他们"照常生活"。他们的城市虽然被炸得瓦砾遍地,火光冲天,但仍继续运转着,因为只要没有死,就得继续生活。我们不要用后来发生的破坏和蹂躏那种超乎想象的标准来评判两次大战之间关于灾难的预言,尽管预言不幸成真。

奥弗里在书中尽管观察敏锐,在对历史材料的运用上手法新颖,匠心独具,但呈现出的是只围绕情绪论述历史所必然导致的简单化。用一种中心的"情绪"作为一个时代的基调不能帮助重现历史,正如"民族性格"或"基督教/伊斯兰教/儒教价值观"一样没有帮助。它们说明的东西太少,太模糊。历史学家应该认真对待这样的概念,但不应把它们作为分析的基础或叙述的结构。公平地说,奥弗里没有这样做。他的目的很清楚,是要就人人都应熟悉的主题,即两次世界大战之间的英国历史,提出一套别出心裁的变化因素,与其他专业历史学家进行理论争鸣。但是,那些因素只有老一代的人还熟悉。奥弗里在C(代表危机)键上弹出的变音令人激赏,虽然他没有与其他欧洲国家的形势进行认真的对比。他的生花妙笔把这本书变成了导游指南,帮助对乔治五世的英国和对乔治二世的英国同样一无所知的读者去了解这个未知领域。这本书读起来给人以智力上的享受,它敏锐地发掘出英国知识生活某些部分中许多前所未知的事实,使人受益匪浅,但不能用它来向不了解历史的人介绍两次世界大战之间的英国。

第十四章

科学：社会职能和世界变化

初次发表于《伦敦书评》2006年第28卷，题为"红色科学"，评安德鲁·布朗（Andrew Brown）的《J. D. 贝尔纳——科学的智者》（*J. D. Bernal: The Sage of Science*，牛津大学出版社）。

开始这篇书评之前，我先要讲一讲1944年两位科学家从蒙巴顿勋爵在（位于斯里兰卡的）康提的指挥部驱车沿山谷前往丛林的旅行。年轻的一位回忆了年长的一位的谈话。他"对周围一切事物都充满兴趣并深为了解——战争、佛教与艺术、他从每一个沟渠里采集的地质样本、泥巴的特性、发光的昆虫、铁树目植物的祖先，但他说得最多的是生物学的基本法则和20世纪30年代物理和化学技术的进步将带来的巨大发展"。

那位年轻的科学家是约翰·肯德鲁（John Kendrew），他和其他好几位科学家都在他旅伴谈话的激励启发下赢得了最高的科学奖，虽然激励他们的人反而不在获奖之列。他那位旅伴就是具有远见卓识的天才约翰·戴斯蒙德·贝尔纳（John Desmond Bernal，1901—

1971）。他满头乱发，声音尖细，身材矮胖，衣着邋里邋遢，但任何人，无论男女，只要听过他的谈话，都会留下深刻的印象。显然，他的传记作者对他心生赞叹，衷心折服，正如所有和这个［用李约瑟（Joseph Needham）的话说］"多价的"和"具有异常吸引力的人"打过交道的人一样。有资格进行评判的人认为，他是"20世纪最伟大的知识分子之一"（莱纳斯·鲍林）。

阅读这位卓越的悲剧性天才人物的传记有两个原因，一是出于对一个一眼看上去就与众不同、令人着迷的人物自然而然的好奇；二是想要明白20世纪科学、社会-政治和文化革命，以及它们对未来的相互交织的希望和梦想，因为贝尔纳正是处于它们交叉处的人物。在两次大战之间，专注于未来的科学家中最突出的代表非贝尔纳莫属，柯尔达1936年根据H. G. 威尔斯的小说《未来世界》拍的电影中的一个角色约翰·卡巴尔就是以贝尔纳为原型塑造的［演员雷蒙德·马西（Raymond Massey）饰演这一角色］。虽然贝尔纳的生涯本身已经证明艺术与科学并非水火不相容，但是F. R. 利维斯（F. R. Leavis）在对可疑的科学文化发起狭隘尖酸的攻击时显然把他当作了攻击对象。

安德鲁·布朗所著《J. D. 贝尔纳——科学的智者》[1]一书详细介绍了贝尔纳的生平，但未能就与他相关的历史问题给出答案。过去也有以存于剑桥大学图书馆的贝尔纳档案为基础写成的书，但这本长达538页、内容翔实的传记比此前任何传记都包括更多的事实，尽管还有6箱贝尔纳的情书尚未公开。等到了2021年的规定期限，那些情书向公众开放时，我们将从中了解更多他的传奇情史。看完这本书后，你会对贝尔纳多姿多彩的一生留下深刻的印象，但还觉得略有不足。

贝尔纳回顾自己的一生时，认为他的生平可以用三种颜色来写：红色代表政治，蓝色代表科学，紫色代表性。贝尔纳的爱尔兰渊源对于他意识形态的形成，甚至他科学事业的发展，都十分重要，这也是这本书写得最好的部分。后来支持斯大林主义的贝尔纳有没有放弃他年轻时作为新芬党革命分子的民族主义信念和所有关于"社会变革的激进观点"呢？关于他生平的红色方面，《J. D. 贝尔纳——科学的智者》显然不如《政治的形成》[2]那篇文章，也许是因为作者太刻意要平衡一下自己对作为人和科学家的贝尔纳五体投地的钦佩所以才坚持拒斥作为斯大林主义者的贝尔纳。布朗显然有充分的资格讨论贝尔纳的科学成就，对此作为书评者的我没有能力予以评估，但对于贝尔纳没能在分子生物学革命中起到人们期望的中心作用这一关键缺失，他的分析似乎不如罗伯特·奥尔贝为新版《牛津英国传记大辞典》撰写的关于贝尔纳的词条。另外，许多著名的生物进化科学家转向了马克思主义，或更令人惊讶的是，转向恩格斯的理论，并因此成为亲苏人士，[3]包括J. B. S. 霍尔丹（J. B. S. Haldane）、李约瑟、兰斯洛特·霍格本（Lancelot Hogben）、C. H. 沃丁顿，还有贝尔纳本人，但布朗对这些著名科学家这方面的心路历程似乎兴趣不大。

至于性，布朗正确地指出了弗洛伊德主义——这里指的是弗洛伊德的思想而非他的理论——对红色知识分子的产生以及作为贝尔纳个人解放力量的关键性作用。尽管贝尔纳在20世纪30年代拒斥了弗洛伊德的思想——布朗对此并未提及，但他的行为并未因此而发生任何变化。确实，贝尔纳的力比多和他难以抵御的魅力同样强大，但读完这本书后，我们只知道他显然对聪明的女人极具吸引力，他也尊重她们，无论是否和她们发生过性关系；我们还惊讶地得知他是乐盲，生活完全没有条理，实验室里也乱七八糟，从来没有为自己买过东西。然而，我们有没有比以前更明白为什么他的历任夫人和众多的情妇对他怀有惊人的终生不渝的感情？我们对他的情感世界有没有更多的了解呢？

奥登写道："廉价传记会告诉你他所有的身世遭际。"由于布朗这本书，我们了解到了许多贝尔纳的生平事迹。它们在多大程度上能帮助我们理解贝尔纳和他那个时代呢？他出生在蒂珀雷里郡一个富裕的天主教农民家庭，但他的思想和眼界远远超出了他那个家庭背景的一般人。几乎还在牙牙学语的时候，他就显现出对数学和科学的特别才能以及无所不包的广阔好奇心。布朗没有像别的传记作者那样强调贝尔纳家西班牙犹太人的一面，这无疑是因为对贝尔纳智力的启发明显不是来自他的农民父亲，而是来自他出身新英格兰长老会牧师家庭、见多识广、勤奋好学的母亲。（事实上，根据以色列母裔的标准，非犹太妇女的儿子和孙子不能算是犹太人。）

小贝尔纳被送去贝德福德公学就学，这是英格兰的一所小型公学，理工科相当强；按通常的路子，他获得了剑桥大学的奖学金——幸亏没有去上他父亲首选的斯托尼赫斯特学院。他在剑桥如饥似渴地博览群书，思想如天马行空，无拘无束，被同学们称为"智者"，意思是全方位的天才。他从虔信天主教转为崇尚无神论，从积极支持爱尔兰共和军对英国的作战转为支持社会主义和十月革命更广泛的反帝国主义；他也接受了弗洛伊德的思想，它使他得以摆脱性压抑以及"宗教和理性主义的幻想"。他在大学时有了第一次性经验，按现在的标准算是晚的，但对当时中产阶级家庭出身的学生来说并不晚；结果大学没毕业就结了婚有了孩子。他的伴侣艾琳·斯普拉格，直至他去世都寸步不让地坚持说，她才是他唯一合法的妻子。20世纪30年代，他和玛格丽特·加德纳又组建了一个家庭，也生了孩子。50年代，他和玛戈·海涅曼组建了他的第三个家庭。加德纳和海涅曼在贝尔纳去世后都还健在。

虽然他的天才和独创性卓越无比，无可否认，但奇怪的是，他科学研究的道路并不平顺。他被迫从数学专业转到物理专业，他没能拿到第一流的物理学位，这使他一度无法进入卡文迪许实验室，该实验室的主任、伟大的卢瑟福对贝尔纳的个人作风和治学方法不以为然，更不喜欢他信仰共产主义。贝尔纳的科研方向是晶体学，他作为"自然学家、数学家、物理学家和化学家"[4]觉得晶体学有意思，适合他实验、模型和理论三者相结合的路子。贝尔纳在伦敦和诺贝尔奖获奖者布拉格一家一起过了几年惬意快活、无拘无束的日子，然后于1927年又回到剑桥。在那以后的12年是他成果最丰的时期，无论是在科学上还是在他对政治的影响上。在此期间，他作为共产主义知识分子崭露头角，创立了现代分子生物学〔用弗朗西斯·克里克（Francis Crick）的话说，贝尔纳是他和沃森（Jim Watson）的"科学祖父"〕，并且通过他影响巨大的著作《科学的社会功能》[5]成为科学计划和科学政策最首要的理论家。剑桥大学是他的基地，直到1938年他接替P. M. S. 布莱克特成为伯克贝克学院物理系主任，那时伯克贝克学院还不是科学研究的主要中心之一。他一直留在伯克贝克，在战后建起了杰出的晶体学系。他的名声吸引了最出类拔萃的年轻研究人员，其中有弗朗西斯·克里克（他后来去了剑桥）、罗莎琳·富兰克林、阿龙·克鲁格（Aaron Klug）。可是，虽然贝尔纳在启发生命科学革命中发挥了如此巨大的作用，但他一直没有投身于这方面的研究。DNA的分子模型一经提出，他马上认识到它是"生物学最伟大的发现"，但他没有参与研究。

事实上，从1939年初到1946年，他都没有在学术界活动，而是加入了英国政府在第二次世界大战期间一项极其成功的计划——募集科学家为政府做研究工作。虽然他是"战时研究"的主要倡导者和创立者之一，但他似乎与原子弹项目没有关系。有那么几年，科学和政治、理论和实践浑然一体。就连外行人也能懂得他最精彩的成就并为之激赏，比如他正确地预见到1940年德国轰炸考文垂的结果和他对诺曼底登陆处沙滩的杰出研究，还有他镇定自若的勇气。书中关于这段时期的章节对不搞科学的读者来说可读性最强，当是意料中的事。1945年到1946年，这位战时的圈内人又一次成为圈外的共产主义分子和叛徒嫌疑人；虽然政府在政治上转弯不像乔治·奥威尔那么灵活，后者马上不失时机地对贝尔纳的斯大林主义思想和他的"懒散作风"发起了攻击。值得注意的是，1945年到1946年政府还要求他计算在未来的核战争中，欲打败苏联，美国和英国各需要多少军力。他以他一贯冷静的理智和充足的干劲完成了这项任务。那是他最后一次为政府做事。顺便说明，从未有过任何证据或严肃的暗示说他与苏联情报机构有联系。

这位科学大师的战后学术生涯本是一路凯歌，却在他的创造能力处于巅峰状态的时候戛然而止；原因难道仅仅是冷战吗？《牛津英国传记大辞典》说得有道理，1945年后他激进的政治观点使他难以重建他战前的地位。他公开全力支持斯大林，这一点肯定对他损害至深。因为他企图为1948年被苏联官方承认为正统生物学的李森科（Lysenko）那似是而非的理论辩解，结果他在科学家同行当中也威信扫地，并再也没有完全恢复。然而，这仍不能解释为什么他对伟大的分子生物学革命只起了一点儿敲边鼓的作用，或者为什么他从科学研究转向了就五花八门的各种题材和历史进行写作。如布朗记录的那样，他为撰写巨著《历史中科学的作用》[6]做准备的时候，"有时感到心力交瘁"。

贝尔纳继续发挥着他的天才，"把独创的思想之箭射向他目之所及的任何靶子"，并因此而引发有益的成果，但他自己在科学上的名声却并非来自他战后的研究工作，可能只有布朗对他关于液体结构的研究给予了精彩的描述。罗莎琳·富兰克林回忆说，伯克贝克物理实验室的条件即使按战后被炸得满目疮痍的伦敦的标准来看也算是原始的。给这些物质上的困难雪上加霜的还有学院中别人的嫉妒和敌意，而且当国际形势达到危机程度的时候，贝尔纳又遭到了来自学院外的政治和意识形态的攻击。他满怀热诚，孜孜不倦地投入工作，但取得的科学成就却没有1939年人们预想的那么伟大卓越。

到1951年，常人难以承受的工作量对他强壮体魄的摧残开始显现。他除了全职做科研和学院的工作外，还经常周游世界，宣传苏联支持的和平运动，此外还近乎着迷地不停撰述、讲课和开会。他爬山开始力不从心，走起路来步子不稳，他把自己的步子比作利尔诗中没有脚趾的"疱跛"的步伐。仅仅在1961—1962年的一个学年内，他除了去世界各地宣传和平运动外，还四处讲学，到过智利和巴西，到过柏林、慕尼黑，以及耶鲁大学（他在那里举办了题为"分子结构、生物化学的功能及进化"的一系列研究生讲座）、加纳科学院、新罕布什尔州的一个关于物理冶金学的学术会议、法国物理学会、英国科学促进协会，还有在格拉斯哥、曼彻斯特和纽卡斯尔的各个机构或协会，更不用说还要在皇家学会的贝克讲座上以及各种科学学会和学生团体中演讲。他在20世纪50年代期间还出版了5本著作。这一切当然占去了他大量的时间，所以他只能见缝插针,时断时续地做科研。

最终,超负荷的工作压垮了他。自1963年开始,他有过好几次中风发作,一病不起,虽然直到1968年,他仍然担任着他终于迫使伯克贝克学院建立起来的晶体学系主任的职务。在他生命的最后几年,他轮流住在玛戈·海涅曼和他的女儿珍,还有另外两个也声称是他妻子的女性家中。那是一段悲惨的时间,他天才的大脑逐渐失去了与外部世界交流的能力。最后,即使是一辈子与他相伴,熟悉他的声音和字体的他最亲密的人,都无法明白他发出的声音和在纸上画出的线条。他在世的最后两年处于无声的单独囚禁之中,被困在每况愈下的肉体中在各家之间辗转。他逝世于1971年9月15日,终年70岁。

即使是最独一无二的个人也必须放在他或她所处的时间和地点的大背景中来看,这样才能看懂这个人的生平。贝尔纳希望通过政治、科学和个人三方面革命的结合——借助列宁、弗洛伊德和对晶体之类的发掘达到这三方面的结合——实现人类的进步和解放。这是他自己的梦想,他的梦想也是他个人的悲剧,但这种梦想和悲剧只能发生在20世纪上半叶成长起来的人身上。作为人,贝尔纳是生活在资本主义和帝国主义危机时代的爱尔兰人,后来又成为共产主义革命者。作为科学家,他深切地意识到,他生活在法国社会学家乔治·弗里德曼一本当时很有影响的书所说的"进步的危机"[7]之中。

第一次世界大战爆发前150年间,受过教育的西方世俗思想坚信,文明遵循着一种普遍的模式在不可阻挡地向着更美好的未来前进,尽管进步的步伐也许时快时慢,也许有时出现中断。即使对文明可能产生的负面后果感到担忧的人也无法否认其现实性。但在1914年后，19世纪的世界完全被打烂，人类在战争、革命和经济崩溃中该何去何从？进步的殿堂只剩下互为支持的三大支柱：不断前进的科学，自信的、合理化的美国资本主义，再就是俄国革命给满目疮痍的欧洲以及后来被称为"第三世界"的国家带来的希望。它们各自的代表人物是爱因斯坦、亨利·福特和列宁。科学的前进不受其他因素的影响，但社会危机、思想风险，甚至科学进步本身都日益促使科学家把视线从实验室转向社会。

20世纪20年代，就连新生的苏联都把亨利·福特作为榜样。年轻的贝尔纳虽然相信共产主义，但也同意，人的需要可以通过"合理化的资本主义或者苏联的国家计划"来得到满足。然而，那个时代的中心推动力量——世界经济危机——打碎了美国模式，也推翻了德国和日本开明的集体资本主义模式。相比之下，苏联的粗放型工业化模式则高歌猛进。对相信进步的人来说，通往未来的唯一道路似乎就是由历史创造、经科学改造的新型社会主义计划经济社会。贝尔纳一生的奇特之处，在于他始终不渝地坚持他在20世纪30年代树立起来的信念，相信这个未来只能在苏联社会中才能实现，哪怕那个社会采纳了斯大林主义的模式。

对于当时活力充沛的年轻自然科学家来说，科学进入公共领域既是必然，也是必须。一小群先驱探索者在（年轻的贝尔纳所谓"科学光辉灿烂的新世界"）各个领域不断有新发现，使他们确信自己欣逢科学的盛世。自1895年以来，科学领域的革命促成了在了解和掌握自然方面巨大惊人的无穷进步，改变了世界。只有科学家知道这些进步是如何发生的，只有他们真正了解这些进步的潜力。贝尔纳不是唯一对"未来世界"做出大胆预测的科学家。在宣示科学的力量这个方面，他做出的具体的，可能也是最持久的贡献，是他分析了科学怎样实际推动社会和思想的前进，以及应如何对科学进行组织以使它实现高效的发展。

与此同时，西方世界的治理人表现出明显的无知。他们的愚昧无能和他们自1914年以来在军事和经济上的失败一样令人震惊。面对革命动乱，他们束手无策；世界范围内的资本主义经济灾难证明，面对丰足中的贫穷，他们也一筹莫展。（正是在20世纪30年代，"社会需要"和"国家福祉"进入了英国科学界的语汇。）社会需要科学家。虽然科学研究和理论过去一直对争吵不休的政治唯恐避之不及，但不管他们自己愿不愿意，原来是局外人的科学家现在必须参与公共活动去传播科学，预言未来，并身体力行，积极探索。自希特勒上台，德国书籍被焚，学者凋零之后，科学家即成为欧洲的光荣，成为文明未来的捍卫者。在这个关键时刻，苏联在大萧条中似乎毫发无损，这证明了市场经济理论的虚妄无用，使"计划"成为一剂解决社会问题的灵丹妙药。即使在非布尔什维克的眼中，苏联也成了榜样。"计划"的魅力超越了国界和意识形态，社会主义者喜欢它，因为它与他们的思想相吻合；科学家和技术官僚喜欢它，因为他们实际就是这样做的；国家领导人喜欢它，因为他们开始认识到必须用它来应付经济萧条和战争所带来的问题。

历史以残酷的讽刺表明，"计划"最伟大的成就是动员人民，凝聚政治、科学和社会的希望来全力以赴取得战争的胜利，而不是建设好社会。第二次世界大战把政治和科学的决定融为一体，把科幻小说的情节变为现实，有时这个现实如噩梦般可怕。最纯粹的核理论家和实验者1939年对希特勒的政治评判被投入社会应用，原子弹便是应用成果。战争证明了贝尔纳的预言，即需要一种有计划的

"大科学"来开辟了解自然和服务社会的新领域,并把知识付诸实践。这是建造核武器的唯一办法。战争,只有战争,才能给核、空间及计算机领域中的科学和技术提供足够的资源和支持,使它们得以在 20 世纪下半叶迅猛发展。战争使人掌握了无限的新力量,也因此摆脱了控制,颠倒了魔法师和学徒的关系。创造了这些力量的魔法师深知它们的危险,但在那些寻找各种借口使用这些力量并因此而自鸣得意的学徒面前却无能为力。原子弹的制造者成了反核先锋,在冷战期间,他们也成为原子弹使用者怀疑和蔑视的对象。

罗伯特·奥本海默和贝尔纳(他在 1945 年后宣传反对核战争的时间比花在任何其他活动上的时间都多)也和许多其他人一样是这种关系颠倒的受害者,虽然他们受害的方式不同。在一个方面,身为原子弹主要设计师的奥本海默的遭遇更悲惨;他的敌人和迫害者借口他战前与共产主义分子有联系,把他逐出了公共生活,使他的地位一落千丈,而对他的指控明显是虚假不实之词。贝尔纳由于自己的政治信仰,在 1945 年后被视为"安全风险",应在意料之中。然而,从另一个意义上说,贝尔纳的情况同样具有悲剧性;因为他和打倒他的人本是一条战线上的人,对政治-科学的未来抱有同样的向往,但那些人在第二次世界大战中却打破了这个统一战线,结果造成了冷战期间超级大国对抗的危险。

在 1948 年柏林空运那些紧张的月份里,斯大林决定加强苏联防御来自西方的意识形态渗透和其他危险的堡垒,下令从即时起有两种敌对的科学。其中只有一种是正确的,所有共产党人都必须遵守,因为它得到了党的认可。围绕着李森科的争议争的就是这个问题,而不是有机体繁殖的性质问题。最近的研究表明,李森科的理论直接"受到斯大林的批准,实际上等于是斯大林口授的",[8] 这毫不令人惊奇地终结了"红色科学"的时代。贝尔纳把"红"的义务放在"专"的责任之上，毁了自己的一世英名。

斯大林把生命科学研究挑出来作为苏联正统科学的打击目标，全然不知此举的历史性讽刺，因为正是这一领域最吸引西方科学家接近苏联思想，产生了"红色科学"时代最著名的马克思主义者和倾向于马克思主义的人物。生命科学家在苏联脆弱无依，因为政府不得不允许物理学家和数学家进行研究，无论他们在意识形态上有什么错误，但遗传学家既不能生产武器，又不能立竿见影地提高农业产量。李森科漏洞百出的农业生物学理论被苏联官方宣布为正确的、唯物主义的、进步的、爱国的，与其相对的则是反动的、经院式的、外国的、不爱国的资产阶级遗传学。（结果，3 000来位生物学家马上失去了工作，有的甚至失去了自由。）李森科事件中苏联的理念和实践都完全站不住脚。

在西方科学家中，几乎只有贝尔纳积极地公开捍卫苏联的理念和实践，几年后，他还为斯大林写了一篇令人难以置信的讣告，题为"作为科学家的斯大林"。他为何如此，个中缘故至今仍不清楚。只说他把对党的责任凌驾于科学良知之上是不够的，尽管他为李森科进行的学术上的辩解恐怕连他自己也不相信。实际上他连共产党员都不是。然而，他是国际上为苏联摇旗呐喊的重要公众人物。也许他这样做是出于对世界和平的关注，希望能影响苏联境内的事态发展。如布朗所述，他确实成了赫鲁晓夫的朋友和知音。无论他的动机如何，他的立场对他的事业、他本人以及他的名声都有损无益。

很清楚，贝尔纳没能实现他的政治目标。虽然他从未批评过苏联，但他一定因自己的政治希冀落空而失望。不过，作为关于1945年后科学的组织、结构和公共资助的预言家，他的影响就大多了。

从欧洲核子研究组织（CERN）到"引用指数"，这些都是他的遗产。但他作为科学家有什么成就呢？

很少有别的科学家像他一样得到同行如此高度的赞扬。从不妄自菲薄的吉姆·沃森写道："贝尔纳头脑中内容的广博是传奇性的。"与沃森共获诺贝尔奖的弗朗西斯·克里克写道："我把贝尔纳看作天才。"莱纳斯·鲍林认为贝尔纳是他所见过的最有才华的科学家。他的传记作者找出了至少6位诺贝尔奖得主对贝尔纳的评论，他们有的比贝尔纳年长，有的比他年轻，但都异口同声地表示对他的"钦佩甚或崇拜"。然而，正因为他的兴趣如此多种多样，正因为他一对某个问题发生兴趣即马上着手研究，但不久就失去耐心，所以他无法专注，而专心致志是取得重大成就所必需的品质。可能1964年C.P.斯诺对他的评价是最公允的：

> 他的天分极高，他是他那个时代最博学的科学家，可能是最后一位可以被有意义地称为懂科学的人的学者。……然而他的成就尽管巨大，却没有像本来可以做到的那样稳拔头筹。世界各地的其他科学家受贝尔纳的启发写出的科学论文汗牛充栋。但贝尔纳缺乏大多数科学家都有的专心致志的钻研精神，科学家就是靠这种精神才能把创造性的研究进行到底。如果贝尔纳能够有这种心无旁骛的专注，那么现代分子生物学的大部分发现都会出自他之手，他将会多次获得诺贝尔奖。[9]

那么他的成就是否因此而减色呢？科学知识的矛盾是，它（与有些创造性艺术不同）是积累性的，所以，虽然有些科学家赫赫有名，但他们在研究领域里的进步其实是集体努力的结果，不是任何个人单枪匹马的成就。最伟大的科学天才在历史上都是可以被替代的，因为他们的发明别人早晚也会做出来，他们的工作不可避免地构成持续不断的集体努力的一部分；莎士比亚或莫扎特的作品则不同，那是他们所独有的。门捷列夫当之无愧地受到我们的敬佩，但没有他，化学元素照样会有它们的周期表。1962年获得诺贝尔奖的克里克、沃森和威尔金斯身后有一个军团的研究人员，是他们的工作使这3位获奖者得以实现突破，也是他们在继续发展获奖者提出的思想。另一方面，没有一个褒奖和勉励的机制能够记录像贝尔纳这样的人的贡献，虽然从1962年到1964年的3年之间，他至少有4名学生和弟子获得了诺贝尔奖，这还不算本来想追随他的克里克和在贝尔纳自己的实验室工作的罗莎琳·富兰克林，后者若非英年早逝，获奖的机会也很大。贝尔纳的成果不是实在可见的，而在于他培养造就了一种求知的冲动，一种氛围。

关于伦琴其人，我们也许一无所知，也不需要知道，但他的科学成就无人不晓：他在1895年发现了X射线。直到2012年，还没有几个人知道希格斯是何许人，但以他名字命名的神秘的希格斯玻色子引得物理学家多年来争论不休。科学中没有永远记载贝尔纳名字的东西。大部分认识他、感受过这位传奇人物影响的人都已故去。贝尔纳对科学的贡献在于科学发现的初期，很多时候无法落实到具体方面，一旦直接受到他启发的几代人逝去，他的名声就只能由历史学家来维护了。他们不仅要深刻了解科学的历史，还要在记得当时情景的人都已去世的情况下重建他那个时代的情绪和心态——那种全球性的灾难感和全球性的希望。从此以后，作为这些历史学家的出发点，安德鲁·布朗的书就是他们的必读书。

第十五章

戴弗里吉亚软帽的中国人：李约瑟

初次发表于《伦敦书评》2009年第31卷，题为"奇迹的时代"，评西蒙·温彻斯特（Simon Winchester）所著《炸弹、书和指南针：李约瑟和中国的伟大秘密》（*Bomb, Book and Compass: Joseph Needham and the Great Secrets of China*）。

若非斯蒂芬·科林尼（Stefan Collini）编辑的著名的1959年里德讲座记录，几乎无人记得当时那场"两个文化"的大战，它造成了剑桥大学文科和理科的分裂，也在当时的英国知识刊物上掀起了论战。那场大战宣布了科学的中心地位，并由现已几乎被遗忘的C. P. 斯诺（1905—1980）对"文科知识分子"发起攻击；斯诺这种攻击是不公平的，因为正是他自己写的那些描绘希望、权力和名声的冗长沉闷的小说使我们了解到他那个时期公共和学术界的生活百态。从某个意义上说，那场大战是关于20世纪30年代的辩论。那个十年是科学家春风得意的十年，却又是郁郁不得志的诗人眼中卑劣低下、可耻可鄙的十年。狭义上说，那场大战是剑桥大学文科顽强的背水一战，对手是踌躇满志的自然科学。剑桥的科学家多次赢得诺贝尔奖，颁发的82项科学奖中有一大部分为他们所斩获，他们深知剑桥大学将来的伟大名声（和资金捐助）实质上掌握在他们手中。科学家一心认定未来属于他们，这一点可能最令文科人恼火。广义上说，它是关于理智和想象力之间关系的辩论。在斯诺看来，科学家二者兼备，而文科知识分子因其对科学和未来的无知与怀疑而有着致命的缺陷。两个文化中只有一个是真正重要的。

斯诺是过激了些，尽管没有他的主要对手利维斯那么荒唐，但从根本上说他是对的。在20世纪上半叶，两个文化之间的鸿沟比过去任何时候都更宽更深；至少在英国，十几岁的中学生就已经开始了"文科生"和"理科生"的划分。

事实上，文科知识分子被拒于科学的大门之外，但科学家却是和文科相通的，因为社会中上层阶级的基本教育都是文科教育，而当时为数不多的科学家大都来自那个阶层。

尽管如此，两次大战之间的一群科学家的知识和兴趣范围与文科知识分子这方面的局限还是形成了鲜明的对比。那群科学家主要是，但不都是研究生物学的。20世纪30年代的重要诗人都钦佩科学，可能只有燕卜荪除外（他们诗中多次提到塔台就是证据），但他们与19世纪早期的浪漫主义诗人不同，似乎感觉不到他们生活在科学奇迹迭出的时代。J. B. S. 霍尔丹注意到，雪莱和济慈是最后一批了解化学最新发展的诗人。反过来，科学家可以就伊朗艺术开讲座（贝尔纳），著书论述威廉·布莱克（布洛诺夫斯基），获得音乐的荣誉学位（沃丁顿），像J. B. S. 霍尔丹那样研究比较宗教——最重要的是能写作，并有历史感。

这些科学家除了有艺术想象力，一般都精力充沛，风流成性，

第十五章 戴弗里吉亚软帽的中国人：李约瑟　　181

特立独行，政治上倾向革命。这样的组合是两次世界大战之间那段时间，更具体来说，是 20 世纪 30 年代的特点。最明显地具有这一时代特点的莫过于李约瑟。他可能是那个时代灿若群星的"红色科学家"中最有趣的一位。他也可能是最不寻常的一位，因为他尽管坚信革命并身体力行，可《名人录》照样把他收录在内，他最终成为剑桥大学他所在学院的院长，并被封为"荣誉勋爵"。在冷战期间，没有几个人能像他那样幸运，在错误地指控美国在朝鲜战争中使用了细菌武器之后，居然没有引起别人的敌意，得以继续自己的职业生涯而不受影响。

　　当然，他的成就令人敬佩。李约瑟的巨著《中国科学技术史》不仅使西方人，而且在相当大的程度上使中国人对这个题目的认识都完全改观。这部皇皇巨著的撰写工程浩大，自然在西蒙·温彻斯特写的这本生动活泼的传记中占了大量篇幅。温彻斯特是专写个人与伟大成就之间联系的作者。这本书在美国出版时的原标题是"爱中国的人"。对李约瑟把精力和感情转向中国之前的生活，书中只用了 23 页的篇幅草草带过。尽管这本书可读性很强，它的成功也当之无愧，不过平心而论，不能说它对卓越非凡但备受忽视的传主的评价是公允的。[1]

　　一位不认同李约瑟的政治观点和个人行为的批评家在评价《中国科学技术史》第一卷时，说它"可能是一个人单枪匹马完成的最伟大的历史综合和文化交流的壮举"。这一成就的宏大规模及其对 21 世纪的现实意义确立了李约瑟永垂史册的名声。虽然他 41 岁出版了大作《生物化学与形态发生》后当选为皇家学会会员，但他自己的科研成果恐怕永远也达不到诺贝尔奖的获奖水平，他也没有像 J. D. 贝尔纳和 J. B. S. 霍尔丹那样，启发、激励别人去做出新的突破。另一方面,他在三卷本的《化学胚胎学》[2]中已经表现出他作为科学史学家的抱负(若干年后,他把科学史作为一门科目引入了剑桥大学)。那部书不仅总结了生物化学领域中的现状,而且就它的历史和背景做了精彩的叙述,后来作为生物化学史类图书出版的。即使在他投入对中国问题的研究之后,他也在《生命的化学》[3]一书序言中对"化学的史前史"做了大略的概述,把古人关于"生命的呼吸"说成"原始气体生理学",还讨论了炼金术与本笃会甜酒和其他由修道院的僧侣酿制的甜酒之间的联系,文章妙趣横生,令人不忍释卷。更令人出乎意料的是,他还用亨利·霍洛伦肖(Henry Holorenshaw)的笔名出版了一本关于英国革命期间平等派的小书,很受读者欢迎。

历史和公共活动是20世纪30年代"红色科学"的核心。这些科学家学术及学术外活动的范围广阔、密集度高,令人叹为观止。李约瑟是联合国教育、科学和文化组织自然科学部的创始人和第一任主任(1946—1948),是他把"科学"列入了这个组织的名称。但即使在这里,他也没有忽视历史,尽管使他感兴趣的那个研究人类科学和文化史的项目还是忘了的好。

历史对"红色科学家"至关重要,这不单是因为他们知道自己正处于剧烈变革的年代。对时间流逝中发展和变化的认识,特别是通过探究生命起源这个大问题而得来的这种认识把科学和最令生物学家兴奋的问题联系在了一起。他们都沉浸于对科学与社会之间过去和现在不断变化的关系的研究中。对那个时期的所有回忆都提到1931年的伦敦国际科学史大会,那次苏联派出了阵容强大的代表团,苏联科学家在大会上宣读的论文产生了巨大影响。他们提出的有马克思主义倾向的观点使英国人(包括与会的李约瑟)深为感佩,倒不是因为他们论文的质量有多高，而是因为他们对科学与社会关系提出了新的视角。1931年的国际科学史大会和李约瑟1937年开始对中国的研究被认为是造就了他一生的两大事件。

就我们所知，李约瑟尽管是马克思主义者，却从未加入或特别接近过共产党，虽然他特有的"千年狂热"[4]使他比激烈的左翼分子在本能上更加激进。他力劝 J. B. S. 霍尔丹相信属于未来的社会主义唯物主义——霍尔丹不久后就加入了共产党；1936年，他为韦布的《苏维埃共产主义》写的书评被描写为表现出"近乎狂喜的热情"。[5]然而，他大肆宣扬自己喜欢赤身裸体和跳莫里斯舞，这给他带来了有英国式怪癖的名声，冈维尔与凯厄斯学院一贯保守的校董们容忍他政治上的离经叛道，也是因为他们把那看作他的一种怪癖；可是这却影响了他在左派政治中的地位。当然，"二战"之前李约瑟和妻子多萝西以及鲁桂珍之间长期的三角关系还没有建立（温彻斯特说是鲁桂珍激发了李约瑟对中国的热爱），但无论如何，20世纪30年代共产主义的一代对他们所钦敬的长者所炫耀的性解放仅予容忍，却无效仿之意。

有一点李约瑟与所有其他著名红色科学家都不一样，他一生重视宗教和宗教仪式，这是他最令人惊讶的特点。他信奉圣公会显然不影响他30年代的政治信念。他去的教堂是壮丽的塞克斯特大教堂，既然教堂要时刻以苍生为念，于是一位强烈支持社会主义、一度还做过国王爱德华七世情妇的乡绅阶层的夫人为它推荐了一位社会主义革命者康拉德·诺埃尔做神父。一段时间后，李约瑟从圣公会这一地方宗教（"因为我恰好生在欧洲西部，而基督教圣公会恰好是我出生时我的种族的宗教形式"）[6]逐渐转向道教，他认为道教是民主的宗教，也是中国科学技术的源头。他最后认为，他对宗教的看法"肯定过于新柏拉图式,太理想化、太虔诚、离现世太远"。[7]然而,尽管他也是理性主义者出版协会(现人文主义者协会)的荣誉会员,但他一直相信宗教,认为它是"对神圣的特别感觉,是对超自然类型的体悟,但不意味着有一位造物主上帝的存在";他也一直相信"集体仪式是对于宗教的体现"。[8]他绝对不认为宗教与科学相冲突,虽然他同意孔子的观点,认为应敬鬼神而远之。他的宗教形式与政治无甚不同。他在1935年说,共产主义提供了适合我们时代的道德神学,但与唯科学主义针锋相对。

斯大林的共产主义与李约瑟想象的完全不同,但从未动摇过李约瑟对唯科学主义或任何形式的简化论,包括马克思主义的简化论的反对,不仅是因为这种简化遗漏了现实中大量重要的东西,而且也因为它削弱了他心目中的科学。在此,值得引用他在1932年为阿尔杜斯·赫胥黎的反乌托邦小说《美丽新世界》写的书评中的一段话,这篇书评(居然)发表在F. R. 利维斯主编的《细读》上。他认为"通过合理推断",可以断定当时的思想趋势(在他看来包括维特根斯坦、维也纳学派和左派人士兰斯洛特·霍格本)正向着赫胥黎的《美丽新世界》发展,因为那些人

> 鼓吹必须用易于表达的概念取代现实的概念。然而,只有在科学中才有可能实现完美的表达性。换言之,我们能说的一切有益的东西,归根结底只能是以数理逻辑表示的科学主张。科学成了理性的唯一内容,但更糟糕的是,哲学和形而上学也被归于不可说的一类;科学开始时是哲学的一种特别形式,如果继续维持它作为一种哲学的地位,它将保持它智力上的优越,但现在科学却沦为附属于某种技术的神话。[9]

作为研究者的李约瑟一直想创立一种生化胚胎学，把化学家的简化方法与生物学家关心的有机体和过程融合在一起。对科学的反机械论（李约瑟喜欢用"有机"一词）观点显然对进化生物学家有吸引力，这类学者包括20世纪30年代由当时颇具影响现在却少有人知的J. H. 伍杰组办的理论生物学俱乐部的成员，李约瑟夫妇和C. H. 沃丁顿（他是冯·哈耶克在《通往奴役之路》中对马克思主义者攻击的具体对象）都属于这个俱乐部。他们首先提出了生物等级制的概念，李约瑟的《秩序与生命》（*Order and Life*，1936）对此做了详尽的阐述，因而成为经典。他提出，有机体分不同的层次，规模和复杂性随着层次的提高而增加——分子、高分子、细胞、组织等等，对任何低层次的了解都不足以使人充分理解整个有机体；每一个层次都有其新的行为模式，用低层的行为模式或任何其他办法都无法解释，只能通过各层次之间的关系来解释。李约瑟在1961年为《生命的化学》所写的序言中写道："从碳分子结构到物种的平衡和生态的整体，其间关系的等级制可能会成为将来的主导思想。"现实只能作为一个复杂的整体来理解，而进程、等级制和互动就是理解现实的关键。

虽然从西蒙·温彻斯特的书中看不出这一点，但李约瑟的这种思想促使他转向了他后来终其一生研究的国家和文明。他写道，中国这个阴阳辩证法的发源地"永远把精神和物质视为一体"；有人说得好，中国的哲学将宇宙当作一部自我谱写的宏大交响乐，里面又有各种小型交响乐。李约瑟对中国的现实了解至深，并不把它看作乔治·斯坦纳所说的"实际存在的乌托邦"，更不自认为是把惊人的消息从别处带回西方的信使，像20世纪的马可·波罗；事实上在西方，在这个欧洲在世界上所向无敌的世纪，原来18世纪欧洲思想家对中国在知识理智方面的尊敬已经消失殆尽。

李约瑟热爱并敬佩中国和中国人，但矛盾的是，使他折服的是中国的过去，而不是革命时的中国。不过，他强烈支持并坚决捍卫当时的中国，尽管他在20世纪70年代毛泽东去世之前就开始批评这位伟大舵手的政策。他在《中国科学技术史》中满怀敬意地重现了中国人的自然观。他不仅对中国人的自然观欣然接受，而且衷心喜爱这个建立在没有超自然主义的道德基础上的文明，这个不是以原罪理念为基础的伟大文化，这个僧侣阶层从未占据过统治地位的国家。即使是周朝的学者首先阐发的"庶民有造反的权利这一典型的儒家理念"也是值得敬佩的。李约瑟眼中的中国不是"东方专制主义"——他认为这个词是由18世纪的法国思想家发明的，用来与欧洲的专制政体相比较的——而是"所有亲身经历过中国社会的人都了解的传统中国生活中的二元民主"。

他最推崇的是科举致仕的传统，那是中世纪的中国通过科举考试选拔政府官员的制度。这种做法也形成了儒家士子的"公共舆论"，他们"从未失去过独立的思想权威"，这使他们能够抵制朝廷对传统价值观的破坏。有哪个西方制度能在政府中容得下与威廉·布莱克、乔尔丹诺·布鲁诺和法拉第相似的人物呢？不出意料，他对中国传统真诚的、发自内心的捍卫刊载在美国的一份马克思主义期刊上，包括在对一部由一个前共产主义者写的巨著《东方专制主义》的长篇评论之中。李约瑟对那本书嗤之以鼻，正确地把它斥为巨型冷战宣传小册子，是"对客观研究中国历史的最大损害"。[10]

身穿新买的传统样式的蓝色绸子长衫，在战时的中国各处跋涉的李约瑟显然意识到自己与中国当时名流要人的相似与相近。然而，他世界观的关键在于，历史的前进不可阻挡，它打破了传统，结束了中国长期的技术优势。《中国科学技术史》试图对这一历史过程给出解释，虽然并非所有人都对它的解释感到满意。

现代自然科学在公元 1600 年左右兴起后发生的事情与之前的情况迥然不同，结果是"今天的资本主义社会和社会主义社会与所有先前的社会都有着质的不同"。过去是回不去的，但可以向前。李约瑟从未放弃对进步的信念。在他看来，科学和技术虽然没有创造好社会，但它们可以产生实现好社会的工具，尤其是在中国。"那可能是人们梦寐以求的和平世界，谁把人民的真正需要放在首位，谁就将继承这样的世界。"[11]

尽管如此，后人怀念李约瑟时想到的不是他对人类美好未来的热切向往，甚至也不是他那受生物学启发的有机马克思主义思想，而是他在探索和重现过去方面的超凡成就。然而，除了进化生物学的课本对他的思想有所介绍以外，他作为思想家仍然没有得到应有的重视。西蒙·温彻斯特的《炸弹、书和指南针》没有充分介绍他在思想方面的成就。李约瑟还在等待着更了解他这个当世奇人以及造就了他的时代和社会背景的人为他叙述平生。

第十六章

知识分子：作用、功能和矛盾

初次以英文发表，基于为《2011年纪念萨尔茨堡大学的迈克·费歇尔教授论文集》所写的德文稿。由我自己翻译为英文。

在文字发明以前，知识分子有社会功能吗？知识分子本身能够存在吗？恐怕很难。萨满教的巫医、神父、巫师，或其他主持和协助仪式的人一直担负着一种社会功能，也可以假设我们今天称为艺术家的人也有这种社会功能。但在需要使用、明白、理解、学习和保存的文字和数字的系统发明出来之前，怎么可能有知识分子呢？不过，用于交流、计算，特别是记忆的现代工具刚出现时，掌握这些技能的极少数人马上掌握了巨大的社会权力，使后来的知识分子望尘莫及。在美索不达米亚第一代农耕文化的初期城市中，会写字的人可以成为"教士"这个神职统治阶级的成员。直到19世纪和20世纪，在文字世界中如果垄断了识字和为掌握文字而必需的教育，就意味着垄断了一种权力，保障这种权力不受竞争的手段就是使用专门的、在礼仪或文化上被认为是高级的书面语言的教育。

另一方面，笔从来硬不过刀。征伐者总是可以征服文人；但没有文人，就没有政体，没有扩大的经济，更不会有历史上伟大的帝国。受过教育的文人提供了把帝国凝聚在一起的意识形态，也为帝国输送了管理国事的大臣官员。在中国，他们把蒙古征服者变成了帝国王朝，而成吉思汗和帖木儿的帝国因为没有他们很快就分崩离析。第一批掌握了教育垄断的是安东尼奥·葛兰西所谓的"所有主要的政治统治制度中的'有机知识分子'（organic intelectuals）"。

这一切都已成为过去。中世纪晚期，一些非神职人员学会了用地区流行方言进行读和写，成为不承担社会功能的知识分子；这些人以方言写作文学或其他作品，同时也是那些作品的读者，引起了规模不大的新生公共领域的兴趣。现代领土国家的兴起又增加了对办事官员和其他"有机"知识分子的需要。这些人越来越多地是在现代化大学中受教育，他们的中学老师也是那些现代化大学的产物。另一方面，全民初级教育的普及，特别是第二次世界大战后中学和大学教育的飞速扩大，产生了与过去不可同日而语的巨大的能读会写、教育良好的人才库。与此同时，20世纪新传媒产业的神速扩张也大大拓展了与官方机构没有关系的知识分子的经济空间。

直到19世纪中期，知识分子还都是很小的一群人。在1848年革命中起了重大作用的学生在普鲁士包括4 000名男青年（还没有女子），在匈牙利以外的哈布斯堡帝国一共才7 000人。这个新的"自由知识分子"阶层的新奇之处不仅仅在于他们和统治阶级受的是同样的教育，掌握同样的文化知识，那时已经认为统治阶级应当具有德国人称为"教养"的文学和文化素养，工商阶级也在日益跟上这股潮流；它的新奇之处还在于它的成员以自由职业知识分子的身份谋生的可能性比过去大了许多。新生的科技产业、科学和文化机构、大学、新闻业、广告宣传业、演出娱乐业，这些都为他们提供了新的谋生手段。到 19 世纪即将结束时，资本主义企业创造的巨额财富，足以使工商业中产阶级的一些子女和家属得以专门从事知识和文化活动。曼、维特根斯坦和瓦堡家族即是例子。

如果算上**波希米亚人**这个边缘群体，那么自由知识分子就没有公认的社会特征了。他们只是被视为受过教育的资产阶级成员（用 J. M. 凯恩斯的话说，"我的受过教育的资产者阶级"），或至多是资产阶级下面的一个分组，**像学术人士或学者**。直到 19 世纪后 1/3 的时间，他们才被集体称为"知识分子"或"知识阶层"，这个称呼从 1860 年开始，先是在动乱频仍的沙皇俄国出现，然后又出现在为德雷福斯案而举国震动的法国。在这两个情况中，构成他们群体特征的似乎是思想活跃再加上以批判的态度干预政治。即使在今日，"知识分子"也经常使人将其和"反对派"产生联想，而"反对派"在苏联社会主义时期就意味着"政治上不可靠"，尽管这种联想并不总是正确的。然而，公众中识字的人大量增加，新媒体的宣传潜力也随之提高，这给著名知识分子提供了意想不到的提高声望的机会，连政府也可以对此加以利用。第一次世界大战时，93 位德国知识分子和他们的法国及英国同行各自发表蹩脚的宣言为他们的政府强词夺理地进行辩护，事隔一个世纪回想起来仍让人脸红。这些人在这样的宣言上的签字之所以宝贵，不是因为他们在公共事务方面经验丰富，而是因为他们作为作家、演员、音乐家、自然科学家和哲学家的鼎鼎大名。

革命和意识形态战争此起彼伏的"短暂的 20 世纪"成为知识分子参与政治活动的时代。在反法西斯主义时期和后来的社会主义年代，知识分子积极捍卫自己的事业，并被公认为思想界的重量级公共人物。第二次世界大战结束到东欧剧变之间那一段是他们意气风发的时期。那是反动员的伟大时代：反核战争、反老欧洲最后的帝国主义战争和美国新帝国的第一场战争（阿尔及利亚、苏伊士、古巴、越南）、反斯大林主义、反苏联入侵匈牙利和捷克斯洛伐克等等。在几乎所有这些运动中，知识分子都站在前列。

仅举一例，英国的核裁军运动发起人中有一位著名作家兼当时威望最高的知识周刊的编辑，一位物理学家和两位记者。一俟建立，它马上选举哲学家伯特兰·罗素为主席。从本杰明·布里顿到亨利·莫尔和 E. M. 福斯特，艺术和文学名人群起响应，踊跃参加，其中的历史学家 E. P. 汤普森在 1980 年后成为欧洲核裁军运动最著名的代表。伟大的法国知识分子萨特和加缪的名字家喻户晓，苏联持不同政见的知识分子索尔仁尼琴和萨哈罗夫无人不知。描写共产主义者对时代的失望幻灭，具有影响力的作品集（《失败的上帝》）刊头排列的名字都是大名鼎鼎的知识分子。美国的秘密情报机构甚至觉得有必要出资建立像文化自由大会这样的组织，专门用来争取欧洲知识分子的人心，增加他们对冷战时期的华盛顿的好感。也是在这个时期，西方的大学自 1846 年以来第一次在规模和数量上迅猛发展，使政府开始把它们视为政治和社会反对派的滋生地，甚至是酝酿革命的温床。

知识分子作为领导站在政治反对派前列的时代，如今已经成为过去。那些联署宣言，为事业大声疾呼的伟大人物今在何方？除了极为罕见的几个人，其中最著名的是美国的诺姆·乔姆斯基，他们或陷入沉默或已经离世。法国受人景仰的思想家在哪里？萨特、梅洛-庞蒂、加缪、雷蒙·阿隆后继有人吗？福柯、阿尔都塞、德里达和布迪厄的接班者何在？20 世纪晚期的思想家选择放弃追求理性和社会变化的重任，任由纯理性的个人组成的世界自动运作，据说，这些纯理性的个人通过市场的理性运作来最大地实现自己的利益，在没有外界干预的情况下，市场自然会趋向持久的平衡。在一个大众娱乐无休无止的社会中，社会活动家发现要动员公众支持某个事业，借助世界闻名的摇滚乐手或电影明星比使用知识分子更有效。哲学家无法与波诺（Bono）或伊诺（Eno）相匹敌，除非把自己包装成全球媒体新世界中的那个新角色——"名人"。我们生活在一个新时代中，要等脸书（Facebook）上自我表达的噪声和互联网的平均主义理想充分产生了社会效果之后才能告一段落。

所以，伟大的知识分子反对派的没落不仅是因为冷战结束了，也是由于在这个经济增长、消费社会占主导地位的时代，西方的公众对政治变得漠不关心。从古雅典集市的民主理想一路走来，到今天购物中心不可抗拒的诱惑，供19世纪和20世纪的伟大超凡的力量挥洒的空间被大大压缩，这个力量就是可以通过政治行动改善世界的信念，不是吗？新自由主义全球化的目标就是要缩小国家的规模和范围，减少它的公共干预行为。这方面它取得了部分的成功。

但还有一个因素决定了新时代的特点，那就是传统价值和观点的危机，最重要的是坚信理性和科学进步，以及认定人性可以改善的传统信念遭到了抛弃。自从美国革命和法国革命以来，18世纪启蒙运动的语汇及其对革命思想光明未来的坚定信心传播到世界各地，鼓舞着争取政治和社会进步的斗士。这样的意识形态和信奉它的国家联起手来，在第二次世界大战中战胜了希特勒，赢得了也许是它的最后胜利。从20世纪70年代开始，启蒙运动的价值在"血与土地"的反全球化力量和所有宗教中都在发展壮大的激进趋势面前节节败退。即使在西方，我们也看到了对科学抱有敌意的新的非理性的兴起，同时，对不可抵挡的进步的信念被对不可避免的环境灾难的恐惧所取代。

这个新时代的知识分子怎么样呢？自20世纪60年代以来，高等教育的巨大增长使他们成为一个有政治影响力的阶层。1968年后发生的事情表明，学生很容易被大规模地动员起来，不仅在一国之内，而且跨越国界。从那以后，通信方面的空前革命大大加强了个人采取公共行动的能力。大学教师巴拉克·奥巴马当选为美国总统，2011年的"阿拉伯之春"和俄罗斯发生的事情是最近的几个例子。科学技术的突飞猛进创造了"信息社会"，生产和经济比过去任何时候都更加依靠知识性活动，也就是说，依靠有大学学位的男男女女和教育他们的中心——大学。这意味着即使是最反动、最专制的政权也得给大学里的科学家一定程度的自由。在苏联，学术界是表达不同政见和进行社会批评的唯一有效的论坛。中国在"文化大革命"期间实际上废除了高等教育，后来也明白了必须给科学家以一定的自由。在一定的程度上，中国的人文和艺术学科的学者也沾了光，尽管这些学科在经济和技术上并不至关重要。

另一方面，高等教育的巨大增长使得大学学位或大学毕业证书成为加入中产阶级，获得专业职业的不可或缺的资本，于是在教育水平较低的大众眼中，大学毕业生成了"高等阶级"的成员。蛊惑民心的煽动家常把"知识分子"或所谓的"自由派"说成是狂妄自大、道德放荡并享受经济和义化特权的精英阶层。在西方许多地方，特别是在美国和英国，教育差距有可能成为阶级界限，一边是靠一纸大学文凭就能十拿九稳地找到好工作、平步青云的幸运儿，另一边则是心怀怨恨、愤愤不平的广大民众。

大学毕业生不属于真正的富人。真正的富人只占人口的极少数，他们在 20 世纪后 30 年和 21 世纪第一个 10 年中获得了做梦也想不到的巨大财富；那些人——其中也有女人——的个人资产相当于一个中型国家的国内生产总值。他们中间绝大多数人的财富都来自商业和政治权力，虽然有些人无疑是知识分子出身，有研究生，还有中途辍学的大学生，美国在这方面有好几个突出的例子。矛盾的是，东欧剧变后，他们日益自信的炫富反而使未受教育的大众产生了对他们的亲近感，后者摆脱处境的唯一办法是要么成为足球运动员或传媒文化明星，要么中彩票巨奖；每个国家中都有几百个这样不靠文字或商业天赋而上升到社会顶层的人。从统计数据上分析，穷人通过此种途径发财的机会微乎其微，但那些成功了的人确实得到了可以炫耀的金钱和地位。从某种意义上说，这更容易动员起资本主义社会中经济上受剥削的失败者和小人物起来反对美国保守派所谓的"自由派"，因为大众似乎与自由派没有任何共同之处。

只是，在西方经历了好几年自 20 世纪 30 年代以来最严重的经济衰退之后，对经济两极分化的不满才开始取代对知识分子高人一等的仇视。奇怪的是，这方面两个最明显的表现都是知识分子促成的。民众普遍不再相信自由市场能为所有人带来更美好的未来（"美国梦"），甚至对现行经济制度的未来日益感到悲观。首先揭开这一点的是经济记者，而不是超级富豪，只除了极少的例外。宣称"我们是 99%"，以此与 1% 的超级富人形成反差，并高喊这样的口号占领华尔街和其他的国际银行和金融中心，这引起了公众的强烈共鸣。即使在美国，民调也显示有 61% 的受访人支持这个运动，支持者中一定包括许多反自由派的共和党人。当然，那些在敌人的地盘安营扎寨的示威者并不属于这 99%。像过去常发生的那样，示威者是人们所说的激进知识分子的先锋队，是学生和波希米亚型艺术家中的积极分子；他们发起一系列小型冲突，希望能发展为全面战斗。

这就引发了一个问题：我们正处于政治非理性的时代，而且这种非理性又由于时代对未来的疑惧而进一步加强，在这样的新时代中，19世纪和20世纪知识分子那种古老的独立批评传统如何保存？当今时代有这样一个矛盾的现象：政治和意识形态的非理性与先进技术相安无事，甚至对先进技术使用起来得心应手。美国的情况和巴勒斯坦被占领土上以色列激进分子的定居点表明，信息技术的专业人员中不乏真心相信《创世记》中上帝创造世界的故事的人，也有很多人相信《旧约》关于要消灭不信基督教的异教徒的嗜血号召。今天的人类已经习惯于内心充满矛盾的生活；在感情世界和对情感毫无感应的技术之间，在个人经验及感知的范畴和无意义的庞大之间，在生活的"常识"和造就了我们生活框架的智力活动（在绝大多数人眼中）的不可理解之间，人需要不断地找到平衡。人类生活这种全面的非理性有可能与今天在科学和社会方面从未如此地依靠的马克斯·韦伯所谓理性的世界相容吗？诚然，由于信息传媒、语言及互联网的全球化，哪怕是最强有力的政府当局也无法使一个国家在实际上和思想上完全与世隔绝。然而，问题依然存在。

另一方面，没有创新思想固然照样可以使用高级技术，尽管不能再进一步改善，但是，科学发展是需要思想的。所以，即使今天最全面反对知识分子的社会也比以前更需要有思想的人以及使他们能够蓬勃发展的环境。可以肯定地假设，这些人对他们生活其中的社会和环境也会有批判性的想法。在东亚和东南亚以及伊斯兰世界新兴的国家中，这些人可能和过去一样，是促进政治改革和社会变化的力量。在危机重重、彷徨犹豫的西方，他们也可能再次成为这样的力量。确实，可以说目前系统性的社会批评的力量主要集中于受过大学教育的新阶层。但是，只靠勤于思考的知识分子是无法改变世界的，尽管若没有他们的贡献，任何改变都不可能实现。改变世界需要普通人和知识分子建立起统一战线。除了几个孤立的例子之外，今天要建立这样的统一战线可能要比过去困难得多。这就是21世纪的困境。

第十七章

公共宗教之前景

首次发表。

过去 50 年间宗教的遭遇引人注目。自有历史记录以来的大部分时间中，宗教都是人们借以讨论人与人之间的关系、人与外部世界的关系，以及如何应付日常生活范畴以外无可控制的力量的语言，而且经常是唯一的语言。对大众来说，这一点是确定无疑的，现在在印度和伊斯兰教地区仍然如此。人的一生中历次重大事件，从出生到结婚到死亡，宗教仪式仍然是唯一得到普遍接受的纪念模式；在温带地区，宗教也为一年周而复始的循环中的节点提供了庆祝的仪式，如新年和收获，春天（复活节）和冬天（圣诞节）。相应的世俗活动几乎从未能有效地取代宗教仪式，这也许是因为世俗国家坚持理性，加之对宗教制度的敌意或不屑，因而低估了仪式在私人和群体生活中的巨大力量。没有人能逃脱那种力量的影响。我记得，一位一贯不信宗教的苏联女士曾要求牛津大学的一个学院帮忙为她坚信无神论的英国丈夫举办宗教仪式的葬礼。她说，什么仪式都不办就这么送他走是不应该的。葬礼是按圣公会的仪式举办的，其实她对这个宗教既不了解也不关心，圣公会本身完全不重要，它只是当时她能找到的唯一宗教仪式而已。说实在的，我们中间最理性的人也可能会使用最原始的符咒来讨好冥冥中掌握着未来的力量，"摸摸木头"或"交叉手指"这些说法等于基督教徒说的"上帝保佑"或穆斯林的"安拉保佑"。

宗教在当今世界中依然重要，尽管盎格鲁-撒克逊无神论者的论述目前又趋激烈（这反证了宗教的重要性），宗教也仍占据着突出的位置。在一个方面，宗教自20世纪60年代以后强势复兴是无可置疑的，因为它已清楚地成为一支重要的**政治**力量，虽然不是理智的力量。自从18世纪美国革命以来，启蒙运动的理论激励了从法国革命到俄国革命再到中国革命的历次伟大革命以及争取社会变革的运动，伊朗革命是第一场放弃了启蒙运动思想，以宗教名义进行的革命。中东的政治，无论是在犹太人还是穆斯林之间，成了圣书的政治，而且令人吃惊的是，美国政治在相当的程度上也是如此。很容易看到，这种情况不是古老的传统，而是20世纪的发明。1967年的六日战争使正统犹太教对犹太复国主义从传统上的反对转为支持，因为以色列的胜利似乎是奇迹，说明一些拉比放弃这一理念——只有当救世主出现后，所有犹太人才能回归以色列——是有道理的；显然救世主那时并未出现，虽然美国一个哈西德派的年老首领自称是救世主。

到了20世纪70年代早期，从埃及穆斯林兄弟会分裂出来的一个极端主义分支才从故纸堆里翻出了神学上的依据，说正统的范围非常狭小，不属于此范围的人都是"叛教者"，应该被杀死。准许杀害无辜的伊斯兰法（fatwa）是基地组织在1992年发出的。事实表明，1979年的伊朗革命建立的不是传统的伊斯兰政体，而是神学统治的现代领土国家。但无论如何，从毛里塔尼亚到印度，以宗教为基础的政治都卷土重来。土耳其政府原来一直坚持世俗化，现在在一个伊斯兰群众政党的掌管下，明显地偏离了过去的道路。印度在1980年出现了一个强有力的印度教政党（1998—2004年间是执政党），开始了一场运动，旨在把印度教五花八门的各个小教派汇合为单一的不容异己的排他性正统教派。在当今的全球政治中，无人敢小觑这一潮流。

宗教信仰和实践的兴起是不是全球范围内的普遍现象，这一点尚不清楚。主要在基督教内，发生过大批教徒从一个教派转向另一个教派的情形。可以清楚地看到，在美洲和其他地方，福音派和强调顿悟、依靠领导人个人魅力的五旬节派这些新教教派迅速扩大，教徒的宗教热情不断高涨。同时，自20世纪70年代以来，像印度尼西亚这种以前相当平和的地区明显地出现了伊斯兰教的重兴。[1]这些问题我晚些时候会细细评说。然而，纵观全球，不能说自1900年以后世界的主要宗教取得了任何重大收获，只有非洲是例外，在那里基督教和伊斯兰教在过去的一个世纪中都有了很大的发展，伊斯兰教的发展尤其迅猛。当然，苏联解体，还有其他以无神论为根本的政权垮台后，被压迫的宗教重新抬头，在俄罗斯还得到了正式的重新确立；不过除波兰以外，宗教在其他地方仍未恢复到社会主义之前的水平。一神教的信仰在非洲扩大了地盘，但它没有影响世俗主义，而是挤压了传统泛灵论宗教信仰的空间，虽然有时这些传统的信仰与新的一神教结合后变身为一种新老调合体。只有三个非洲国家，信奉当地宗教和新老调合信仰的人仍占人口的大多数。[2]在世俗化的西方，建立新宗教或采用奇怪而语焉不详的精神教派以取代萎缩的旧宗教的种种努力成效甚微。

宗教在民众当中重新大行其道，这是毫无疑问的。有人说这种现象推翻了现代化与世俗主义齐头并进这一长期观点。但其实并非如此。确实，思想家和活动家，还有许多历史学家都严重忽视了这样一个事实，即哪怕是最世俗的思想也源自宗教是公共交谈唯一话题的那个时代。他们也高估了世俗化在19世纪和20世纪所影响的人数，或者说他们忽略未计人类的一些重要组成部分，主要是妇女和农民，而这些人拒绝了世俗化的影响。从实质上看，19世纪的世俗化，如同它政治方面的反教权主义，是一场由受过教育的中层和上层阶级男性以及平民政治积极分子参与的运动。但有多少历史学家注意过世俗化运动中的性别问题，或这场运动在农村产生的影响呢？他们也通常忽视了宗教在形成19世纪的企业家阶级和资本主义生意网过程中的巨大作用，如法国和德国的虔诚派纺织厂主，以及专门由胡格诺教徒、犹太人或贵格派教徒创办的银行。在社会巨变的时代中，宗教对于一些人成为马克思所谓的"无情世界的感情"，但这些人也未引起历史学家的注意。简言之，宗教在19世纪的西方屡战屡胜，这是不争的事实。尽管如此，这仍然不能改变过去两个半世纪中现代化和世俗化携手并进的趋势，时至今日依然如此，过去半个世纪甚至加快了步伐。

从一种信仰转到另一种信仰，掩盖不了宗教的义务和实践在西方日渐没落的实情。如果把印度民众日益接受种姓间通婚作为象征的话，宗教在印度也在没落之中。事实上，这个趋势自从20世纪60年代开始加速。它最清楚地反映在基督教最大的宗派——罗马天主教教会身上。天主教会正处于一场历史上空前的大危机之中。与16世纪不同的是，对天主教会的威胁不仅在于教义上的不同意见，而且也在于教众对它的漠不关心或阳奉阴违，比如自20世纪70年代起，意大利妇女开始大量使用避孕药具。60年代中期，献身天主教的精神开始崩溃，宗教机构的人员亦随之锐减；在美国，人数从1965年的21.5万降至2010年的7.5万。[3]在信奉天主教的爱尔兰，都柏林主教辖区2005年全年居然没有举行过神父授职仪式。现任教皇[1]回乡——过去一贯虔诚信教的雷根斯堡——访问时，费尽力气才动员了75个人去欢迎他。

其他传统西方宗教的处境也基本相同。过去，威尔士人虔信各种形式的清教教派和节制性新教教派，至少对讲威尔士语的人来说，那是他们集体特征的表现。然而，当前威尔士政治民族主义的崛起把政治结社的活动转到了世俗的场所，乡间的教堂因此而门可罗雀。有迹象显示出一种奇怪的力量逆转。传统宗教曾经是加强，甚至确保一些人民的民族团结的力量，在爱尔兰和波兰人民中间尤其突出；而现在轮到它从它与民族主义或某一个族裔的联系中汲取力量。[4]美国的550万犹太人比起其他美国人来，世俗化的程度高很多。他们当中一半人说自己是世俗的、非宗教的，或信仰别的宗教。无论如何，信宗教的大部分人（2000年犹太会堂会众的72%）都属于犹太教比较自由开明的派别，如犹太教改革派，甚至还有一定数量的人属于犹太教保守派，两者都为犹太教正统派所坚决拒绝。[5]美国犹太人基本上已经融入了美国社会，而且与非犹太人通婚日益普遍；对这样的一个群体来说，传统上界定犹太人并把他们凝聚在一起的宗教做法已经失效。与以色列这个（历史上新奇的）政治实体感情上的认同取代信仰宗教和同族通婚，成为确定"是否犹太人"的标准。即使在倾向于极端正统派的少数人中，除了履行复杂的宗教仪式以外，也加上了对以色列的认同。

---

[1] 这里指2013年退位的教皇本笃十六世。——译者注

可以确定，美国革命、法国革命和自由革命的世界以及它们产生的社会主义政权和前社会主义政权的世界在各个方面世俗化的程度都比过去更大，尤其反映在与宗教无关的公共领域和纯私人的宗教之间的分隔之中。就连在西方世界之外也可看到类似情况，据一位伊斯兰教专家说，

> 抛开政治不谈，公众的心态和生活方式在19世纪和20世纪期间实现了彻底的世俗化。这并非说人们失去了信仰或虔诚（虽然很多人虔诚的程度淡了许多），而是社区和地方生活的限制被打破了。过去，宗教当局、宗教仪式和一年中的各项宗教活动管理着人们的生活；现在，人的流动、人的个性化，以及与宗教无关、颠覆宗教权威的文化和娱乐活动的兴起冲破了这种限制。[6]

另外，传统西方宗教机构的作用在继续减弱。2010年，45%的英国人说他们不属于任何具体宗教。[7] 1980年到2007年间，宗教婚礼仪式从占全部婚礼的1/2减少到1/3。[8] 同期，加拿大参加所有宗教仪式的人数下降了20%。[9] 因为在美国常去教堂对名声有益，所以那里公众的虔诚很可能是夸大了的，回答调查问卷中这方面问题的人经常虚报他们的宗教活动。据估计，美国每周参加宗教仪式的人只占人口的25%，或甚至仅有21%。[10] 此外，男性比起女性来，宗教热情从来都比较差，据说对美国男性而言，"参加宗教活动是他们社会地位的表现"，不是出于精神上的渴望。

若以为世俗化进程的继续和加速会导致宗教信仰和宗教仪式的消亡，甚至使民众大批转向无神论，那就太可笑了。它主要意味着

世界上的事务将日益在假设没有神或超自然力干预的基础上进行，不管掌管这些事务的人的个人信仰如何。当拿破仑问伟大的天文学家拉普拉斯他的科学中有没有上帝的位置时，拉普拉斯答道："我不需要这个假设。"面对一位结构工程师、核物理学家、神经外科医生、时装设计师或电脑黑客，谁能看得出他是虔诚的穆斯林，还是五旬节派的基督徒，是在苏格兰加尔文教派的教育下还是在毛泽东时代的中国成长起来的呢？诸神与他们的工作没有关系，除非某种宗教信仰对他们有所限制或坚持与他们的活动不相容的信条。在那种情况中，要么正统悄悄放弃否决权，如斯大林放任建造核武器所需要的物理研究——瓦西里·格罗斯曼（Vassili Grossman）的小说《生活与命运》里对此有非常精彩的描写；要么教条僵化的宗教统治导致理智和知识的停滞，如14世纪以来的伊斯兰世界。

在过去的世纪中，这造成了始料未及的问题，原因有两个。一方面，现代世界赖以运作的科学理论与实践和包括基督教和伊斯兰教在内的主要宗教的叙述和道德训诫之间的差距日益加大，尤其是在涉及人和社会的领域中；另一方面，当今大部分人越来越不明白他们生活在其中的现代技术-科学世界，而同时由宗教神圣化了的管理着道德和人际关系的传统制度又在人类生活巨变的压力下土崩瓦解。有40%的美国人相信地球的形成不早于10 000年以前；这些人显然对我们星球的性质和物理历史一无所知，但他们大部分人并不因自己的无知而感到不便，正如超级市场的收银员不懂拓扑学但生活不受影响一样。从古到今，人类社会的组成一直未变，大部分人都是相对或绝对的愚昧无知，剩下还有相当多的人比较蠢笨。到了21世纪，生产和技术的发展使这样的一大部分人变得多余。与此同时，他们作为民主国家的一大群选民，或在坚持原教旨教条的统治者领导下，给科学和公共利益，不用说还有真理，造成了重大的麻烦。不仅如此，教育程度不足的人在用人唯贤和注重企业精神的社会中日益受到排挤，得益甚微，这使得失败者怨愤交加，促使他们这些"无知者"起来反对"自由派"（他们的反对目标包括知识本身），而不是穷人反对富人，尽管后者其实更合乎逻辑。

从某些方面来看，1970年后，被边缘化的宗教和四面受敌的科学之间的对抗比自从安德鲁·D.怀特（Andrew D. White）发表了两卷的《基督教世界科学与神学论战史》（1896）以来任何时候都更尖锐。几十年来，今天第一次出现了宣扬无神论的激进运动。它的著名积极分子都是自然科学家。确实，在智力层面上，神学实际上已经放弃了立足自己的理论向科学发起挑战，它只能找出一些论点，想办法把当代科学公认的结果与神的意志调和起来。即使真的不打折扣地相信《创世记》的人也捡起"创世科学"做遮羞布。对理性主义者来说，激励他们斗志的不是他们对手的论点荒谬，而是他们新展示的政治力量。

全球活动的世俗化主要靠几乎全部受过良好教育的少数人推动的，过去是这样，现在还是这样。这些少数人是文盲世界中能读会写的人，是19世纪和20世纪的中学和大学毕业生，是21世纪掌握信息社会真正知识的博士生和博士后。另外一些推动世俗化的少数人是传统的民众运动，包括激进的劳工运动，这类运动的积极分子大多是自学成才。唯一的例外是一场真正从基层发起的现代化运动，即妇女争取摆脱历史桎梏获得解放——包括性解放——的运动；不过，就连妇女运动争得的官方在制度上的承认（离婚、节育等等），也应归功于少数世俗活动家的努力。19世纪时，这些鼓吹世俗化的少数人出奇的有效,因为教育良好的精英是管理现代民族国家的干部;因为劳工运动和社会主义运动的动员和组织能力异常强大;也因为抵制世俗化的主要力量——妇女、农民和一大批无组织的"穷苦劳动者"——基本上被排除在政治之外。在发达的资本主义国家以外,少数人的统治一直持续到20世纪晚期。简言之,那种情况属于政治民主化之前的时代。

民主政治不可避免地给了大众以更大的决断权,而在大众的生活中,宗教继续起着比在激进的精英分子的生活中重要得多的作用。新民主政治中聪明的世俗政治家十分清楚,他们必须重视民众的宗教感情,包括他们自己阵营中人的宗教感情。1944年墨索里尼倒台后,多年来处于地下的意大利共产党终于得到了合法地位,它认识到,假如不准天主教徒入党的话,它就不可能成为意大利的主要政治力量。结果,意大利共产党决定打破它坚持无神论的传统,解除不准教徒入党的禁令。即使在那不勒斯受共产党管理期间,庆祝城市的守护神圣真纳罗血块液化奇迹的仪式照样定期举行。伊斯兰世界中锐意改革的民族主义领导人明白,他们必须接受老百姓传统的虔诚,尽管他们自己没有那样的虔诚。巴基斯坦的国父,完全不信宗教的 M. A. 真纳动员起印度的穆斯林,成功地组建了一个新国家。他设想国家的宪法是具有明确世俗性的自由民主宪法,规定所有宗教均属公民的个人事务,国家不予干涉。这基本上也是他的对手——印度领导人尼赫鲁的立场,印度至今也仍是世俗国家。美国的国父也持同样的立场。为照顾虔诚信教的人民,真纳在他的主张中提到了伊斯兰教(它的民主传统、它对平等和社会正义的坚持等等),但只是偶尔为之并且语意笼统,即使是最热情的穆斯林也不能声称真纳倡导的是伊斯兰国家,但后来巴基斯坦在一个军人统治者手中变成了伊斯兰国家。

欧洲和北美的殖民地和附属地的世俗改革领导人虽然自己没有宗教方面的激情,但可以鼓动民众的排外情绪、反帝国主义的情绪和西方发明的民族主义,当时民族主义被认为是包容性的,跨越了宗教和族裔的界限。(中东地区阿拉伯民族主义的先驱者更多的是基督教徒,而不是穆斯林。)就是在这个基础上,第二次世界大战以后,英国在中东的短暂霸权("英国的时刻"[1])被推翻,代之以埃及、苏丹、叙利亚、伊拉克和伊朗的民族主义政权。虽然在少数罕见的情形中,力求实现现代化的统治者有足够的政治或军事力量来打破宗教制度,但是,在实践中他们仍必须考虑到宗教在大众中享有的支持。完全彻底的现代派,土耳其之父凯末尔·阿塔图尔克废除了哈里发,最终褫夺了伊斯兰教的国教地位,并改变了人民的服饰和文字,也在较小的程度上改变了对妇女的态度,但就连他也没有试图消除人民的宗教活动,虽然他努力用包括所有土耳其人在内的民族主义来取而代之。对国家的控制掌握在激进的世俗精英手中,他们所依靠的军方坚决拥护国父阿塔图尔克的价值观,并时刻准备在这些价值观受到威胁时出手干预。在1970年、1980年和1997年,军队确实采取了这方面的行动,并坚持以后如有需要它仍有责任干预,但如今的形势不再容许军方领导人为所欲为了。

政治民主化公开了大众宗教和世俗统治者之间的冲突。这在土耳其表现得最为明显。那里赞同建立伊斯兰国家的伊斯兰团体和政党在20世纪60年代和70年代开始活跃,尽管国家宣布它们为非法,千方百计对它们进行打压,但它们顽强地生存了下来。今天,土耳

---

[1] 指伊丽莎白·门罗所著《英国在中东的时刻》。——译者注

其的政府是民选的政府，宪法允许民众选举穆斯林做总统，不过总统不能以伊斯兰律法来取代世俗的法律。突尼斯推翻了坚定走世俗道路的专制政府后，经民选执政的穆斯林政党似乎在考虑采用类似的办法。

穆斯林占多数的其他国家中的冲突也同样尖锐，甚至更有过之。在阿尔及利亚，这样的冲突导致了20世纪90年代期间血腥的内战，最后是军方和现代派精英胜出。在伊拉克，外国入侵推翻了一个旨在实现现代化的专制政权，在外国占领下，产生了一个由于什叶和逊尼两派的基本教义派相互竞争而陷于分裂的国家，硕果仅存的几个世俗政治家只能尽量为几乎是名存实亡的国家政府争取活动的空间。叙利亚的世俗政府现正处于宗教因素日益强烈的内战之中，内战可能会毁掉这个国家，而最有可能从中获益的是瓦哈比教派的逊尼基本教义派。埃及的问题始于1928年穆斯林兄弟会的建立，自那以来，伊斯兰运动有时被禁，有时被勉强容许存在，但一直被排除在政治决策进程之外。现在专制政权被推翻，举行了民主选举后，穆斯林兄弟会成了议会中的多数。

在世俗化的西方发达地区和共产主义地区，民主化不可能导致这种政治化大众宗教的汹涌浪潮。即使在19世纪，在南部欧洲和拉丁美洲许多单一的罗马天主教国家中，教会都是遏制自由主义和理性的力量，不是潜在的，更不是实际的权力。在那些尽管并非民主制，但至少是多党制的国家中，教会动员起一切力量来极力维护它对教育、道德和生活大事的控制。在多宗教的国家中，天主教教会不可避免地融入了政治制度之中，挟信徒的选票从政府那里争取一定的让步。这一点在印度与在德国和美国一样明显。20世纪60年代以来罗马天主教的危机严重削弱了天主教教众的政治潜力。在教会不再代表反对力量的时代，政治并未为宗教政党所把持，虽然在意大利，可能还有波兰和克罗地亚，天主教对政治左派的敌意仍然颇有影响力。至于民主化对佛教国家能产生何种影响，我只能猜测而已。在泰国这个唯一信奉佛教的君主立宪制国家，似乎看不出佛教在政治中有任何作用。

政治化宗教的兴起令人警觉的主要原因不是在全民投票的世界中出现了大量的教徒选民，而是宗教内激进思想，主要是右翼意识形态的上升。这种情况在基督教新教和传统伊斯兰教中尤其明显。两者都积极传播教义，观点激进，有的观点甚至是革命性的；它们遵循的是传统的"以圣书为准"的原旨模式，即回归圣书的原文，去除后加的东西和有损原义的内容以实现信仰的纯正。它们要实现的未来其实是重建过去。欧洲有16世纪宗教改革的先例。伊斯兰教循环往复的周期成了伊本·赫勒敦（Ibn Khaldun）关于历史发展理论的基础：沙漠中严格遵照一神教的贝都因战士定期征服富有、文雅和堕落的城市，然后又被城市所腐蚀。公共宗教极端主义还可以采取脱离宗教的主流，另起炉灶的方法。基督教目前的宗教极端化中就有这种现象，但似乎伊斯兰教并未出现这种情况。

激进伊斯兰教的复兴由于一些政治因素而进一步复杂化，其中突出的一个因素是沙特阿拉伯王国由于是麦加圣地的所在地和朝觐者的目的地，因而成为全世界伊斯兰教的中心，可以说是穆斯林的"罗马"。沙特王国在历史上一直认同伊斯兰教瓦哈比教派代表的贝都因的严格拘谨，这给了它得以维持政治稳定的宗教资格，虽然今天这个沙漠王国和苦修完全不沾边。它用它以巨大的石油储藏换来的财富资助教徒到麦加朝觐，导致朝觐人数的急剧增长，还修建众多的清真寺并在世界各地设立宗教学校和学院。这些自然都是为了帮助坚守传统、一心效仿伊斯兰教创始时期那几代人的瓦哈比教派。

冷战期间，美国在苏联的阿富汗战争中支持反社会主义的穆斯林战士，这在一定程度上帮助建立了世界上最有效的伊斯兰圣战组织——本·拉登的基地组织，虽然程度有多大并不清楚。伊斯兰教极端主义有多大的群众基础不得而知，但一个可见的迹象也许能使我们对其略见一斑，那就是在新世纪中，越来越多的妇女开始穿起瓦哈比派正统的把全身包得严严实实的黑袍，而且这一趋势似有加强之势。这在印度伟大的阿里格尔穆斯林大学以及英国一些大学的学生中非常明显。在英国和法国有大量穆斯林聚居的城市的街道上也时常看到身裹黑袍的妇女，不过最近法国正式禁止了这一服装。无论如何，新的伊斯兰教极端主义不管有没有独立的群众基础，都可以视为现代化的改革运动，它要改造的是以社区或部落为基础的传统草根伊斯兰的宗教实践，里面掺杂了地方性民间故事类的传说、圣徒、神圣的领袖，还有苏非派的种种神秘理论。然而，与16世纪新教改革不同的是，伊斯兰教极端主义缺乏圣书白话翻译的强大支撑。伊斯兰教极端主义者依然以《古兰经》的阿拉伯语文本为基础（这给马格里布的柏柏尔人造成了困难），并仍然坚持全球伊斯兰社团（umma）的普世观念。从现代政治语汇的角度来看，伊斯兰教极端主义明显是反动的。

在这方面，它与宗教极端主义福音派，或者应该说是灵恩派和强调顿悟的五旬节新教教派的飞速扩张有着深刻的不同。那类新教教派的壮大应该算是当今最具戏剧性的宗教形式的转变。像伊斯兰教一样，它在欧洲过去经历过工业革命的国家（但不包括世俗化程度较轻的美国），在东南亚和东亚国家，还有非洲、拉丁美洲、西亚及中亚地区扩大了原有的文化差距，甚至制造了新的差距。

它最惊人的增长发生在拉丁美洲的大片地区和大部分非洲地区，现在那里的灵恩派教徒比天主教徒更多也更活跃。另一方面，它对伊斯兰世界的影响则微乎其微，对亚洲其他地方（除了菲律宾，可能还有韩国和改革开放之后的中国）也影响不大。除了偶尔有中央情报局这类机构试图利用它在中美洲打击社会主义势力，否则它没有重要的政治势力的支持，这反而有利于它的扩张。然而，充当它扩张的先头部队的传教士主要来自北美，他们在传教的同时也带来了美国自身的经济和政治思想。虽然他们激烈地坚信上帝的旨意和《圣经》经文的微言大义必须传播到整个世界，但是灵恩派，尤其是五旬节教派，实质上应当算是分裂性的小教派，不是普遍的现象。

许多这类的教众集会都源于福音主义。开始时主要是处于社会边缘或底层的受压迫的穷人自动发起的草根运动，成员大多是妇女，在一些激进的基督教派中，有时妇女也担任领导职务。[11] 这些运动对性关系的解放（离婚、堕胎、同性恋以及饮酒）的根深蒂固的敌意可能会使当今的女性主义者吃惊，但这种敌意应该被视为意在维护传统的稳定，反对不可控制的和令人不安的变化。然而，福音主义者的公开言论给灵恩运动涂上了一层保守色彩。它所宣扬的个人奋斗和经济自我改善的价值观因再生的基督徒注定会成功的信念而进一步加强，这同样带有保守色彩。这似乎深得中国当局的欣赏，使他们认为五旬节派教徒在经济上是可以接受的。据报道，一位不知名的中国牧师说如果所有中国人都是福音派教徒的话，中国的经济会更加活力充沛。

不过，这些运动主要关心的不是它们所在社会的政治，而是要在对"再生"的集体体会的基础上建立或重建社区，这样的集体体会通常是经过个人强烈的精神感受和给人以感情上的满足，使人感到狂喜的仪式来达到的。这类仪式的基本要旨是治愈疾病和抵御邪魔的侵袭。对 10 个国家中的五旬节教徒的调查显示，拉丁美洲 77% 到 79% 的教徒和非洲 87% 的教徒都目击过神意治愈疾病的奇迹，巴西 80% 的教徒和肯尼亚 86% 的教徒亲身体验或目睹过驱魔。[12] 无师自通地"说外语"这种圣灵直接赐福的现象只表现在少数人身上，但教徒普遍深信不疑。最初，这样的群体对它们不满意的社会并不企图予以改造，而是想脱身出来自立门户，但由于它们人数众多，并还在迅速扩大，所以它们不可避免地成为国家政治中的重要因素。今天的情况与 19 世纪有所不同，那时摩门教徒可以逃往美洲大陆的广阔天地，而如今灵恩派教徒则一改过去的做法，力图劝使全国人民一同皈依。现在很少有人试图离开社会，建立自主的社区。

　　福音主义并非如美国圣经地带当前的政治状况所显示的那样，在政治上属于骨子里的坚定保守派。其实，它的文化保守性可以与多种多样的政治态度相结合。美国圣经地带粗野的白人——更不用说非裔美国人和拉丁裔美国人——一度是社会激进主义的同盟，在 1914 年前的俄克拉荷马州，他们甚至支持社会主义。[13] 在 19 世纪晚期规模最大的农村运动中，威廉·詹宁斯·布赖恩（William Jennings Bryan）激动人心的演讲响彻大草原和山地，动员人民起来反对那些想"把人类钉死在金子做的十字架上"的人，但在 1925 年著名的"猴子审判"中，他却坚决捍卫《创世记》的绝对原意，反对进化论。在其他地方，灵恩派和五旬节派教徒的政治立场和表现五花八门。在种族隔离的南非，他们不问政治；在皮诺切特掌权前的智利，他们在洛塔煤矿热情拥护社会主义；在危地马拉，身为五旬节教徒的将军对游击队大开杀戒；在巴西，"福音主义者"则同情左派，他们目前几乎已经占人口20％，这还不算数不胜数的其他专修来世的小教派。在非洲，1991年当选赞比亚总统的齐鲁巴先生宣布，他的国家受耶稣基督的统管，为启动这个进程，专门请了一群五旬节教派的牧师在总统府祛除邪祟。非洲五旬节派与古老的信仰盘根错节地纠缠在一起，建立在这个基础上的政治复杂异常，无法归入西方已有的类型。

"灵恩"派一词是1962年美国的一位教士创造的。这个时机并非偶然，因为以五旬节派为突出代表的这类运动就是在20世纪60年代开始扩大的。（它们自从20世纪中期出现后从未产生任何引人注意的效果，虽然第二次世界大战结束后它们在意大利的几个团体在乡村地区广受尊敬。在大规模农民动乱期间，它们也是受尊敬的，也许是因为它们的成员都有较高的文化程度，但更可能是因为它们是反对天主教会的。意大利共产党在农村的一些支部提议由基督复临安息日会教徒或五旬节派教徒担任支部书记，这使共产党的全国领导人大惑不解，认为此风不可长。）在60年代那个十年，更准确地说是自1965年以后，天主教会神职人员的人数也开始明显减少，在加拿大讲法语的魁北克省这个天主教传统的大本营，参加弥撒的人数从人口的80％锐减到20％。[14] 同在1965年，法国时装业的裤子产量第一次超过裙子产量。那也是非殖民化进程高歌猛进的时代，特别是在非洲。总而言之，那个时期旧有的确定性明显衰落，促使人们去寻求新的确定性。福音主义的灵恩派就声称它找到了这样的确定性。

在所谓的"第三世界"，史无前例的社会变动，尤其是大量人口从乡村向城市的迁徙，为人们皈依灵恩派提供了合适的条件。美国大部分信仰五旬节派的拉丁裔好像都是到了美国之后才皈依的。[15]

在一些国家中，战事连绵，加之新来移民通常落脚的棚户区（如巴西城市中的贫民窟）中暴力频发，这些都有力地推动了人们的皈依。所以，从 1967 年到 1970 年尼日利亚骇人听闻的比夫拉内战期间，伊博人蜂拥而起皈依五旬节派；[16] 在秘鲁，一个叫作"光明之路"的组织发起叛乱，遭到政府的残酷镇压，这在受影响的地区导致了盖丘亚印第安人的皈依潮。一位认识当地人的人类学家对这个过程做了非常精彩的描述和分析。[17]

简而言之，在给 20 世纪晚期和 21 世纪初带来巨大经济变革和危机的狂风骤雨中，许多过去的规矩被打得落花流水，亟须恢复失去了的确定性。全球化拆除了过去的诸多限制，世俗化造成了一种虚空，世界只是一群纯粹自我行动的个人，在自由市场中竞相争取自己最大的利益（如撒切尔夫人所说："没有社会这回事。"）。19 世纪社会学家提出的"共同体"或"社会"的概念填补不了这个浩大的虚空，由具体的人而不是抽象的统计群体组成的机构更无力膺此重任。我们在这个虚空中的位置是什么？我们在实际生活中处于人群中的什么地位？我们属于谁？属于什么？我们是谁？"认同危机"（identity crisis）一词是由一位心理学家发明，用来概括北美青少年成长过程中的不确定心态的。很说明问题的是，从 20 世纪 60 年代起，它的涵盖范围得到了扩大，变成在人际关系不断变化的世界中宣示甚至创造群体身份的驱策。确切地说，需要在我们对自己多重的自我描述中找出一个首要的身份，最好能囊括所有的自我描述。个人的宗教重生就是回答上述问题的一个办法。

至此应该已经清楚，基于宗教极端主义的政治的兴起和个人宗教的复兴都是 20 世纪末 21 世纪初的现象。1960 年以前，没有人注意它们，但到了 70 年代，任何人都不再能忽视它们。它们显然是那个十年间世界经济天翻地覆的变化产生的结果,而且这种变化现在仍在加速进行。[18] 它们深深地渗透入世界大片地区的政治,比如伊斯兰世界、非洲、南亚和东南亚,还有美国。它们咄咄逼人地高调宣传它们称为传统道德的价值观、家庭观念和两性关系,反对它们所谓的"自由主义"或"西方腐蚀"。这样的宣传现在在公共讨论中占据突出位置。它们有些所谓的传统是编造的(比如,某些地方的伊斯兰极端主义者宣扬仇视同性恋,其实那里过去男人之间的性关系相当普遍,当地人一直予以容忍,并不大惊小怪;另一个例子是在信仰基督教的农村地区限制生育)。对于批评圣书的学问和有损于它们论点的科学,它们满怀敌意,至少是高度质疑。不过总的来说,它们的各种努力算不上成功,只是在神权国家的权力或传统习惯的帮助下延缓了妇女的解放而已。

复兴的宗教极端主义有一个无法回避的矛盾,那就是在它兴起的世界中,人的生存所依靠的技术与科学基础与它格格不入,然而就连虔诚的信徒也离不了这个基础。如果当今的极端主义者遵从他们再洗礼教派前辈的逻辑的话,他们就该摒弃自他们的教派创办以来的一切技术革新,就像还驾着马车的宾夕法尼亚州的门诺派教徒一样。但五旬节派新皈依的教徒不仅不逃避谷歌和智能手机的世界,反而在里面如鱼得水。《创世记》的绝对真理在互联网上得到大肆宣扬。伊朗的神学政权把发展核力量作为国家未来的方向,而远在美国内布拉斯加州的作战室中,操纵着最先进的技术对伊朗的核科学家进行暗杀的人很可能是再生的基督教徒。在 21 世纪接连不断发生的地震和海啸中,谁能知道理性和东山再起的反理性将在什么条件下共存呢?

第十八章

艺术与革命

原题为"先锋派的变化",发表于《皇家艺术学院杂志》,2007年冬,第97期。

"欧洲的艺术和文化先锋派"这个称号始自1880年左右,它与19世纪及20世纪的极左派之间没有必然的或逻辑上的联系,虽然它们都自诩为"进步"和"现代"的代表,在范围和抱负上都是跨越国界的。19世纪80年代和90年代,新出现的(基本上追随马克思主义思想的)社会民主党人和激进左派对先锋艺术运动持同情支持的态度,那些运动包括自然主义、象征主义、艺术与工艺运动,甚至后印象主义。而先锋派艺术家也因同情专门帮助穷人和被压迫人民的党派而做出关于社会问题,甚至政治问题的相关表态。已经成名的艺术家也这样做过,像休伯特·赫科默(Hubert Herkomer)爵士(《罢工》,1890年)或最近展览中展出的伊利亚·列宾(Ilya Repin)的画作(《1905年10月24日》)。俄国的佳吉列夫(Diaghilev)移居西方之前牵头组织的"艺术世界"小组的成员的表现大约与这个阶段的先锋派相似。1905年到1907年间,著名肖像画家谢罗夫（Serov）也表明了自己的政治信念。

1914年之前的那个十年，巴黎、慕尼黑和哈布斯堡帝国的各个首府兴起的极富颠覆性的新先锋派把现代和革命的政治与艺术分离开来。稍后俄国的一大批女艺术家也加入了这个群体，最近的展览中有她们许多人的作品。

这批激进的创新者有着各种各样互相重叠的名称：立体主义者、未来主义者、立体—未来主义者、至上主义者等等。他们的艺术观点是对以前确立的艺术理论的颠覆；他们希望表达的意念是宇宙性的和（在俄国）神秘性的；他们对左派政治不感兴趣，与左派政治人物也基本没有接触。1910年后，就连年轻的布尔什维克诗人和剧作家弗拉基米尔·马雅科夫斯基也一度脱离了政治。如果1914年前的先锋派艺术家还阅读哪位思想家的著作的话，他们会读哲学家尼采的著作，而不是马克思；尼采的政治思想推崇的是精英和"超人"，不是大众。1917年，新的苏维埃政府对一些艺术家委以要职，但他们之中只有一个似乎加入过社会主义的政党，他就是犹太工人总联盟成员戴维·施特伦伯格（David Shterenberg，1881—1938）。

另一方面，社会主义者致力于把艺术带给广大劳动人民，但他们心目中的艺术是有教养的中产阶级的高等艺术，对新先锋派那些莫名其妙的发明他们心怀疑惑。至多有一两个领军人物，如布尔什维克记者阿纳托利·卢那察尔斯基（Anatoly Lunacharsky），虽然自己不为所动，但对时代的思想和艺术潮流有足够的敏感，认识到即使是非政治或反政治的艺术革命派也可能对未来有一定的影响。

从1917年到1922年，中欧和东欧的艺术先锋派大批倒向革命的左翼，后来组成了紧密的跨国网络。这种情况发生在德国可能比在俄国更令人吃惊，因为俄国当时就像"泰坦尼克号"巨轮一样，人们随时都等待着革命的冰山出现。与德国和哈布斯堡帝国不同，俄国对第一次世界大战的嫌恶并不明显。先锋派的两个偶像，诗人弗拉基米尔·马雅科夫斯基和画家卡西米尔·马列维奇（Kasimir Malevich），在 1914 年还制作过通俗的宣传爱国主义的海报；是俄国革命激励启发了他们，使他们开始关心政治，正如这场革命激励了德国和匈牙利的艺术家一样。俄国的艺术家也是因为这场革命而受到国际瞩目，使俄国直到 20 世纪 30 年代都稳居艺术现代化的中心。

革命把俄国的新先锋派艺术家放到了非常独特的权力位置上，他们在阿那托利·卢那察尔斯基这位负责启发民智的人民委员的仁慈管理下发挥着重要的影响力。对他们唯一的限制是政府坚持维护高等文化的遗产和制度，而大多数先锋派，尤其是未来主义者，本意是要把传统的东西一扫而空。（1921 年，莫斯科大剧院芭蕾舞团差一点儿关门。）别的艺术家也没有几个人支持苏维埃政权的艺术观。（列宁曾问："难道没有可靠的反未来主义者吗？"）夏加尔（Chagall）、马列维奇（Malevich）和利西茨基（Lissitzky）担任艺术学院的领导，建筑家弗拉基米尔·塔特林（Vladimir Tatlin）和话剧导演弗谢沃洛德·梅耶霍尔德（Vsevolod Meyerhold）则掌管有关部委的艺术部门。过去已经死亡，艺术和社会可以在一张白纸上重新创造。似乎没有做不到的事。生活和艺术，创造者和大众通过革命融为一体，不再各不相关，也不再能彼此分开，这个梦想每天都能在街道和广场上得到实现，正如苏联电影所表现的那样，老百姓自己就是艺术的创造者，他们对专业演员则抱有（刚刚出现的）怀疑。先锋派作家兼批评家奥西普·布里克（Osip Brik）一言以蔽之："每个人都应该是艺术家。一切事物都能成为纯艺术。"

"未来主义"这个词涵盖的范围很广,后来被称为"构成主义者"的人[塔特林、罗德琴科(Rodchenko)、波波娃(Popova)、斯捷潘诺娃(Stepanova)、利西茨基、纳奥姆·伽勃(Naum Gabo)、佩夫斯纳]在追求它的目标方面最为坚持不懈。这个团体在电影[吉加·维尔托夫(Dziga Vertov)和爱森斯坦(Eisenstein)]和戏剧界(梅耶霍尔德)也颇有影响;由于这些人的努力,通过塔特林的建筑学思想,俄国先锋派才对世界其他地方产生了如此重要的影响。密切相连的俄国-德国运动是从 1917 年到冷战之间对现代艺术影响最大的运动,其中俄国先锋派是主导的一方。

他们遗留下来的激进主张至今仍然是电影剪辑、布景、摄影和设计的基本技术。塔特林关于第三国际纪念碑的构思、利西茨基的《红色楔子》、罗德琴科的蒙太奇和摄影作品,或爱森斯坦的电影《战舰波将金号》——在他们这些杰作面前,几乎不可能不为之振奋激动。

他们在革命胜利初期的作品少有留存,没有他们设计的建筑物。务实的列宁认识到了电影的宣传潜力,但内战期间的封锁把所有电影都挡在了苏联的领土之外,结果,(1919 年成立的)莫斯科国家电影学院的学生在列夫·库列绍夫(Lev Kuleshov)的指导下,只好把旧有的电影胶片剪辑再剪辑,以此来学习新的蒙太奇艺术手法。1918 年 3 月,政府的一道法令要求拆除旧政权的纪念碑,建造革命和进步的世界英雄人物的塑像,以激励教育没有文化的民众。在莫斯科和彼得格勒建起了大约 40 座这类的塑像;但因它们大多是用石膏匆匆而就,所以保存下来的寥寥无几,也许这反而是好事。

先锋派满腔热情地投入街头艺术之中。他们在墙上和广场上,在火车站和"不断加速的火车"上写标语,画壁画,还为革命庆祝活动创造艺术品。这些艺术活动由其性质所决定是应时的；不过，马克·夏加尔在维帖布斯克组织的一次活动却被认为政治性不够强；另一次这样的活动引起了列宁的抗议，因为克里姆林宫外的树木被涂上了难以清除的蓝色油漆。这些活动留下来的只有几张照片和关于可移动的讲台、报刊亭、纪念活动用的装置这类东西的惊人设计，包括塔特林著名的共产国际纪念塔的一张照片。在内战期间，唯一得到充分利用的创造性视觉艺术可能就是戏剧了，它从未有过间断，但舞台表演本身就是转瞬即逝的，尽管有时舞美设计会保存下来。

内战结束后，1921年到1928年的苏联（俄）推行对市场友好的新经济政策，这大大扩张了新艺术家的挥洒空间，先锋派的想法因此而从原来乌托邦式的幻想变得更加实际可行，尽管代价是造成了先锋派的四分五裂。共产党中坚持完全为工人阶级服务的**无产阶级文化**的极端分子对先锋派发起攻击。先锋派内部像纳奥姆·伽勃和安托万·佩夫斯纳这样倡导精神纯粹和彻底革命的艺术家，谴责那些想把艺术应用于工业生产，终结在画架上作画的"生产主义者"。这又导致了进一步的个人和专业的冲突，就是在这样的冲突中，维帖布斯克派的夏加尔和康定斯基败北，马列维奇胜出。

苏联与西方——主要是通过德国——的联系不断增多，有几年的时间，几位先锋派艺术家在欧洲各国自由出入。有些人［康定斯基、夏加尔、尤利乌斯·埃克斯特（Julius Exter）］后来留在了西方，加入了冈察洛夫（Goncharova）和拉里奥诺夫（Larionov）这些聚集在佳吉列夫身边、在革命前就移居海外的人的行列。总的来说，俄国先锋派创作最主要的持久性成就发生在20世纪20年代中期，突出的有俄国新"蒙太奇"电影的成功，吉加·维尔托夫的《电影眼睛》和爱森斯坦的《战舰波将金号》，罗德琴科的肖像摄影，还有一些（没有落实的）建筑设计。

20世纪20年代晚期之前，苏联共产党尽管不喜欢先锋派，但并未全心全意地打击过它，原因之一是先锋派对"群众"的吸引力实在是微不足道。先锋派得到保护不仅因为有从1917年到1929年一直在位的开放派卢那察尔斯基和文化教养较高的布尔什维克领导人，如托洛茨基和布哈林，还因为新生的苏联政权需要安抚不可缺少的"资产阶级专家"，这些受过良好教育但基本上不信共产主义的知识分子是艺术家——包括先锋派艺术家——的核心受众。1929年到1935年间，斯大林虽然维持了这些人相对优厚的物质条件，但迫使他们完全服从于权力。他这场无情的文化革命意味着1917年先锋派的完结；社会现实主义成为强制性的艺术形式。施特伦伯格和马列维奇沉默噤声；塔特林的展览被禁，只能退回戏剧界；利西茨基和罗德琴科向摄影杂志《苏联建设》寻求栖身之地；吉加·维尔托夫落得只能做新闻影片剪辑的工作。大部分先锋派视觉艺术家比1917年保护了他们的布尔什维克革命家幸运，他们熬过了斯大林的恐怖得以幸存，但他们湮没在俄国博物馆和私人收藏中的作品却似乎永远尘封在被人遗忘的角落。

然而，我们今天仍然生活在基本上是他们在革命后的十年间所发明的视觉世界中。

第十九章

艺术与权力

原为《艺术与权力：独裁者统治下的欧洲，1930—1945》(Art and Power : Europe under the Dictators, 1930—1945, 伦敦泰晤士与赫德森出版社1995年出版)一书的"前言"。

尽管权力与艺术的关系并不总是一帆风顺，但自从古埃及以来，艺术就一直被用来加强政治统治者和国家的权力。本次展览展示的所谓"独裁者的欧洲"从1930年到1945年间的历史可能是20世纪中最令人痛苦的一段时间。

第一次世界大战之前一个世纪的时间内，人们一直充满信心地认为，欧洲在向着政治自由化、公民权利和选举的宪政政府——尽管不一定是共和国——稳步前进。1914年前不久，就连民主也在迅速进步，当时民主的含意是由所有成年男子投票选举政府，女子尚无投票权。第一次世界大战似乎大大加速了这一进程。大战结束后，除了陷于内战、爆发了革命的苏维埃俄国之外，欧洲各国的政府都建立了这样或那样的议会制。然而，政治发展的方向几乎立即发生了扭转。欧洲以及世界大部分地区与政治自由主义渐行渐远。到第二次世界大战中间的时候，两次大战之间的 65 个主权国家只剩下 12 个还有点儿宪政选举政府的影子。除了俄国，右派政权遍地开花，它们从根本上就敌视民主。在俄国一枝独秀的社会主义政权在理论和用词上都标榜民主，实践中却是没有任何限制的独裁政权。

这次展览涉及的大多数政权都自觉地、有意地与过去决裂。至于是与右派政治还是左派政治决裂，这一点并不太重要——在欧洲以外的地方，如凯末尔·阿塔图尔克的土耳其，右派和左派的标签有时毫不相干。重要的是这样的政权认为自己的作用不是维持或恢复，甚至改善社会，而是改造和重建社会；它们不是老房子的房主，而是新房子的建筑师。同样重要的是，它们的领导人都掌握着，或后来得到了，绝对权力，他们的命令就是法律。另外，虽然这样的政权与民主背道而驰，但它们都声称来自"人民"，借助"人民"，并领导和教育"人民"。在这样的政权里，权力不仅对艺术要求巨大，而且艺术也无法逃脱政治当局的要求和控制。这个时期艺术与权力的展览的主要内容为希特勒时期的德国（1933 年到 1945 年）、斯大林时期的苏联（1930 年左右到 1953 年）和墨索里尼时期的意大利（1922 年到 1945 年），这不会令人惊讶。

然而，不能忽视那些政府正在遭到颠覆的国家的公共艺术。所以，展览的起始点非常恰当地选在一次各个国家及其艺术公开互竞高低的场合，那就是 1937 年的巴黎世界博览会，它也是第二次世界大战之前，自 1851 年在伦敦滥觞的一系列博览会中的最后一次。世界博览会大概应该算是资产阶级自由主义时代艺术与权力合作的最典型的形式。举办国当然脸上有光，就像今天主办奥运会一样，但世界博览会庆祝的不是国家，而是公民社会；不是政治权力，而是经济、技术和文化成就；不是国家间的冲突，而是共存。它从集市发展而来［美国办的博览会就叫"世界集市"（World Fairs）］，并不建造永久性的结构，虽然留下了一些纪念碑，埃菲尔铁塔是其中突出的例子。

博览会上的小型"国家"馆始自1867年，逐渐引人注目，发展成国家间的公开竞争。1937年，国家馆占据了完全统治的地位。在那届世界博览会上，38个国家馆争奇斗艳，为有史以来最多，也是主权国家所占全部展出比例空前绝后最高的一次。几乎所有国家的展览都包含政治方面的内容，哪怕只是宣传它们"生活方式"和艺术的优越之处。博览会本身是为了给法国增光，当时在法国执政的是左派的人民阵线，总理首次由一位社会主义者担任。那次博览会最永久的纪念可能就是毕加索的油画《格尔尼卡》。不过，1937年世界博览会中的重量级展览是德国和苏联的国家馆，这在当时就很清楚，如今回过头去看更是明显突出，这两个有意显示象征意义的宏大的国家馆只隔着一条走廊彼此对峙。

权力通常对艺术有三条首要的要求，绝对权力的要求规模更大于权力有限的当局。第一条是要艺术表现权力本身的荣耀和胜利。自从罗马帝国以来。纪念战争胜利的宏伟拱门和圆柱就是这一类的艺术，它也是西方公共艺术的主要典范。在伟人的时代，权力的抱负和野心不是靠单个的建筑物来表现，而是显示在由伟人所规划或在伟人手中实现的恢宏的建筑规模上；不是一座建筑物或纪念碑，而是巨大的集合体——对整个城市甚至整个地区重新规划，比如，意大利本来没有几辆小汽车，但首先修建了高速公路。这样的工程最能表现对国家和社会的有计划的改造。权力要求艺术展示的是耀武扬威和宏伟壮观。

艺术在权力下的第二个主要职能是把权力组织成一场大戏。仪式和典礼对政治进程来说不可或缺。随着政治的民主化，权力日益成为公共戏剧，民众则是观众。独裁者时代又发明了把民众组织起来也参加演戏的做法。修建笔直宽阔的大道以供世俗的政治活动之用，这主要是19世纪的事，这方面一个晚期的典型是1911年修建的伦敦林荫大道，能从海军拱门一眼望到白金汉宫。为激励或表现民众的爱国热情而建造的不仅是国家纪念碑，还有包括越来越多用于举行特别活动的场地。罗马的威尼斯广场自然是为丑陋的埃曼纽尔二世纪念堂所建，但它对墨索里尼同样重要，因为这给他提供了让他大放厥词的场所。公共娱乐，特别是大众体育的兴起又带来了另一种专供大众宣泄感情的公共场所和建筑，那就是体育场。这样的公共场所可以并确实为权力所用。希特勒就在柏林体育场做过演讲，他也发现了1936年奥运会可资利用的政治潜力。

艺术在这个领域中对权力的重要性与其说在于修建馆所场地，不如说在于那些馆所场地之内和之间所进行的活动。权力要艺术在封闭的空间内提供表演，策划复杂的仪式（自19世纪晚期以来，英国人在发明皇家仪式方面特别能花样翻新）；在开放的空间则要求上演队列行进或大型团体操。开放的空间是掌权者展示军政综合权力的理想舞台。至于工人游行、大型舞台演出和1914年前由意大利年轻的电影业开辟的史诗电影对大型团体操有什么启发和贡献，还有待充分的调查研究。

艺术为权力提供的第三项服务是教育性或宣传性的：它可以教授、传播、培养国家的价值观体系。在公众参与政治的时代之前，这些职能通常由教会和其他宗教机构行使，但在19世纪，它们逐渐由世俗政府承担起来，最明显的就是通过公共初级教育的手段。独裁政权在这个领域没有发明新的东西，只是禁止了表达不同意见的声音，强制民众接受国家的正统。

关于一种传统的政治艺术形式需要多讲两句，哪怕只是因为它正在迅速地消亡，那就是纪念碑式的公共塑像。法国大革命前，公共塑像只限于王公和寓言人物的形象，但到了19世纪，它成了通过伟大的人物来显示国家历史的户外博物馆。（没有女子的塑像，除非是皇家成员或作为某种意义的象征。）这类塑像的教育价值显而易见。19世纪的法国把艺术纳入公共教育部管辖之下，这可不是随便做出的决定。同样，俄国1917年革命之后，为了教育基本上目不识丁的民众，列宁建议在城市显眼的地方，特别是在士兵可以看得到的地方树立合适的人物塑像，如但丁、加里波第、马克思、恩格斯、黑格尔、赫尔岑，以及一些诗人和别的名人。

所谓的"塑像狂热"在1870年到1914年间达到顶峰，这段时间内巴黎新建了150座雕像；相比之下，从1815年到1870年间一共才树立了26座，而且主要是军人像，并在1870年后几乎全部被拆光。（1940年到1944年间德国统治法国时，维希政权又拆除了75座代表着文化、进步和共和国的光荣的雕像。）但第一次世界大战后，除了现在普遍的战争纪念碑以外，青铜和大理石雕像这类艺术形式明显过时。它们所代表的象征和寓言的丰富视觉语言对20世纪的大多数人来说就像古典神话一样深奥难懂。在法国，1937年巴黎市政理事会担心，"在有天分的艺术家和有品位的行政官员提出的项目建议中，强制性的纪念性雕塑可能成为沉重的负担"。只有苏联遵照列宁的话，继续无条件地支持建造公共雕像，包括由工农兵和武器环绕的有象征意义的巨大纪念碑。

权力需要艺术，这一点毋庸置疑。但需要什么样的艺术？第一次世界大战爆发的前几年，艺术的"现代主义"革命造成了重大问题，因为它产生的风格和作品有意地与19世纪的品位背道而驰，而当时大多数人的艺术鉴赏品位恰恰是植根于19世纪的。因此，保守的，甚至是一般开明的政府都不能接受这样的艺术。热诚地摈弃过去，欢呼未来的政权似乎本应对先锋派艺术处之泰然才是，但是这里存在着两个不可逾越的障碍。

第一个障碍是艺术的先锋派不一定是政治上左派或右派激进分子的同路人。苏联革命和对战争的普遍憎厌也许吸引了很多人转向激进左派，可是一些最有才华的文学作家在政治上却是极右派。德国纳粹称魏玛共和国的现代主义为"文化布尔什维克主义"并非完全没有道理。因此，纳粹主义预先注定就是反先锋派的。在俄国，1917年前大部分先锋派艺术家不问政治，或对十月革命心怀疑虑；与1905年的革命不同，十月革命没有大力争取俄国知识分子的支持。不过，多亏阿纳托利·卢那察尔斯基这位宽容理解的人民委员，先锋派得到了保全，当然条件是艺术家不能积极反对革命；先锋派有几年因此而大红大紫，虽然它的几个在政治上不那么投入的明星逐渐转向了西方。20世纪20年代的苏俄生活贫困，但文化却生气勃勃。斯大林掌权后，情况即急转直下。

唯一对现代主义相对可以接受的独裁政权是墨索里尼政府（墨索里尼的一个情妇自认为是现代艺术的赞助者）。当地艺术先锋派的一些重要分支（如未来主义派）其实是赞成法西斯主义的，政治上不过分"左倾"的意大利知识分子大多数也觉得法西斯主义并非不可接受，至少在西班牙内战爆发，墨索里尼因袭了希特勒的种族主义之前。的确，意大利先锋派如同当时大部分意大利艺术一样，形成了一种有些与世隔绝的地方性文化。尽管如此，也不能说它在意大利占据了主导地位。世界后来发现了意大利精彩卓绝的建筑艺术，但当时它完全没有出头的机会。正如在希特勒时期的德国，法西斯政府认可的建筑风格不是别出心裁、卓有新意的，而是虚荣浮华、炫耀张扬的。

第二个困难是现代主义是少数人欣赏的艺术，而政府是要走民众路线的。无论是出于意识形态的理由，还是为了实际的原因，政府都更喜欢公众能够欣赏，或至少能够理解的艺术。然而，这对创造性的艺术人才来说从来不是最重要的考虑因素，他们热衷的是发明、试验新的东西，经常要挑衅那些欣赏官方画廊和学院中艺术品的观众的审美观。权力和艺术最大的分歧在于绘画，因为政府鼓励老派的、经院式的，或至少是现实的风格，最好再把规模加以扩大，表现出英雄和感伤之类陈词滥调的意境——在德国甚至还包括加上一点儿男性的色情幻想。即使在思想开放的意大利，官方艺术奖"克雷蒙纳奖"（Premio Cremona）1939年的获奖作品（有79位竞争者）也几乎可以成为任何独裁国家公共绘画的典型。这没有什么奇怪的，因为那幅获奖作品的题目是"在收音机旁聆听领袖的讲话"。

建筑没有像绘画那样导致权力和艺术间如此激烈的冲突，它不涉及如何表现现实的问题，因为它自己就是现实。然而，在一个重要的方面，权力和现代主义建筑（阿道夫·卢斯不是宣称"装饰即犯罪"吗？）仍然是民粹主义政权和面向大众市场的商家一整套艺术工具的一部分。伦敦和莫斯科的地铁就是明证。建造莫斯科地铁可能是斯大林时期的苏联最大的艺术举措，而伦敦地铁由于一位开明的管理人的支持和决定，则成为去尽雕饰、简单明了、注重功能的现代主义在两次世界大战之间的英国最大的展示橱窗，远远超前于公众的品位。莫斯科地铁站台开始时还有构成主义派建筑家的设计，但后来越来越成为充斥着大理石、孔雀石和华丽装饰的地下宫殿。在某种意义上，它们相当于20世纪20年代和30年代西方城市修建的装饰艺术风格和新巴洛克式的巨型电影院，只是规模宏大得多而已；西方那些电影院有着同样的目的：让个人生活中与奢侈无缘的男男女女在那一刻共同感到那些奢侈华丽是属于他们的。

甚至可以说，大众头脑越简单，装饰对他们的吸引力就越大。这种风格在战后斯大林主义的建筑中达到顶峰，早期苏联现代主义的残余被彻底扫清，建筑回到了19世纪的品位上去。

对独裁政权的艺术该如何评判呢？比起魏玛共和国（1919—1933年）和1930年前的苏联，在斯大林时期的苏联和德国的第三帝国，文化成就直线下降。在意大利，对比没有那么强烈，因为法西斯政权上台前，意大利的文化创作并非特别兴旺，而且与20世纪20年代的德国和苏联不同的是，意大利不是主要的国际潮流引导者。固然，法西斯主义的意大利没有像纳粹德国、斯大林时期的苏联和佛朗哥时期的西班牙那样，把有创造力的人才大批赶走，迫使留在国内的人沉默噤声，或者像斯大林时期最可怕的那几年那样，把他们从肉体上消灭。尽管如此，与1945年后意大利的文化成就和国际影响相对比，意大利的法西斯时代在这方面仍然乏善可陈。

这样看来，独裁时期权力所摧毁或压制的比所成就的明显得多。独裁政权有效地压制了它们不喜欢的艺术家，不许他们创作不合意的作品，却又难以找到出色的艺术来表达它们的抱负。通过建造大厦和纪念碑来庆祝自己的权力和荣耀的做法古已有之，独裁政权也基本上沿用了这方面的传统手法。可是，想一想两位拿破仑的巴黎、18世纪的圣彼得堡或19世纪中叶资产阶级自由主义的伟大凯歌——维也纳的环形大道，即可看到独裁者的时代并未产生能与之比肩的官方建筑、场所和景观。

利用艺术表现独裁者改变国家的意图和能力则更为困难。最容易的办法是建造全新的首都，如19世纪的华盛顿和20世纪的巴西利亚，但欧洲文明的悠久历史使独裁者难以在这方面另起炉灶。（唯一的例外是在安卡拉大展宏图的凯末尔·阿塔图尔克。）实施这种手段的最佳人选是工程师，不是建筑家和雕塑家。苏联改天换地的雄心的真正象征是第聂伯河大坝，以它为题的摄影作品不计其数。苏联时代最持久的石头纪念碑（除了具有前斯大林时代的明显特征，现仍矗立在红场的列宁墓以外）应非莫斯科地铁莫属。至于各种艺术，它们对表现苏联远大抱负的最出色的贡献是（斯大林时期之前）20世纪20年代的苏联电影，包括爱森斯坦和普多夫金的电影，以及V.图林摄制的从土耳其到西伯利亚的铁路修建的史诗性纪录片，可惜这部纪录片遭到了不公正的忽视。

但独裁者也想让艺术表现他们理想中的"人民"，最好是表现人民对政权的忠心或支持。这造成了一大批蹩脚之极的画作，它们千篇一律，彼此之间主要的区别只在于画中不同的国家领导人的不同面孔和服装。文学的情况没有那么糟糕，但也没有什么值得回顾的作品。不过，摄影，特别是电影摄制，倒是相当成功地达到了权力在这方面的要求。

最后，独裁者力图让国家历史为己所用，必要时不惜编造神话。意大利法西斯主义的参照物是古罗马；希特勒时期的德国把条顿森林中种族纯正的野蛮人与中世纪的骑士传统合而为一；佛朗哥时期的西班牙选择的则是驱逐了异教徒、抵制了路德、大获全胜的天主教统治时期。苏联要利用沙皇的遗产有些困难，毕竟发动革命是为了消灭沙皇，但最终斯大林还是动用了沙俄的历史，尤其是反对德国人的历史。不过，苏联欲借历史的延续以跨越想象出来的世纪，在这一方面总是不如在右派的独裁政权上来得得心应手。

　　在这些国家中，权力的艺术有多少存留了下来呢？在德国少得惊人，在意大利多一些，可能最多的是在苏联（包括恢复了圣彼得堡战前的富丽堂皇）。只有一样东西在这些国家中都已不复存在，那就是权力动员艺术和民众制造公共戏剧效果。这是1930年至1945年间权力对艺术最严重的影响，政府经常使用这种手法举行公共仪式；那些政权的垮台也意味着这种手法随之消失。纽伦堡大集会、"五一"节庆祝活动和红场上革命纪念日的游行，这些代表着权力对艺术的中心要求。那些仪式随着那种权力的消亡而永远逝去。借表演政治立国的国家表现了它们及权力的傲慢自大。如果演戏的国家能够延续，戏就必须演下去。但那些国家最终灭亡了。大幕已经降下，再也不会重新拉开。

第二十章

先锋派失败了

摘自《时代的落伍者：20世纪先锋派的衰落和失败》(*Behind the Times: The Decline and Fall of the Twentieth-Century Avant-Gardes*，伦敦泰晤士和赫德森出版社1998年出版)。

在过去的世纪中占主导地位的各种艺术先锋派运动万变不离其宗，根本的立论是艺术与社会的关系发生了根本性的变化，过去看世界的方法不再管用，必须找到新办法。这一立论没有错。我们看世界和理解世界的方法确实发生了革命性的变化。然而，我的核心论点是，在视觉艺术中，先锋派的各种尝试没有，也不可能达到它声称要达到的目的。

稍后我将详解为何在所有艺术形式中，视觉艺术遇到的困难尤其大。无论如何，各种先锋派艺术明显地失败了。经过了从1905年到20世纪60年代中期半个世纪为彻底改变对艺术的思考所进行的种种实验后，终于放弃了这方面的努力，留下的各种先锋派沦为艺术市场销售的一个次级部门，或者说，容我引用我那本关于20世纪历史的小书《极端的年代》中的话，是"逐渐逼近的死亡的气息"。在那本书中，我还探讨了这到底是只意味着先锋派的消亡，还是也意味着自文艺复兴以来得到公认和实践的视觉艺术的完结。不过在这里，我不打算触及这个范围更广的问题。

为免误会，首先要说明一点。此文并非对20世纪先锋派的审美评判，这个词本身的意思就很模糊——亦非对技术和才能的评价。它与我本人对艺术的品位和喜好无关，讲的是我们这个世纪那种曾被包豪斯学院的莫霍伊–纳吉（Moholy-Nagy）描述为"限于画框中和台座上"[1]的视觉艺术的历史性失败。

这个失败是双重的。首先是"现代性"的失败。"现代性"一词出现于19世纪中期，其纲领性主张为，当代艺术必须如蒲鲁东对库尔贝的评论所说，是"对时代的表现"。或者用维也纳分离主义运动的话说，"每个时代都需要自己的艺术，艺术则需要自己的自由"（Der Zeit ihre Kunst, der Kunst ihre Freiheit）。[2] 艺术家有自由按自己的心意做事，不管别人想要他做什么，这个自由对先锋派来说，同现代性一样，具有中心意义。现代性是艺术一贯的追求，每一个时代的艺术都必须与以前有所**不同**。在一个相信不断进步的年代中，这似乎把艺术和科学技术等同了起来，好像表现时代的新方法必定比以前的**优越**；这样的类比站不住脚，事实也显然不是这样。对于"表现时代"的确切含义到底为何以及应该如何表现都没有一致意见。尽管艺术家同意这个世纪实质上是"机器时代"，或像皮卡比亚（Picabic）1915年在纽约所说的，"通过机器，艺术应当找到最生动的表现"，[3] 或"新艺术运动只有在吸收了大城市的节奏和工业的金属素质的社会中才能存在"（马列维奇），[4] 但他们对上述两个问题提出的见解大部分都无关宏旨或属于纸上谈兵。立体派艺术家在绘画中弃生物的柔和线条而取几何图形，使奥尔特加·加塞特（Ortega y Gasset）大不以为然。有的人把工业社会的制品粘在油画上。达达派的约翰·哈特菲尔德得知俄国构成主义者[5]发明了新"机器艺术"后受到启发，用工业元件组装成讽刺作品《电子机械塔特林形状》，并向公众展出。对这些艺术家来说，除了他们的各种探索之外，现代性是否还有更多的含义呢？现代性是否只是莱热受机器启发创作出的那些精彩绝伦的画作？未来派聪明地不碰真正的机器，而专注于创造出节奏和速度的印象；让·科克托则是用诗歌的音步和押韵来形容机器的节奏。[6]简而言之，在绘画或非实用的制造中表达机器-现代性（machine-modernity）的五花八门的手法彼此没有任何共同之处，只除了它们都用"机器"这个字，可能也大多倾向于取直线而弃曲线，不过也并非一贯如此。各种新的表现形式中，没有一个具有强大的逻辑特征，所以不同的流派和风格才得以共存，却无一持久，艺术家转变风格如同换衬衫一样容易。"现代性"寓于变化的时代，不存在于企图表现时代的艺术之中。

第二个失败在视觉艺术中比在其他艺术形式中严重得多。可以日益清楚地看到，小幅画作为自文艺复兴以来绘画的主要媒体，在技术手法上已经不再能"表现时代"，或与履行其传统职能的新手法相竞争。20世纪视觉艺术先锋派的历史就是一部努力跟上技术前进的奋斗史。

也许可以说绘画和雕塑在另一个方面也处于劣势。20世纪文化生活日益常见的一个现象是大量多元或集体的、充满动作的表演，从一个极端的大歌剧到另一个极端的电影、录像和摇滚音乐会，而绘画和雕塑在其中是最不重要或最不突出的组成部分。对此体会最深切的莫过于先锋派。从新艺术开始，先锋派秉承未来派的理念，热诚地相信应打破阻隔颜色、声音、形状和文字的高墙，实现艺术的大一统。如同瓦格纳的艺术作品所表现的那样，音乐、文字、姿势、照明承载着情节和行动，静态的形象只是背景。电影从一开始就依赖书籍，还延请了诸如福克纳和海明威这样卓有文名的作家编写剧本，尽管效果通常并不理想。20世纪绘画对电影影响有限（除了专门的先锋派电影），只是魏玛时期的电影里有一些印象派的影子，再就是爱德华·霍珀拍摄的美国房屋对好莱坞布景设计有一定的影响。最近的《牛津世界电影史》中有"音乐"的条目，但除了动画片外对绘画只字未提（而罗伯特·休斯的《美国视野：美国艺术史史诗》中并不包括动画片），这不是偶然的。与文学作家和古典音乐作曲家不同，主流艺术史上有名的画家没有一个角逐过奥斯卡电影奖。唯有在芭蕾舞这一集体艺术中，画家，特别是自佳吉列夫之后的先锋派画家，是真正作为合作伙伴，而非打下手的小工参加的。

然而，除了这一劣势以外，视觉艺术都有哪些特别的困难呢？

要研究20世纪中绘画和雕塑这两项非实用视觉艺术，首先要明白它们是属于少数人的艺术。1994年的最后一个季度，这个国家有21%的人至少参观过一次博物馆或美术馆，60%的人每周至少读一次书，58%的人每周至少听一次录音，而96%的人常看电视，可以假定他们经常在电视上看电影或与电影等同的节目。[7]至于艺术的实践，1974年，法国只有4.4%的人把绘画和雕塑作为业余爱好，15.4%的人说他们的业余爱好包括玩一种乐器。[8]当然，绘画和雕塑的问题很不一样。对绘画的需求基本上都是为了私人消费。壁画这样的公共绘画在我们这个世纪只是偶尔轰动一时，墨西哥是个突出的例子。这就限制了视觉艺术作品的市场，除非它们挂靠受众更多的产品，如录音带封套、期刊封面和书的护封。不过，随着人口的增长和民众收入的增加，这个市场没有注定的理由会必然收缩。相比之下，对**雕塑**艺术的要求却是公共性，而非私人性的。雕塑艺术的问题是，它们的主要产品在我们这个世纪失去了市场，公共纪念碑不再修建，现代派建筑家则拒绝对建筑物或空间进行任何装饰。记得吗？阿道夫·卢斯说过，"装饰即犯罪"。在1914年前的高峰时期，巴黎平均每10年竖起35座新纪念碑；自那以后，雕塑遭遇浩劫；第一次世界大战期间巴黎有75座雕像被拆毁，使整个城市变得面目全非。[9] 1918年后修建战争纪念碑的巨大需求，独裁政权期间各种雕塑的大量兴建，这些都没能扭转世俗需求下滑的趋势。所以，雕塑艺术的危机与绘画的危机有所不同，在这里我不再多说，尽管有些意犹未尽。关于建筑艺术也无暇在此多谈，只能顺便提一句，它基本上没有受到困扰着其他视觉艺术的问题的影响。

但还有一点也要明白，视觉艺术是所有创造性艺术形式中最受技术老化影响的。它们特别是绘画，在瓦尔特·本雅明所谓的"机械复制时代"没能找到应对的办法。自从19世纪中叶，先锋画派即开始有意识地进行尝试，虽然当时"先锋派"一词尚未进入艺术的语汇。那时他们就认识到自己面临以照相机为代表的来自技术的强劲竞争，也知道己方必败。早在1850年，一位对摄影术的保守批评家就指出，它一定会严重危及"艺术的若干分支，如版画、石印画、风俗画和肖像画"。[10]大约60年后，意大利未来派艺术家博乔尼主张，当代艺术必须以抽象手法，或者说以对客观的升华作为表达方式，因为"传统的表现方法现在已经被机械手段所取代"。[11]达达派的维兰德·赫茨菲尔德宣布说，达达派不会与照相机一争高下，也不会像印象派那样试图变成有灵魂的照相机，印象派相信人的眼睛，但其实它是最不可靠的镜头。[12] 杰克逊·波洛克在 1950 年说，艺术必须表达感情，因为表现物体形象的任务现在交给照相机了。[13] 20 世纪直到如今的几乎每个十年都有类似的例子。正如 1998 年蓬皮杜艺术中心的负责人所说："20 世纪属于摄影，不属于绘画。"[14]

哪怕只是粗粗浏览过艺术书刊的人都熟知上述的论点，这里说的艺术指自文艺复兴以来西方传统意义上的艺术，因为这些论点显然不适用于不涉及模拟或其他表现方式的艺术，也不适用于追求其他的目的的艺术。这些论点自然都言之有理，但是在我看来，20 世纪传统艺术在技术面前节节败退还有一个同样有力的原因，那就是视觉艺术家一贯使用，且难以或无法摆脱的生产方式。他们用手工生产出独一无二的作品，除非使用同样的方法，否则不可能一点儿不差地复制出来。事实上，理想的艺术品应当是完全不可复制的，因为上面的签名和它的历史确定了它的独一无二。当然，专门设计成可以用技术手段复制的作品有很大的潜力，包括很大的经济潜力，但出自一位创造者之手，独此一件的产品仍然是高等视觉艺术和高等"艺术家"地位的基础，以此有别于娴熟的工匠或"枪手"。先锋派艺术家也坚持捍卫他们作为艺术家的特殊地位。时至今日，画家的地位几乎还是与他们画作的大小成正比的。这样的生产模式典型地属于一个赞助艺术，或少数人竞相炫富的社会，真正利润丰厚的艺术品贸易也确实仍然依靠这样的少数人。但是，在不是依靠几个人或几十个人的需求，而是依靠成千上万，甚至几百万人的需求的经济中，这种生产模式就严重地水土不服；简而言之，它与 20 世纪的大众经济格格不入。

其他艺术形式都没有受到这个问题如此严重的影响。众所周知，建筑仍然是依赖赞助的艺术，所以它在继续高高兴兴地制造独一无二的巨型建筑奇观，有没有现代技术都没有关系。由于不言自明的原因，建筑艺术也不怕伪造，这个绘画的灾星。舞台艺术虽然在技术上相当古老，但其性质注定它要在公众面前重复表演，也就是说它是可复制的。音乐也是要重复表演的，更不用说后来的现代录音技术使听众不必到场也可以欣赏音乐。音乐作品标准的写法是一套符号，其实质功能就是使作品得以重复表演。当然，在20世纪之前，准确的机器复制尚未出现时，每次表演不可能与前一次完全一样，而且听众也不喜欢一模一样的重复。最后是文学，它在几世纪前就解决了艺术在可复制性的年代遇到的问题。印刷术把它从书法家和比他们低一级的抄写员的手中解放了出来。袖珍书这一16世纪的杰出发明使文学获得了便携和灵活的形式，顶住了迄今为止所有现代技术企图把它取而代之的挑战——电影、收音机、电视、录音书及光盘存储器和电脑屏幕，当然后两者有它们特殊的作用。

因此，视觉艺术的危机与其他艺术在20世纪经历的危机有所不同。文学从未放弃对语言的传统用法，在诗歌中甚至一直保持了格律的限制。为打破这种限制而偶尔进行的短暂实验，如《为芬尼根守灵》，从未成为过主流，像达达派的拉乌尔·豪斯曼（Raoul Hausmann）的"语音诗-海报"那样的作品则根本不被当作文学。在这里，现代主义革命与技术连续性相容相通。在音乐方面，先锋派作曲家与19世纪通用的音乐语汇决裂得更为彻底，但大多数音乐听众仍然喜欢古典作品，此外还有19世纪后瓦格纳时期一些采纳了古典风格的创新作曲家的作品。这类作品从过去到现在一直垄断着公共表演的曲目。可以说，如今这些曲目几乎全部是已故作曲家的作品。只有在视觉艺术中，特别是绘画中，19世纪画廊艺术中常规的模拟再现形式几乎完全消失，两次世界大战之间这类画作在艺术市场上的价格也一落千丈。尽管艺术商使出浑身解数,却至今也没能恢复它们过去的地位。所以,对先锋画派来说,好消息是它在绘画界一枝独秀,坏消息是它的作品不受公众的青睐。直到冷战之前,抽象派画作一直价格低迷,后来价格上去了还要多亏希特勒和斯大林对它的敌视。它因此而成为自由世界对抗极权主义的某种官方艺术——对一个反资产阶级常规的画派来说,这真是奇怪的归宿。

在"再现"这个传统视觉艺术的实质未被抛弃的时候,问题并不严重。事实上,直到19世纪末,音乐和视觉艺术的先锋派——印象派、象征派、后印象派、新艺术等——都没有放弃旧有的手法,只是增加了新的手法,扩大了艺术家利用的题材范围。具有矛盾意味的是,来自摄影的竞争反而起了激励作用。画家仍是唯一掌握着使用颜色的权力的人,所以,从印象派崭露头角,一直到野兽派,画作的颜色日趋鲜艳,后来几乎到了刺目的程度,这绝不是偶然的。画家似乎也仍然垄断着最广义的"表现主义",并充分发挥了在现实中注入情感的能力。一旦自然主义的束缚解除之后,画作中表现的情感就更加强烈,凡·高和蒙奇即是证明。后来,电影艺术证明它在这方面具有很大的竞争力。

当然,艺术家仍然可以努力,或至少宣称,比机器更接近实际的现实,用科学来反制技术。至少塞尚、苏哈和皮萨罗这些艺术家是这么说的,左拉和阿波里耐也以此为艺术家张目。[15]这个说法的缺点是它使绘画脱离了目之所见的事物,不再反映实际看到的光影明暗中的物体或平面与形状或地质结构的关系,转而表示天空、树木和人物**应该**是什么样子的一般代号。尽管如此,立体派的画作与过去的距离还不是太大:19世纪末直到后印象派的先锋派画作,包括后印象派的画作,都成为得到接受的艺术作品的一部分。事实上,在绘画方面，先锋派的作品真正得到了观众的认可。布尔迪厄在 20 世纪 70 年代对法国人的品位进行了调查，结果显示，在所有的社会和职业阶层，雷诺阿和凡·高是最受喜爱的艺术家，只有学术界和"艺术生产者"除外。（在这两个阶层，戈雅和勃鲁盖尔把雷诺阿挤到了第四位。[16] 公众和艺术家真正的脱节发生在 20 世纪。比如，在布尔迪厄的调查中，即使在品味最阳春白雪的群体中，凡·高受欢迎的程度仍然是布拉克的四倍，尽管抽象艺术声名卓著，而且那个群体中 43% 的人都声称喜欢抽象艺术。在所谓的"平民阶层"中，选择大名鼎鼎，而且是彻头彻尾的法国人的立体派画家布拉克的人和选择荷兰人凡·高的人的比例是 1∶10；在中产阶级中，这样的比例是 1∶7；即使在上层阶级人士当中，凡·高也轻而易举地以 5∶1 的比例击败了布拉克。

在 1905 年和 1915 年之间，先锋派为何故意切断了与过去的延续性联系，对这个问题我无法做出充分的回答。但它一旦与过去决裂，就走进了死胡同。绘画一旦放弃了传统的表现手法，或采用与常规相去万里，使人莫名其妙的手法，它还能产生什么效果呢？它还能表达什么意思呢？新艺术到底向何处去？为回答这个问题，从野兽派到波普艺术的这半个世纪期间，艺术家们殚精竭虑，提出了无穷无尽的各种新风格和与其相关、经常是难猜费解的宣言。与常人所想的相反，他们彼此没有任何共同之处，只除了一点，那就是坚信艺术家的重要性，认为既然再现的任务交给了摄影机，那么只要是艺术家个人创造的东西就都是合法的艺术。除了几个简短的时段以外，甚至看不出艺术在这半个世纪期间的总趋势，比如从表现转向抽象，或从内容转向形式和颜色。新客观主义和超现实主义不是在立体主义之前，而是在它之后出现的。一位很有见地的批评家在评论杰克逊·波洛克这位出类拔萃的抽象表现主义派艺术家时如是说:"也许如果他活到70岁……现在他会被视为一位算是有想象力的艺术家。在刚步入中年时,他曾有过一段抽象主义的时期。"[17]

这种不确定性给先锋派的历史涂上了一层绝望的色彩。艺术家不断地受到两种不同信念的撕裂:一种信念是过去的艺术没有未来,哪怕是昨天的艺术都是如此,或者说符合旧有定义的所有艺术都没有未来;另一种信念则是他们在发挥着"艺术家"和"天才"旧有的社会作用,而这种作用是重要的,是植根于过去的伟大传统中的。立体派自然而然地"崇拜普桑、安格尔和柯罗的传统主义"。[18]这使马里内蒂很不满意。更荒唐的例子是已故的伊夫·克莱因。他像油漆工一样,在画布上和其他物体上都涂满千篇一律的蓝色,这可以视为艺术创作的极简和荒诞,但他为自己的手法辩解说,乔托和契马布埃的意图都是"单色的"。[19]曾举行的题为"感觉"的画展的展出目录,也企图抬出籍里柯、马奈、戈雅和博斯这些过去的大师,来为杰克·查普曼和迪诺斯·查普曼俩兄弟一壮声威。

不过,新获的自由大大扩展了视觉艺术的天地。特别是对那些相信一个空前的世纪需要以空前的手法来表现的人来说,它激励了他们的才思,也去除了他们的束缚。如果看了1996年到1997年间举办的记录了艺术史上那个豪迈时代的柏林-莫斯科艺术展,就无法不为展品表现出的兴奋和狂喜所感染。即便如此,它还是无法掩盖两个问题。第一,绘画的新手法内容匮乏,比起老手法来表达能力差得很远,结果艺术反而找不到可以达意的方式来"表现时代"。任何作品,只要超出了对"有意义的形式"——这是布卢姆斯伯里团体的名言——的尝试或对主观感觉的表达,就需要小标题和艺术评论家来解释作品的含义。换言之,这样的作品需要仍然具有常规意思的文字。作为诗人，W. B. 叶芝可以毫无困难地表达他那些奇奇怪怪、深奥难解的观点，但如果没有文字辅助，观众从蒙德里安和康定斯基的画中就看不出他们想要表达的对这个世界强烈的、同样怪癖的观点。第二，新世纪通过它自己的新媒体更能有效地得到表现。简言之，先锋派想做的要么是做不到，要么是能用其他手段做得更好。因此，先锋派大部分的革命主张不是空话就是臆想。

来看立体主义这个不止一次被誉为"20世纪最革命、最有影响力的"[20] 先锋派。在其他画家眼里，至少在从1907年到第一次世界大战的那段时间内先锋派可能确实如此，但我认为从整个艺术界来看，超现实主义的影响力更大，可能是因为它的灵感并不主要来自视觉。革命性地改变了我们所有人——不只是专业画家——看世界的方法的是立体主义吗？比如，立体派宣称它同时展示物体的不同方面，等于是使人多方位地观看一件静物或一张人脸。（其实，当我们观看立体主义分析阶段的画作时，还是需要讲解才能明白它们的意图。）然而几乎与立体主义同时，从1907年起，电影即开始发展多视角、变焦和剪辑的技巧，真正使包括我们所有人在内的广大群众习惯了同时，或几乎同时，从不同方面来观看和了解现实，而且还不需要评注。此外，即使灵感是直接来自立体主义的，如罗德琴科的摄影，[1] 照片也比毕加索的画更能表达创新感。[2] 这就是为什么摄影成为如此强有力的宣传工具。当然，我不是在比较毕加索和罗德琴科的审美价值。

简而言之，无可否认的是，20世纪艺术的真正革命不是由现代

---

[1] 亚历山大·罗德琴科在1924年的《画家亚历山大·舍甫琴科》中使用了两次曝光的技法来取得多方位的效果。
[2] 巴勃罗·毕加索的《丹尼尔·亨利·卡恩韦勒的立体派肖像》，1910年作。

主义的先锋派造成，而是在被正式承认为"艺术"的范围之外实现的，是技术和大众市场，也就是美学消费的民主化，合力实现了这场革命。这里面的主力当然是摄影术的后代，20世纪的中心艺术——电影。毕加索的《格尔尼卡》的艺术表现力无与伦比，但从技术上说，塞尔兹尼克（Selznick）的《飘》的革命性更大。说到这里，迪士尼的动画片不管比起蒙德里安画中的严峻的美来是多么等而下之，但仍然比油画更具革命性，并能更好地传达作者想要表达的意思。由广告撰写人、雇佣写手和技术人员制造出来的广告和电影，不仅使人们的日常生活沉浸在审美体验中，而且把大众变成了视觉上大胆创新的拥护者，革命的画家被远远地抛在后面，茕茕孑立，成为可有可无的人物。安在汽车脚踏板上的摄影机比巴拉的未来派画作更能传达速度的感觉。真正的革命性艺术的革命之处就在于它们为大众所接受，因为它们必须和大众沟通。只有先锋派艺术才把媒体当作要传达的信息。在实际生活中，对媒体进行革新是为了借媒体达到传达信息的目的。

20世纪50年代现代主义消费社会的胜利终于使先锋派认识到了这一点，也因此而失去了他们自我辩解的理由。

自60年代波普艺术兴起开始，各个先锋派不再致力于实现艺术的革命，而是争相宣布艺术的破产，所以才出现了回归概念艺术和达达主义的奇怪现象。当概念艺术和达达派在1914年及后来的几年首次出现的时候，它们的目的不是要实现艺术的革命，而是要废除艺术，或至少宣布艺术没有意义，比如，杜尚在蒙娜丽莎脸上画唇髭，把自行车轮当作"艺术品"展出。看到观众不得要领，未为所动后，他又展出了小便器，还加上一个编造出来的艺术家的签名。杜尚的运气不错，他是在纽约做的这些事，因此大名远播；若是在巴黎，就不会有这么好的结果，因为他在巴黎不过是众多富有才华、爱开玩笑的知识分子中的一个，作为艺术家还挂不上号。（如卡蒂埃·布列松所说，他"根本不是个好艺术家"。）达达派最出格的玩笑也是认真的，和潇洒超然、讽刺讥诮及满不在乎完全不沾边。它想要把艺术和资产阶级一起摧毁，因为它们是发动了世界大战的世界的一部分。达达派不接受他们所处身的世界。当乔治·格罗茨移居美国，发现他并不讨厌那个世界后，他就失去了他作为艺术家的力量。

沃霍尔和其他波普艺术家不想摧毁任何东西，也不想闹革命，更不想改变世界。恰好相反，他们接受，甚至喜欢这个世界。他们不过是认识到，传统艺术家生产的视觉艺术在消费社会中已经不再有一席之地，除非用它作为赚钱的手段。真正的世界中，声响、形象、象征，以及关于共同经历的种种假定杂乱地混在一起，无时不在，使作为特别活动的艺术失去了生存的空间。沃霍尔的意义，甚至可以说，他那些奇怪而令人不快的作品的伟大之处，在于他一贯坚持只作传输渠道，被动地全盘转达通过饱和的媒体所体验的世界。他不做任何增删。没有开玩笑的挤眉弄眼和推推搡搡，没有讽刺，没有感伤，没有任何表面的评论，只是通过选择进行机械复制的偶像——毛泽东、梦露、金宝汤罐头——以及对死亡予以深切关注而透出隐含着的意义。然而，在这些乱人心绪的作品中，我们还真的得以窥见一点儿如今美国人生活的"时代的表现"，虽然仅从一幅作品中看不出来。不过，这不是通过传统意义上的艺术创造来达到的。

事实上，从那以后先锋派绘画就无可作为了。达达主义高调回归，但这次它不再是对一个无法容忍的世界的绝望的抗议，而只是博取公众注意的手段。小幅画越来越少。概念主义在当今是时髦的，因为它容易做到，只要有个主意就行，而且不需要是好主意或有意思的主意，所以就连没有受过训练的人也能做，但摄影机做不到。还要顺便说一句，今年的透纳奖已经没有绘画这一类了。

那么，20世纪先锋派的历史是否完全理不出头绪呢？它的影响是否完全限于自成一体的艺术世界之内呢？那些艺术家表现和改造20世纪的努力是否完全失败了呢？并不完全是这样。艺术有一个对自己严重不利的传统，即艺术家完全按自己的喜好生产不可复制的作品。先锋派艺术家可以摆脱这个传统，办法就是承认工业社会中生活和生产的逻辑。工业社会当然会认识到，它既需要技术革新也需要美学，对生产和销售／宣传而言，二者缺一不可。"现代主义"标准对工业设计和机械化大规模生产有实际价值。先锋派的艺术手法是有效的广告手段。这些想法有些是20世纪早期的先锋派提出的，若从这个意义上看，我们生活的视觉环境是由他们形成的。然而，尽管这些想法有许多来自先锋派，但并不能全部归功于他们。在两次世界大战之间的英国，先锋派最有原创性的作品是伦敦地铁线路图，但它根本不是作为艺术品提出的，而是为介绍信息而提出的高效的技术解决办法。顺便说一句，今年的"感觉"艺术展中展出了西蒙·帕特森[1]对伦敦地铁图毫无意义的重现，这个生动的例子是先锋派破产最好的证明。

先锋派有一个传统确实在19世纪和20世纪之间建立了联系。这个传统自威廉·莫里斯开始，在艺术与工艺运动和新艺术中得到传承，摆脱了最初对工业化的生产、建造和分配的敌意之后又延续

---

[1] 西蒙·帕特森，《大通路》，石印画，1992年。

到包豪斯建筑学院。尼古拉斯·佩夫斯纳正确地指出了这个传统的一脉相承。[21] 约翰·维莱特显示了包豪斯学院在 20 年代早期是如何贯彻这个传统的。在包豪斯，这个传统又得到了俄国构成主义的加强。它的力量在于推动它的艺术家不是各自为政，只关心一些深奥技术问题的天才创造者，而是一心要建设更加美好社会的建设者。短命的匈牙利苏维埃共和国失败后逃出匈牙利的莫霍伊-纳吉说过："构成主义是视觉的社会主义。"这些 1917 年后的先锋派向后跃过 1905—1914 年非政治或甚至是反政治的先锋派，回到了 19 世纪 80 年代和 90 年代早期投身社会的运动。新的艺术再一次与建设新社会，或至少是改善社会的事业紧紧地联系在一起。所以建设在这个运动中才如此重要——包豪斯学院的名称的德文就是建设的意思。

"机器时代"的美学不只停留在言辞的层面上。20 世纪 20 年代，为改变人的生活方式提出了各种方案，能够对此目标直接做出贡献的艺术家所喜欢的方案一般来说是公共规划加技术乌托邦。它是亨利·福特和社会主义城市的结合，福特想让没有汽车的地方跑汽车，社会主义城市则想在没有公共厕所的地方造厕所。两者以不同的方法都宣自己是权威的专家；两者都旨在实现普遍的改善；两者都不重视个人选择（"你想买什么颜色的车都有，只要是黑的就行"）。房屋，甚至城市，都和汽车一样，被视为按工业生产普遍原理制作的产品，勒·柯布西耶就把汽车看作建造房屋的样板。[22]"机器时代"的基本原则同样可以适用于人的环境和居所（"供居住的机器"），要用它来找到综合的办法实现充分利用有限空间、发挥最大效力并节约成本的目的。这是一个高尚的理想，许多人的生活因它而得到了改善。不过,"光辉之城"[1]所代表的乌托邦式的向往属于一个需求不多、手段有限的时代。那时世界上的富国也不过如此,与我们当今超级丰足、消费者有大量选择的时代相去甚远。

然而,包豪斯学院终于发现,改变社会不是艺术和设计学院凭一己之力就能够实现得了的。最后这个目标果然没有实现。我在结束时要引用保罗·克勒题为"论现代艺术"的演讲中最后几句令人伤心的话,他1924年那次演讲的地点离当时正处于创造巅峰时期的包豪斯学院不远。他说:"我们没有民众的支持,但我们在寻找这样的民众。在那边的包豪斯学院,我们就是这样开始的。我们从一个社区开始,向它献出了我们所有的一切。再多我们就无能为力了。"[23]可惜那还是不够。

---

[1] "光辉之城",勒·柯布西耶在马赛设计的公寓大楼。——译者注

第四部分

从艺术到神话

第二十一章

艺术家奔通俗：
我们爆炸性增长的文化

初次以"艺术家奔通俗"（*Pop Goes the Artist*）为题目发表于伦敦《泰晤士报》文学增刊，1964年12月17日刊。

马这种高贵动物的社会史值得学习艺术的人借鉴。马在世界上的作用一度稳如泰山，直到今天，它的力量还被用来作为度量的单位。它除了载人运物，在人类生活中还有其他不太明显的作用：它是拥有土地的富人的地位象征，是没有土地的穷人赌博和休息的借口，是画家和雕塑家赞美的对象，等等。这说明了它在日常生活中曾是多么不可或缺。如今俱往矣。除了在几个欠发达的国家和特殊地区，马已经完全被汽车和拖拉机所取代，而且结果十分令人满意，因为汽车跑得快得多，拖拉机拉东西也拉得更多。马现在完全成了奢侈品。结果，人关于运输和马的功能的认识不是仅仅要修改，而是要从根本上改变，因为马的时代关于这些问题的大多数想法都已不合时宜或完全落伍了。

20世纪艺术的处境差可相拟。艺术也是由于技术的进步而变得多余无用，而艺术批评的首要任务应该是搞清楚这是如何发生的，以及到底是什么取代了艺术。迄今为止，大多数艺术家和艺术评论家都不愿意诚实地面对这种形势。部分的原因是迄今还没有哪部电脑写出过小说，哪怕是惊险小说，这给他们提供了不肯正视现实的借口，但主要原因是没有人会高高兴兴地为自己撰写讣告。另外，老式的手工艺或工匠工艺作为奢侈品仍然兴旺发达，如同城市远郊的矮种马，而老式手工艺人在适应机械化大规模生产方面比马更为成功。然而，经济事实是无可辩驳的。写书的专业作家正如动力纺织机发明后仍使用手工织机的织工：专业作家中有 2/3 或 3/4 的人收入可能还比不上打字员，要把完全靠写书为生的作家集中在一起，一个面积中等的房间就能绰绰有余地把他们全部装下。每个广告人和编辑都知道，今天收费高的是摄影师，不是"艺术家"。

思想生产的工业革命与物质生产的工业革命一样，有两个原因：技术进步取代了手工技能；大规模需求使手工生产穷于应付。它的关键不在于大量生产具体的创作产品——各种形式的印刷一直是这样做的，却没有改变写作的特点，唱机也没有从实质上改变音乐，而在于它有能力取代创造。视觉艺术就这样被静态和动态的摄影所改造；音乐稍后进入了人工音响的领域（好比纺织业中的人造纤维）。但写作依然在抵制着真正的机械化，尽管科学家正在下大力气研制有效的翻译机器。事实上，要想确定某门艺术是否有"工业"特点，不要看它有没有采用具体的机械装置，而要看它是否把个人创造的过程切分成专门的部分，像亚当·斯密著名的别针工厂一样。它意味着个人生产者融入了一个由主任或经理协调的集体。小说有作者，报纸就没有。有些报纸登载的"报道"经过对原材料或半加工材料的编辑、重写或汇编，甚至不能算是几个作者的共同作品。

这样的工业方法对满足大众史无前例的巨大需求至关重要。大众现在习惯的娱乐或艺术不再是偶一为之，而是如滚滚长河一样奔腾不息的活动，广播这个技术文化顺理成章的产物就是例子。文学的某些分支，如有应用目的的小说，还是可以靠手工生产，不仅是因为对它的需求较小，细水长流，有周期性，而且还因为市场可以依靠大量的临时工，还有情愿当雇佣写手的专业作者。即使如此，真想跟上工业生产速度出书的作者要么过劳死，像埃德加·华莱士（Edgar Wallace），要么知难而退，像西默农（Simenon）。工业时代新出现的艺术，如电影、广播和通俗音乐，流程中从一开始就有详细的分工，而实质上，集体性或合作性的艺术历来就是这样做的，突出的例子有建筑艺术和舞台表演。

这种工业或半工业生产造出的东西显然与传统手工制作的"艺术品"大不一样，也不能用同样的方式来评判。可能有一些革命性的"作品"，像电影大片，可以用老的方法来判断，但那是不是最好的评判方法尚不可知。可能偶尔会出现过去意义上的艺术品，比如，主要由写手把持的体裁中升起了哈米特和西默农这样的文学天才，但现代犯罪小说评判的标准不是萨姆·斯佩德[1]，而是佩里·梅森[2]，传统的批评对他无从下手。在一些越来越常见的极端例子中，如报纸、连环漫画和一些通俗音乐制作人的产品，可能连过去的一点儿影子都没有。用评判海明威的标准评价《硝烟》，把评判贺加斯的标准套在安迪·凯普（Andy Capp）身上，或者用适用于胡戈·沃尔夫（Hugo Wolf），甚至科尔·波特（Cole Porter）的标准去衡量滚石乐队，都是荒唐可笑的。反之，有人说没有一部关于美

---

[1] 萨姆·斯佩德，哈米特《马耳他之鹰》中的主角。——译者注
[2] 佩里·梅森，斯坦利·加德纳 80 多部侦探小说的主角。——译者注

国西部的小说或电影当得起常规意义上无可否认的"伟大"艺术品，但这丝毫无损于西部题材艺术作品的成就。事实是，工业化已经使得老式的批评家和老式的艺术家一样，成为多余的人。

面对这种情况，首先要接受它，但接受不等于赞同。希望它消失是人之常情，但是无济于事。翁贝托·艾柯（umberto Eco）以他拉丁式的清晰说明了这方面的问题：

> 问题不是如何回归过去那工业化之前的状况，而是需要审视在何种情况下人与生产周期的关系使人成为制度的隶属，反过来也需要思考我们该如何营造人相对于制度的新形象：不是人**摆脱**机器，而是人**相对于机器**保持自由。[1]

面对大众媒体的世界，拒不承认或全盘接受都不是办法。尽管在这两种态度中，后者稍微有用一些，因为它至少意味着承认需要对这一无例可循的形势做出新的分析。

在知识层面上理解和接受工业文化的努力总的来说有三种。美国人致力于发现、描述和衡量；欧洲大陆——尤其是法国人和意大利人——进行分析，阐述理论；英国人则提出相关的道德论点。美国人做的实地工作，特别是社会学方面的工作，是众所周知的。意大利人和法国人的工作则基本上无人知晓，可能人们只知道埃德加·莫兰（Edgar Morin）杰出的著作《明星们》（*The Stars*）。虽然莫兰两年前出版了他的巨著《时代精神》，但在英国却几乎没有引起注意；罗兰·巴特对妇女时装业专用语意义的分析或伊夫琳·叙勒罗（Evelyn Sullerot）对女性刊物的研究（巴黎，1963年）则完全默默无闻。翁贝托·艾柯所著《启示录派与综合派》——这个标题有些装腔作势——对斯蒂夫·坎宁、超人和查理·布朗[1]，以及通俗歌曲产业和电视做了详尽细致的分析，读者可以从中了解意大利批评家在过去五年来研究大众文化的努力。这本信息丰富的著作中一大半是已经发表过的研究。

英国在这个领域中的批评实际上由新左派垄断，它反映了利维斯的许多观点（但不像利维斯那样拒斥后工业文化），也包括了一些马克思的理论，但比例小得多。它带有对"工人阶级文化"浓厚的怀旧情绪和对民主的普遍热情，诲人不倦又热诚地希望于世有益。其实这是非常典型的英国人的作风。所以，尽管我们对大众文化的研究在治学方面欠缺系统性，有时不够专业，但大量坚实的实际调研弥补了理论上的不足。英国在改善大众媒体方面真正做了些实事，这一点只要对比一下英国的电视和外国电视就一目了然。但还不仅如此，比起法国和美国那些学术上更有分量，但与实际有些脱节的社会学家来，英国的观察家也更早、更清楚地察觉到了某些趋势——比如青少年的品位。

斯图亚特·霍尔（Stuart Hall）和帕迪·沃纳尔（Paddy Whannel）合著的《通俗艺术》(*The Popular Arts*)[2]是霍尔作为文化理论家显要生涯中第一部作品。这本书就显示了这种传统的优点。它基本上是一部批评和教育性的著作，核心是"研究题目"，辅之以实际的教学材料。主要题目包括"好"的通俗形式和艺术家[蓝调音乐、美国西部片、比莉·霍利戴（Billie Holiday）]，对暴力、私家侦探、浪漫、爱情、"人"、青少年这类题材的处理，还有做这种研究的人都熟悉的广告业。书后附有参考书目和一个特别有用的关于优秀电

---

[1] 三者均是漫画中的人物。——译者注

影和爵士乐唱片的清单。两位作者的出发点是与人为善，提出的论点和结论均严谨周密；他们的品位一流，对社会发展感觉敏锐。然而，像许多讨论大众文化的英国人一样，他们很少直接面对传统的"标准"是否真正适用这个问题。他们走了极端，总想寻找彩虹尽头的那坛金子，想从糟糕的大众艺术中找出好东西来，有时使用一些似是而非的评语，如"那一类中的良品"。

《通俗艺术》的理想读者是综合中学的老师，他们会觉得书中的建议很有帮助，使他们能清楚地给学生解释在爵士歌手中，为什么安妮塔·奥黛（Anita O'Day）比海伦·夏皮罗（Helen Shapiro）唱得好，而夏皮罗又强于苏珊·莫恩（Susan Maughan）；或把 Z 型跑车和小型汽车对比，为什么前者比后者好。但这样的建议模糊了现实；实际上，比莉·霍利戴在今天通俗音乐的世界中要比兰波在一群贺卡诗作者中还更加奇异古怪、格格不入，而且（当"好""坏"分类无关紧要的时候）大众艺术中坏的也许和好的在效果上不相上下，（当可以分出好坏的时候）坏的反而可能比好的更有效。

英国人对大众文化研究的另一个极端则倾向于全盘接受反映"人民"喜好的东西，认为只要是老百姓喜欢的就一定是好的。理查德·霍加特在他的名著《识字的用途》中有时就接近这一极端，比如他从英国妇女杂志《佩格的报纸》[3]显示的老百姓生活的微末细节中居然发掘出重大的意义。有些洗衣粉广告也走这个路子。这两种对大众艺术的态度都有一个本质上的弱点，都一心要从大规模生产的艺术中找出人的价值观，然而人的价值观顶多只能占边缘地位。引擎的盖子下面其实并没有马在那里探头探脑。

但如果没有马，那么有什么呢？工业文化的洪流生产的不是需要单独集中注意的产品（如果生产了这种产品也只是碰巧），而是由报纸、连环漫画或没完没了的西部故事或犯罪故事的电视连续剧所构成的虚拟世界。它生产的不是具体的一场芭蕾舞，而是人潮涌动的舞厅；不是激情，而是气氛；不是漂亮的建筑，而是整个城市；甚至不是个人的具体体验，而是同时的多种经历：各种各样的头条标题杂然纷呈，咖啡馆里的自动唱机唱个不停，电视上剧情高潮迭起，中间还穿插着洗发水的广告。这并非全新的现象，瓦尔特·本雅明曾说这是体验建筑艺术的传统方法：面对一组建筑物，要把它们当作生活的大环境来体验；不过今天这种现象上升到了统治地位。传统的审美批评对它不能适用，因为文化工业化的产品越过艺术手法，把重点放在突出风格上面。难怪我们每天在报纸和电视上看到的无穷无尽的节目都拿"个性"做卖点，演员的"明星素质"比表演才能或技巧更受重视。以某些人物或小说为"基础"的电视连续剧就说明了这一过程。

具有矛盾意味的是，这种超现代的发展反而把我们带回了艺术最古老的功能，即阐发神话和道德的原理。莫兰在《明星们》里写道：[4]

> 想象力的结构有各种典型，人的精神有不同的格式，决定着它产生的梦想，特别是成为神话和浪漫故事主题的合理化梦想。……文化产业通过把典型变为固定不变的陈规实现了伟大的浪漫主题的标准化。

对这个进程能否冠以"艺术"二字尚不清楚。在实际生活中，新奥林匹斯山上的众神可能包括我们每天在报纸上看到的人物。他们可能会因演出电影而受到报刊的注意；花边新闻栏目就报道关于明星的种种新闻。他们也可能像现已被人遗忘的伊朗前王后索拉亚或比她晚很多的戴安娜王妃那样，从报刊报道开始，反向发展。

这一分析提出了两个关键的问题：我们如何评判文化潮流的产出并对其加以改善？艺术的价值或个人创造有多大的空间？对"好的"和"坏的"通俗电影进行对比的人，寻找通俗歌曲"那一类中的良品"的人，以及对报纸文章的拙劣文体或报纸的排版评头品足的人把这两个问题混为了一谈。第一个问题涉及的是大众文化的内容，尤其是道德内容。坏的连环漫画不会因为出自大师之手就能变好，只能是比较容易为批评家所接受而已。对通俗艺术最根本的批评是对于它所认可的生活的理想和质量的批评。如霍尔和沃纳尔所表明的，现已被遗忘的电视连续剧《第三个人》之所以受到非难不是因为它质量平庸，而是因为它美化贪婪和占有；即使它显示了正确的道德训诫，如种族之间需要容忍，也不能减少对它的责难。工业化文化消灭了所有竞争者，成为大多数民众唯一的精神食粮，它真正的危险在于它使得大众除了接受大规模生产的世界之外别无选择。固然，它的有些产品并不完全依从普遍的官方认可的道德规范，如美国的连环漫画《超人》，艾柯先生对它的分析鞭辟入里，令人毛骨悚然，但即使这类的产品也没有完全摆脱普遍的道德规范。美国知识分子盛赞《小阿布纳》不随波逐流，有批评精神，因为他们实在找不出别的可以夸赞的地方；据艾柯先生说，这部连环漫画"以及它的作者属于最好的、最开明的斯蒂文生式激进派。在他对纯粹的寻求中，他唯一没有想过的是纯粹可能意味着完全的颠覆，意味着对制度的否定"。[5] 大众文化最大的缺点是它造成了一个封闭的世界，因而去除了人性中的根本因素，即追求完美世界这个人类的伟大的向往。

这个向往没有完全消失，但在大众文化中，它表现为消极逃避的幻想，通常是虚无主义的幻想。达达派和超现实派预见到了这种情况，他们因而成为传统艺术传承者中唯一对现代大众文化做出了主要贡献的人。尽管有马克斯兄弟和英国的滑稽喜剧，还有一些（但不是全部）动漫以及对这种虚无缥缈的革命精神的其他表现形式，但大众文化仍然没能充分反映出公众生活中，尤其是青年人文化中日益加强的那种否定现实的幻想。只有广告业率先行动，产生了一系列异想天开、否定现实的广告。

大众文化中，幻想的、不可预见的和不完全理性的东西显然给老式的"艺术"提供了栖身之地。老式的艺术自然而然地集中于尚未实现机械化的活动。与机械的"米老鼠音乐"[1]形成对比的是爵士乐手的即兴演奏，他们是这一领域中的首批探索者。今天对他们的效仿有手控摄影机、电视上随意的讨论和不事先计划的节目，最重要的是舞台上的即兴表演。可以说，20世纪50年代舞台艺术显著的复兴在许多方面是艺术家对工业化的胜利做出的回应。在舞台上，正如在爵士音乐会上一样，创造者不能被简化为螺丝钉，因为效果无法准确无误地复制，艺术家和公众之间的紧密关系也仍然存在着那种危险的、令人兴奋的、不可预见的因素。

不过，即兴创作并不是解决办法，只能起缓解的作用。它与工业化文化的关系是休闲与工业化生活的关系，只是强制和惯例的广大王国中一块（有时是零散分裂的）自由的飞地。工艺技能和行业自豪感这些艺术家自古以来所依靠的资源产生的效果更好一些，因为它们在工业化文化中照样发挥作用。但对艺术家来说，最好的解

---

[1] "米老鼠音乐"，指劣质音乐。——译者注

决办法在工业本身的需求，像莫兰所说，工业需要"电极的负极才能运作起来"，也就是说它需要给真正的创造以一定的空间，因为只有真正的创造才能为它供应原材料让它加工。在为工业供应新材料方面，尤其需要创造，虽然艺术家在实际生产的过程中基本上没有用武之地。然而，在电影这个工业化文化最成功的体裁中，即使是好莱坞也总是为艺术家留出最起码的一定自由，其他电影产业的资金结构则为艺术创造提供了更大的余地。

不过归根结底，对通俗艺术不能以它们给传统艺术留了多少空间来评判。美国西部题材的文学艺术之所以重要，不是因为约翰·福特导演出了这个题材的出色电影。好的西部片只能算这个题材风行一时的附带结果。西部题材文学艺术的主要成就在于它造就了一道思想的风景、一种神话、一个道德的世界，它们是在几百部拙劣的小说、电影和电视剧的基础上产生出来的。尽管那些小说、电影和电视早已杳无踪迹，但这个成就却一直留存至今。霍尔和沃纳尔的著作以及类似的书认识到了这个事实，这是它们的长处；它们的弱点是，至少在20世纪60年代它们对这一事实的含意踌躇犹豫，不愿承认。这些书仍然是关于通俗艺术的指南，仍然告诉人们哪些是"好的"，哪些是"坏的"。它们对通俗艺术仍然是欲拒还迎。

第二十二章

美国牛仔：一个国际神话？

初次发表，以一次演讲为基础写成。

关于牛仔这个美国发明的无人不知的传统，我先来谈一下得克萨斯州之外的一两个相关的问题。一群以放牧为生的马背上的人为什么成了强悍的英雄神话的材料？在此类众多的神话中，为什么偏偏是关于一个特定群体的神话以如此异乎寻常，甚至是独一无二的强劲势头风靡全球？这个群体处于社会和经济的边缘，由无根浮萍般到处漂泊的无产者组成，短短20年内在19世纪的美国迅速兴起后随即陨落。

对于第一个问题我无法回答，我猜想它会把我们引进十分深奥的荣格式原始意象的丛林，那我就会完全迷失。顺便说明，马背上的放牧人成为英雄形象并非各处皆然。我很怀疑逐水草而居的游牧民族，像匈奴人、蒙古人或贝都因人，是否也能产生这样的英雄。对必须与他们共处的定居人群来说，游牧群体很可能首先是个公共威胁，无法躲避，令人心神不安。在我看来，最容易产生英雄神话的群体是精于骑术但在某种意义上仍然与社会其他部分相连的人群，例如一个乡下或城里的孩子能够设想自己长大要当牛仔或加乌乔牧人或哥萨克人。但可以想象中国朝廷的官员到了度假牧场摇身一变成为蒙古骑手吗？恐怕是不行的。

这个神话是怎么产生的？马这种具有强烈感情联想和象征意义的动物发挥着什么作用？生活在马背上的人所代表的半人半马的怪物有什么作用？无论如何有一点是清楚的：这个神话本质上是男性的。尽管在两次世界大战之间的美国西部荒野演出和牛仔竞技大会上出现过女牛仔，而且还风靡一时，也许因为这样的演出与马戏团的杂技表演相似，而女子表演胆大冒险的节目总是有一定的叫座力，但现在她们早已销声匿迹。牛仔竞技大会现成为男人的专属领地。有些上层阶级女性对马情有独钟，骑马打猎勇猛不让须眉，甚至应该说比男人更加勇敢，因为她们骑马要骑偏座鞍。这样的女性在维多利亚时期的英国相当常见，爱尔兰的女性尤其大胆，因为那里流行的猎狐运动太危险，简直是自杀。没有人因此而说她们不够女性化。如果说得恶毒一点儿的话，在那个据说时至今日男人对骑马和饮酒的热情仍然比对性更大的岛上，女性和马结缘没准儿还是个卖点呢。不过，骑手的神话本质上是男性的，即使是巾帼骑手也被钦慕地比作英武的亚马孙战士。一般来说，神话代表的是战士、侵略者、野蛮人、破坏者，而不是被损害的人。非常说明问题的是，在18世纪和19世纪的欧洲，骑兵的制服主要由贵族军官或王公设计；他们的灵感经常来自许多国家的非正规雇佣军——半野蛮的骑士的服装，无论是哥萨克骑兵、匈牙利轻骑兵，还是克罗地亚的潘道尔士兵。

今天，世界各地许多地区都有这样狂野的骑马放牧人。有些和牛仔一模一样，比如拉丁美洲南部平原上的加乌乔牧人以及哥伦比亚和委内瑞拉平原上的牧民（llanero）；巴西东北部的牧民（vaqueiro）可能也属于此类；墨西哥的牧牛人（vaquero）则肯定是牛仔。众所周知，现代牛仔神话的服装和牛仔这个行业的大部分词汇都直接来源于墨西哥牧牛人的装束及行话：野马、套马索、套马绳、加鞍备用马群、阔边帽、皮护腿套裤、肚带、半驯化的马、牧工、马术竞技大会、驯马师等等。欧洲也有类似的群体，如匈牙利平原上的牧人（csiko）或安达卢西亚牧区的牧牛人（puszta），他们热情奔放的举止也许是使弗拉门戈舞得名的"弗拉门戈"一词最早的含意。另外，还有俄罗斯和乌克兰南部平原上的哥萨克人。这里我们所谈的不包括不骑马的牧民或人数较少的放牧群体，也不包括赶牛人这个在欧洲为数众多的人群。赶牛人的职能与牛仔一样，负责把牛群从饲养的牧场赶去市场。16世纪时就有从匈牙利平原通往奥格斯堡、纽伦堡或威尼斯这些市场城市的道路，正如美国19世纪的奇泽姆牛车道。另外，众所周知，澳大利亚广袤的内地实际上就是一片大牧场，不过放牧的是羊不是牛而已。

因此，西方世界不乏有可能成为牛仔神话的材料。事实上，上述的所有群体都曾在它们的国家内产生过各类男子汉气概十足、英勇无畏的半野蛮人的神话，有些神话甚至超越了国界。即使在哥伦比亚这个离广阔多样的西部荒野形象相隔万里的地方，东部平原的牧民也是作家和电影制作人灵感的源泉，特别是因为现在这个群体正在消失。有一部文学作品精彩地描述了1948年到1953年的内战中那些牧民在自由党牧场主领导下进行的游击战，为他们树起了一座丰碑；那部作品题为"牧民游击队"，作者是他们的首领艾德瓦多·弗朗哥·伊萨萨（Eduardo Franco Isaza）[1]。去年在波哥大召开讨论内战的学术会议时，这位矮小粗壮、罗圈腿的首领还带着保镖前去参加了会议。

在美国历史上，真正的牛仔在政治上无足轻重，所以美国西部荒野神话中的城镇不是大城市或州的首府，而是蛮荒地带的偏僻小镇，如阿比林或道奇城。然而，其他国家野性的骑手却是他们国家发展中关键的，有时是决定性的因素。17世纪和18世纪俄国农民大起义就是在哥萨克边界发起的；反过来，哥萨克人后来成了捍卫沙皇统治的禁卫军。我曾写过巴尔干地区无处不在的绿林强盗和民族游击队，他们自己起名叫作"黑盗客"（haiduk），这个词即来自匈牙利语中的"赶牛人"，也就是牛仔。

阿根廷的加乌乔人在他们的伟大酋长罗萨斯的领导下，组成一支支剽悍的部队，在阿根廷取得独立后控制国家的时间达一代人之久。把阿根廷变为一个现代文明国家的努力本质上是一场城市对草原，有文化的商业精英对加乌乔人，文化对野蛮的斗争。像在沃尔特·司各特的苏格兰一样，在萨米恩托的阿根廷，这场斗争的悲剧性因素清楚明了：文明的进步意味着旧有的价值观遭到破坏，那些价值观被公认为高尚、英勇和可敬的，但也是历史上注定要消亡的。获得进步的代价是一些宝贵东西的丧失。乌拉圭这个国家是由阿蒂加斯领导的牛仔革命创立的，它因此而特别重视民主自由和公众福祉，这使它得名"拉丁美洲的瑞士"，直到20世纪70年代军人政变结束了这一切。同样，潘乔·比利亚（Pancho Villa）革命军中的骑兵也是来自牧民和矿工的。

澳大利亚和阿根廷及乌拉圭一样，迅速成为城市化社会，事实上它可能是19世纪除欧洲的小片地区以外城市化程度最高的社会。然而，按国土面积来看，澳大利亚仍然主要是蛮荒地带，只是在国土一侧有几个大城市；从经济上说，它对畜牧业产品的依赖程度之

第二十二章 美国牛仔：一个国际神话？　　265

大是美国历史上从未有过的。因此，牧人产生神话也就不足为奇了。澳大利亚的广阔内地和它流动的无产者放牧人、剪羊毛工人和别的流浪汉仍然是它最重要的国家神话的基本材料。家喻户晓的澳大利亚民歌《跳华尔兹的玛蒂尔达》唱的就是这样一个流浪汉的故事。但是，它们都没有产生出国际流行的神话，更遑论能望美国牛仔之项背的神话了。这是为什么？

在猜想对这个问题的回答之前，我先来简单介绍一下其他牛仔神话。这部分地是为了请大家注意它们的共同之处，但主要是要提醒读者这种神话或"编造出来的传统"在意识形态和政治上的灵活性，我将在讲到美国牛仔时再谈及这个问题。各国牛仔的共同之处显而易见：他们坚韧顽强，勇敢无畏，枪不离身，严厉无情，不怕吃苦，不服管束，举止粗野，至少不是温文尔雅，很像西方一贯推崇的高尚的野蛮人。别的共同之处可能还有骑马的人对步行的人的倨傲，牧人对种田人的轻蔑，以及他为显示自己的优越所表现的神气活现的做派和夸张招摇的服饰，另外还有一种明显的非智力，甚至是反智力的态度。这一切都使得文质彬彬的城市中产阶级为之兴奋钦慕。牛仔都是粗人，连午夜牛郎[1]也不例外。但除了粗野以外，他们还反映了他们社会的神话和现实。比如，哥萨克人狂野不羁，但他在社会中有他的根和"位置"。哥萨克人中是出不了"肖恩"[2]的。澳大利亚内地神话——也是现实——中的牛仔是有阶级觉悟、有组织的无产者，等于是由世界产业工人组织的成员组织起来的西部荒野。牧人可能是原住民，不是白人，但与牛仔对等的流动剪羊毛工人却是有组织的。现在和过去一样，这些骑着骡马或驾着破旧

---

[1] 午夜牛郎出自施莱辛格导演的同名好莱坞电影。——译者注
[2] "肖恩"，好莱坞西部片《原野奇侠》主角。——译者注

的汽车在内地四处游荡的流浪汉如果有一帮人受雇,他们首先就要召开工会会议,选举出一个发言人代表大家同雇主谈判。这可不是OK牧场[1]的人行事的方式。需要说明,他们在意识形态上不是左派。1917年一大批这样的人在昆士兰内地集会欢呼十月革命,要求建立苏维埃,结果一些人被当局逮捕——逮捕过程很费了些力气。逮捕后当局对他们进行了搜身,看他们有没有携带颠覆性的文学作品,结果没有发现那种文学,或任何别的文学作品,只在有些人的口袋里找到了一本小册子。小册子里写道:"如果水能沤烂你的靴子的话,它对你的肚子会怎么样?"

简而言之,牛仔神话有很多变化的空间。约翰·韦恩[2]只是一个种类。我们将要看到,即使在美国,他也只代表一种特别的地方神话。

怎么才能找出美国牛仔比别的牛仔强大这么多的原因呢?只能靠猜测。我们的出发点是,在欧洲内外,现代意义上的"西部故事",即牛仔神话,是一个年代久远、根深蒂固的形象的近期变体,这个形象就是美国的西部荒野。菲尼莫尔·库珀(Fenimore Cooper)第一本关于西部荒野的书甫一出版,马上风靡欧洲,维克多·雨果称他为"美国的沃尔特·司各特"。他的故事是西部荒野最为人熟悉的版本,他的影响至今犹存。试问若没有他写的《皮袜子故事集》,英国的朋克能发明得出来莫希干发型吗?

依我所见,西部荒野最早的形象包括两个要素:自然和文明的对抗,以及自由和社会约束的对抗。文明是对自然的威胁。美国人挣脱束缚和限制,走向独立,使美国因此而成为18世纪和19世纪

---

[1] OK牧场,出自好莱坞西部片《OK牧场大决斗》。——译者注
[2] 约翰·韦恩,演西部片出名的好莱坞电影演员。——译者注

初欧洲激情向往的所在，但他们这样做的结果正是把文明带来，摧毁了西部荒野（这一点我们现在看得明明白白，但开始时并不清楚）。划开了大平原土壤的犁铧宣告了北美野牛和印第安人的末日。另外，欧洲人心目中关于美国西部荒野的最初形象对边疆拓居地的拓荒者追求自由的集体行动几乎完全不予注意。比如，西部故事中的摩门教徒基本上都是恶棍——至少在欧洲是这样。（福尔摩斯的故事就是例子[1]。）

可以清楚地看到，原始的西部荒野故事中的白人角色许多都与"文明"格格不入，或者是逃离"文明"的难民，但据我看来这并不是他们的主要特质。那些人基本上分两类：一类是为寻找在其他地方找不到的东西来到西部荒野的探索者或访客，但他们要找的不是金钱；另一类是在荒野中与大自然同呼吸共命运的人，他们把现代世界抛在了后面，只带来了自我意识和工具设备。去西部荒野寻觅的访客中最令人印象深刻的是那个极端激进的年轻威尔士人，约翰·埃文斯。他于18世纪90年代前去美国，要核实曼丹印第安人是否真讲威尔士语，是否真是在哥伦布很久之前就发现了美洲大陆的马多克王子的后代。（格温·威廉斯对这个故事做了精妙的分析。许多人对这个故事确信不疑，包括杰斐逊总统。）约翰·埃文斯只身沿密西西比河和密苏里河而上，但可惜他发现那些容貌高贵的人并不讲威尔士语（我们都看过曼丹印第安人的肖像）；埃文斯回到新奥尔良后死于酗酒，卒年29岁。

至于美国本身，它关于西部的原始神话是乌托邦式的，是要重现被破坏了的自然的乌托邦。西部真正的英雄是印第安人和学会他

---

[1] 参见《血字的研究》。——译者注

们的生活方式,和他们一起生活的狩猎者,也就是皮袜子和金加克古克。那是个生态的乌托邦。当然,当西部指的是过去的西北部——后来的中西部——的时候,还没有牛仔这种人。但即使西部这个大舞台上出现了牛仔的身影后,他也只是矿工、捕猎野牛的狩猎人、美国国家骑兵、铁路修建工人等众多人物中的一个。国际西部神话的基本主题在卡尔·迈(Karl May)的小说中表现得淋漓尽致,自从19世纪90年代他的三部曲巨著《温内托》问世之后,每个讲德语的男孩都是看他的小说长大的。我专门提到卡尔·迈是因为他的书是在欧洲最有影响力的对美国西部荒野的描述。顺便指出,20世纪60年代早期在德国(其实拍片现场在南斯拉夫)以《温内托》故事的题材制作的电影大获成功,意大利和西班牙制片人从中得到启发,一哄而上拍出了大批意大利式的西部片,克林特·伊斯特伍德因此而声名大噪,西部的形象也再次因之一变。

  迈对美国西部的描写完全脱胎于文学,包括他在监狱图书馆工作时读过的系列小说和民族文化小说;此人才华横溢,喜欢幻想,他出奇的想象力在运用于文学创作之前,曾引他犯下作弊的行为,做过一段阶下囚。迈的小说的根本主题是思想深刻、教育良好的欧洲人在美国西部学会自处,与高尚的野蛮人建立亲密的关系;相对比的则是鄙俗的美国佬,他们亵渎并破坏了他们无法理解的生态天堂。德国英雄和阿帕切勇士成了亲兄弟。故事只能以悲剧结束。高尚而又英俊异常的温内托只能死去,因为西部本身就注定要灭亡;在这方面欧洲的神话与后来的美国西部故事是一样的。但在这个神话版本中,真正的野蛮人不是红人,即印第安人,而是白人。当然,卡尔·迈是在他写出西部小说很久以后才踏上美国的土地的。他也写世界其他地方的冒险故事,特别是许多关于伊斯兰地区的这类故事，但都没有与《温内托》类似的主题。

几乎在《温内托》造成巨大轰动（第一卷出版于 1893 年）的同时，也发现或造出了美国统治阶级心目中理想的牛仔，也就是欧文·威斯特、弗里德里克·雷明顿和西奥多·罗斯福眼中的牛仔。不过他们和《温内托》的牛仔没有共同之处。至多可以把两者都与帝国主义联系起来，因为卡尔·迈和其他这类题材的欧洲作者一样，酷爱异国风情的地方，而且尽管他写到白人和红人的兄弟情谊，他无疑认为白人，或应该说德国人，理所当然地更加优越（虽然迈隐约地表现出了反战的倾向，但希特勒对他推崇备至）。

19 世纪 90 年代各个大陆上刮起的美国西部旋风之间若是有什么联系的话，那肯定是野牛比尔。他于 1887 年开始组织西部荒野演出的国际巡回表演，所到之处大大提高了公众对牛仔、印第安人及其有关事物的兴趣。卡尔·迈不过是那个为人熟悉的题材中最成功的例子，大部分同类作品早已被人遗忘，比如法国人古斯塔夫·艾马尔的小说，其中一部的标题是"阿肯色的捕猎人"。[2] 在这里提到这些是为了强调欧洲关于美国西部的神话并非来自美国，不像英国通俗音乐中许多是衍生于百老汇的成功剧作。它与美国的神话是同时期的，至少在菲尼莫尔·库珀的时期它就已经出现，事实上比那还早。到了 20 世纪初，欧洲关于美国西部的神话才不再是原创，而是衍生于西部电影和西部小说，如克莱伦斯·马尔福德（Clarence Mulford）、麦克斯·布兰德（Max Brand），特别是赞恩·格雷（Zane Grey，1875—1939）的作品。这方面一个早期的杰出例子应该是普契尼根据贝拉斯科导演的一部豪华剧作谱写的歌剧《西部女郎》（1907 年），它是第一部，也是唯一一部真正当得起西部剧之称的作品。

我们已经看到，美国牛仔的传统于 19 世纪 90 年代发明，在长达半个世纪的时间内淹没并吸收了各国原来关于美国西部的神话，这到底是怎样一种传统呢？因为这个文学或文学分类的主题可塑性极强，极为灵活，所以也许问题应该是：所发明的各种牛仔传统是怎样的传统？无须赘言，牛仔传统的发明正值美国历史上的重要关头，与其同时的大事有：1893 年举办了芝加哥世界博览会；特纳在新成立的美国历史协会宣读了他关于边疆的论文；野牛比尔则建立了野生动物园，展览在自然条件下已不能自由自在地游荡的西部动物。

19 世纪 70 年代和 80 年代期间，牛仔确实成了廉价小说和公共媒体的常见主题；不过如隆·泰勒（Lonn Taylor）清楚地指出的那样，牛仔的形象虽然有英雄的一面，但也有负面因素。到了 19 世纪 80 年代，牛仔成了反社会的人物："粗暴、危险、无法无天、不管不顾、个人主义"，[3] 所到之处妨碍打乱了城镇居民的平静生活。牛仔的这种新形象是主要做牧场生意的东部中产阶级树立的，而且它有很深的文学渊源；明显的例子不仅包括把牛仔比作托马斯·马洛礼笔下中世纪的任侠骑士，还有甚得公众喜爱的如下场景：正午时分，太阳当空，两个独行侠面对面摊牌——一种骑士之间的决斗。另外，好几个西部主题其实是源自欧洲的。爱尔兰小说家梅恩·里德（Mayne Reid）的笔下已经出现了身世不明、行踪神秘的高贵而孤独的枪手。"男人该做的就得做"这个意思在维多利亚时期就在丁尼生的诗作《复仇号》中得到了表现，那首诗讲的是理查德·格伦维尔（Richard Grenville）爵士指挥一艘战舰与西班牙舰队作战的故事。现在知道这首诗的人已经不多了。

从文学归属来说，牛仔这个发明是晚期浪漫主义的创造。就社会内容来说，他负有双重的功能：他代表着个人主义自由的理想，而这种自由因边疆的关闭和大公司的到来而被关入无法逃脱的牢笼。一位评论家在评论雷明顿（Remington）1895年发表的自绘插图的文章时说，牛仔漫游之处是"美国人仍然可以享受无政府的自由的地方，这种自由已经被压到山边，再往山顶处挤压就可能很快消失殆尽"。回过头去看，西部确实是最后一块自由的土地，这也是威廉·S.哈特（William S. Hart）这位感伤怀旧的第一位西部片大明星的想法，在他看来，放牧和采矿的边疆"对这个国家来说……意味着国家生活的根本……就在一代人以前，整个国家还都是边疆。所以，它的精神融入了美国的公民精神"。[4] 就准确度来说，他这番话大谬不然，但具有象征意义。其实，所谓的西部传统本身就是虚构的、象征性的，是用少数边缘人的经验以偏概全。1870年到1885年间，所有主要的放牧城镇，威奇托、阿比林、道奇城和埃尔斯沃思全加起来，死于枪伤的人一共才45人，按买卖牲畜的季节算，平均每季15人。[5] 西部的地方报纸登载的消息主要不是酒馆斗殴，而是地价和商业机会。可谁管这些？大家仍然相信虚构的西部传统。

牛仔代表的另一种理想更加危险：保卫美国本地盎格鲁-撒克逊白人新教徒的生活方式，抗击汹涌而来的成百万劣等种族的移民。野牛比尔主办的最早的西部演出原本没有意识形态色彩，里面有墨西哥人、印第安人和黑人的角色，现在这些角色则悄然逝去，牛仔变为瘦削颀长的雅利安人。换言之，虚构的牛仔传统成了种族隔离和反移民的种族主义抬头的一部分；这是十分危险的遗产。当然，雅利安牛仔并非完全虚构。西部荒野不断拓展，逐渐超出美国西南部和得克萨斯州，拓荒高峰时期它一直延伸到蒙大拿州、怀俄明州和南北达科他州，这样，墨西哥人、印第安人和黑人所占放牧人的比例可能确实有所下降。后来畜牧业兴旺发达的时候有不少欧洲人，主要是英国人，加入牛仔的行列，在他们之后的是生长在东部，受过大学教育的人。"可以说在远西地区从事畜牧业的人十有八九是有钱有身份的人。"⁶一个偶然的事实在牛仔神话中未予提及，那就是维多利亚时期英国人的一大部分投资投在了美国西部的畜牧业。

起初，雅利安牛仔对欧洲人没有特殊的吸引力，尽管美国西部电影极受欢迎。事实上有许多这类电影是在欧洲制作的。欧洲人感兴趣的仍然是印第安人，不只是牛仔。大家也许还记得德国人在1914年前把《最后的莫希干人》拍成了电影，令人吃惊的是里面的印第安人英雄是由贝拉·卢戈西[1]饰演的。

新的牛仔传统通过两条路传向世界，西部电影和西部小说及其分支小说。这些小说是随着西部传统的发明而出现的，对外国人来说，它们就像现在私家侦探的破案故事一样，是很受欢迎的消遣读物，然而它们得到的重视却远远不够。就此我不欲多说，仅举一例：英国矿工工会激进的卫理会教徒领导人在1930年去世时留下的钱财寥寥无几，却有一大批赞恩·格雷的小说。从1918年到1941年，格雷的《紫艾草骑士》⁷曾四次翻拍成电影。说到电影，我们知道，到1909年左右，西部电影这个体裁已经稳固地确立了自己的地位。既然演出行业要取悦大众，于是银幕上的牛仔自然分为两类，一类是由W. S. 哈特、加利·古柏和约翰·韦恩所代表的浪漫、强壮、腼腆、沉默的牛仔，另一类是野牛比尔类型的为人提供娱乐的牛仔——他们无疑也很勇敢，但他们主要是通常和胯下的坐骑一起表现技能。汤姆·米克斯无疑是这一类的典型，也是最成功的电影

---

[1] 贝拉·卢戈西，美国电影演员，以饰演吸血鬼和其他恐怖电影出名。——译者注

演员。我要再次指出，对和胡特·吉布森那种西部片不同的力图求好的西部片来说，文学的影响显然来自 19 世纪流行的感伤型作品。1923 年拍的《大篷车》是除了格里菲思拍摄的电影之外第一部好莱坞大片，里面感伤文学的痕迹相当明显，另外基于莫泊桑的小说《羊脂球》[8]的《驿马车》[1]也清楚地表现出感伤文学的影响。

  我不想在此详述西部电影的发展历程，也不准备哪怕是简短地追溯本来只是单纯的西部剧如何摇身一变而成为民族史诗。D. W. 格里菲思显然对拍摄西部片并不特别认真投入，但《大篷车》明显地未被视为单纯的娱乐片，对它进行的过细研究就是证明。20 世纪 30 年代，欧洲人本着反资本主义的精神对《萨特的金子》中表现的经典西部主题进行解释的时候，好莱坞赶紧请《大篷车》的作者就同一个题材再写一部爱国主义精神更强的作品拍成电影，于 1936 年上映。

  在这个对西部牛仔神话变迁的概览结尾的时候，我想请大家注意一个奇怪的事实：在我们这个时代，牛仔传统又得到重新发明，成为里根总统治下美国的官方神话。这实在是距今不久的事。比如，可能人们难以置信，但直到 20 世纪 60 年代之前，牛仔并不是销售广告中的重要角色。万宝路香烟广告揭示了美国男性与牛仔认同的巨大潜力，当然，现在人们心目中的牛仔主要是带枪的人，不是放牧的人。"我一贯独往独来，像牛仔一样……一个策马独自进村或进城的牛仔……。该出手时就出手，就这么简单。"这话是谁说的？不是别人，是基辛格。这番话是他在 1972 年对奥丽亚娜·法拉奇说的。[9] 谁能想象在 70 年代之前雇员会说对自己发号施令的上司是"在赶牲

---

[1] 《驿马车》又名《关山飞度》。——译者注

口"？我现在引用一段1979年关于这个神话的极简和荒诞的描述：

> 西部。它不只是大篷车和艾草蒿。它是骄傲的真男人的象征，是人皆渴望的自由和独立的象征。拉尔夫·劳伦新推出的Chaps男用古龙水表达了这一切。男人使用Chaps古龙水正如穿上磨损的皮夹克或牛仔裤一样自然。Chaps古龙水，它就是西部，是您内心深处感到的西部。[10]

得到大众认可，主导了美国政策的西部传统是肯尼迪、约翰逊、尼克松和里根时代发明的产物。里根是自泰迪·罗斯福以来首位刻意营造自己西部骑士形象的总统，在这方面的手法炉火纯青。至于里根式牛仔的大行其道是否反映了美国财富向西南部的转移，回答这个问题恐怕要另请高明了。

里根式的西部神话是国际性的吗？我不这么认为。首先是因为用来宣传西部神话的主要美国媒体已经消亡。我刚才提过，西部小说及其分支小说同赞恩·格雷的时代相比已经江河日下，不再是国际流行的体裁。私家侦探消灭了弗吉尼亚人[1]。拉里·麦克默特里（Larry McMurtry）和他的同行们无论在美国文学中占据何等地位，在国外都基本上无人知晓。至于西部电影，电视宣告了它的末日；西部电视连续剧可能是西部神话最后一次真正国际规模的胜利，但它被算作儿童节目的一部分，也慢慢销声匿迹。20世纪50年代的孩子们津津乐道的豪帕隆·卡西迪、独行侠、罗伊·罗杰斯、《从拉莱米来的人》、《枪声硝烟》等等，如今何在？真正的西部片在50

---

[1] 《弗吉尼亚人》是欧文·威斯特的名著。——译者注

年代刻意追求高雅，成为社会、道德和政治意义的载体，直到它自己不堪重负而散垮零落；另一个它维持不下去的原因是像福特、韦恩和库珀这些电影制片人和明星的年华老去。我在此绝对无意批评那些电影，正相反，观众愿意重看的西部片基本全部是（1939 年上映的）《大篷车》之后的作品。但是，把美国西部的形象传遍五大洲，使其深入人心的电影不是为了赢得奥斯卡奖或批评家的称赞而拍的，对艺术并不讲究。此外，一旦后来的西部片受了里根主义的传染，约翰·韦恩成了意识形态的宣传员，它的美国味就太浓了，大部分世界其他各国的人看了不明所以，如果明白的话也不会喜欢。

至少在英国，"牛仔"这个词今天还有一层含意，比万宝路香烟广告里的那个男人代表的第一层含意更加为人所熟悉。它主要指不知从哪里跑来的一个人要为人提供服务，比如修屋顶，但他根本不会做活，或不管活做得好坏，只想敲人的竹杠。"牛仔管子工"或"牛仔砌砖工"就是这个意思。大家可以自己猜测：第一，这第二层含意是怎么从肖恩或约翰·韦恩的典型中衍生出来的；第二，它在多大程度上反映了美国阳光地带[1]那些头戴斯泰森牛仔毡帽，拥护里根的人的真实特性。我不清楚这个词何时出现在英国人的语汇中，但肯定是在 20 世纪 60 年代中期以后。根据这层意思，"男人该做的"是巧取豪夺之后消失在落日余晖之中。

事实上，欧洲出现了对约翰·韦恩代表的西部形象的反弹，西部电影题材因此而得到重兴。无论意大利式的西部片有什么意义，它们肯定都对美国的西部神话持深刻的批评态度；具有矛盾意味的是，它们的流行证明欧洲和美国的成年人对过去的挎枪牛仔还

---

[1] 阳光地带指西起加利福尼亚州，东到南北卡罗来纳州的美国南半部。——译者注

是很喜欢的。重新振兴西部片的功臣有塞尔吉奥·莱昂内（Sergio Leone）和黑泽明，也就是说是外国的知识分子。他们深谙西部的故事和电影，但对美国虚构的西部传统却不能苟同。

　　此外，外国人体会不到西部神话在美国右派或普通老百姓心目中所引起的联想。人人都穿牛仔裤，但外国人没有众多美国年轻人那种自然而然的反应，甚至可以说是些微的冲动，想斜靠在想象的拴马桩上，眯起眼睛冲着迎面的阳光眺望远方。外国人中间即使是喜欢牛仔的富人也绝不会想要戴得克萨斯式的宽边毡帽。他们看施莱辛格导演的《午夜牛郎》不会感觉它是对牛仔的亵渎。简言之，只有美国人才生活在万宝路的世界中。加利·库珀从来不是可笑的人物，但 JR 和电视连续剧《达拉斯》[1] 中其他住在大牧场上的阔佬则令人齿冷。在这个意义上，西部不再是国际的传统。

　　但它一度曾是。在这篇简短的思考结尾处，让我们再回到原来的问题上：为什么美国牛仔能够风靡世界？他们到底有什么特别之处？首先，很清楚，他们的国家在 19 世纪万众瞩目，举足轻重，是世人眼中的乌托邦——至少在 1917 年之前是这样。无论不同的人对乌托邦有什么不同的理解，美国都是一个成真的梦想。美国发生的任何事情似乎都更大、更极端、更夸张、更无限，即使有时事实并非如此；当然，这也经常是实情，虽然牛仔不包括在内。第二，因为把西部神话纯地方的时尚加以放大并推向国际的是工业和城市化世界中最新颖、最有创造力和影响力的美国通俗文化，传载它的大众媒体也是由美国主导的。还要顺便指出，这个神话不仅直接向世界进军，还通过间接的途径，借被它吸引到美国的欧洲知识分子来

---

[1]　《达拉斯》又名《朱门恩怨》，JR 是里面的主角。——译者注

传播，或远距离投射影响。

　　这当然可以说明为什么美国牛仔比墨西哥的牧牛人或加乌乔牧人更广为人知，但还无法解释他们引起的，或者说曾经引起的所有的国际反应。我认为这要归因于美国资本主义固有的无政府主义。这里指的不只是市场的无政府，也指个人不受国家当局任何约束的理想。在许多方面，19世纪的美国是无国家的社会。对比一下美国和加拿大的西部神话即可一目了然：一个神话是霍布斯式的自然状态，只有个人和集体的自助，比如有持枪许可证或没有许可证的枪手，有自发维持治安的人群，偶尔还有骑兵冲锋。在另一个神话中，政府负责维持公共秩序，它的象征是加拿大版的马背上的英雄——身穿制服的加拿大皇家骑警。

　　个人主义的无政府主义有两面。对有钱有势的人来说，它代表着利润高于法律和国家。法律和国家可以用钱收买，即使不能收买，它们比起自我利益来也都要往后站。对既无钱又无势的人来说，它代表着独立和小人物赢得尊重、表现能力的权利。经典西部神话中理想的牛仔独来独往，不听命于任何人，这不是偶然的；他视金钱如粪土，这也不是偶然的。如汤姆·米克斯（Tom Mix）所说："我骑着我自己的马，跨着我自己的马鞍，拉着我自己的马缰来到一个地方。别人争吵的事本来和我无关，但我为帮别人主持正义惹祸上身。问题全解决了以后，我也从没得到过任何金钱上的奖励。"我不打算在这里讨论更近期的西部片，它们颂扬的不是孤独的个人，而是横行霸道的团伙。无论它们象征着什么——不能排除同性恋的因素——它们都标志着这一题材的改变。

　　在某种意义上，独行侠之所以使人在想象中与他认同，正是因为他孑然一身。要当正午时分的加利·古柏或山姆·斯培德，你只要想象自己单人独骑就可以了，而要做堂柯里昂[1]或里科[2]，更不用说当希特勒，你则需要想象有一大群人对你俯首帖耳，唯命是从，这样的想象似乎太不靠谱。在我看来，正是因为牛仔是一个极端个人主义的社会的神话，他的社会是资产阶级时代唯一没有真正资产阶级之前历史的根根绊绊的社会，所以他才是承载梦想的异常有效的工具——而我们大多数人都只是在梦想中才无所不能。单枪匹马纵横天下的梦比起有朝一日手握帅印的梦来说，毕竟还不是那么异想天开。

---

[1] 堂柯里昂，好莱坞电影《教父》中的黑社会老大。——译者注
[2] 里科，好莱坞电影《小恺撒》中的黑社会人物。——译者注

注释

第三章

1. See Jean-Pierre Vemant, *La volonte de comprendre* (La Tour d'Aigues: Éditions de l'Aube, 1999), pp. 37-38.
2. Ian Buruma, 'Tibet Disenchanted', *New York Review of Books* (July 2000), p24.
3. The British experience in the Olympic Games of 2012 would make this point with even greater force.

第六章

1. J. Katz, *Out of the Ghetto : The Social Background of Jewish Emanaipation 1770-1870*, (Cambridge, MA: Harvard University Press, 1973), p. 26.
2. Ibid, p. 34.
3. Simon Dubnow, *Die neueste Geschichte des jüischen Volkes*, vol. IX (Berlin:Jiidischer Verlag, 1929), pp. 253ff.
4. Simon Dubnow, Die neueste Geschichte des jiiischen Volkes, vol. VIII (Berlin: Jiidischer Verlag, 1930), p. 402; vol. IX, pp. 170ff.
5. Stephan Thernstrom (ed.) *Harvard Encyclopaedia of American* Ethnic Groups, 'Jews'(Cambridge, MA: Belknap Press, Harvard, 1980), p. 573ii.
6. Dubnow, *Die neueste Geschichte des jttischen Volkes*, vol. VIII, pp. 263-4.
7. Peter Pukzer, ''What about the Jewish non-intellectuals in Germany?', in S. Feiner (ed.), *Braun Lectures in the History of the Jews in Prussia* (Ramat Gan: Bar-Han University Press, 2001), no. 7, p. 10.
8. Oskar Ansull, quoting Theodor Fontane, in *Ossietzky*, Zweiwochenschrift, 24 (2004).

9. Karl Emil Franzos, *Vom Don zur Donau* (Berlin: Riiten&Loening, 1970), pp. 383-395.
10. Dubnow, *Die neueste Geschichte des jiiischen Volkes*, vol. VIII, p. 405.
11. Arthur Schnitzler, *Gesammelte Werke*, Erzählende Schriften Band III,(Berlin, 1918), p. 82.
12. Shulamit Volkov, 'The dynamics of dissimilation: Ostjuden and German Jews', in J. Reinharz and W. Schatzberg (eds), The Jewish Response to *German Culture from the Enlightenment to the Second World War* (Hanover, NH and London: University Press of New England, 1985) . For a good example (relations between German emigres and Hollywood), see Michael Kater, 'ie vertriebenen Musen,' in H. Lehmann and 0. G. Oexle (eds), *Nationalsozialismus in den Kulturwissenschaften Bd* 2, (Giiettingen, 2004), p. 505-6.
13. Gerald Stourzh, 'Galten die Juden als Nationalität Altiisterreichs?', *Studia Judaica Austriaca* X (Eisenstadt, 1984), 83-5, esp. 84. See also p94, n 29.
14. Yuri Slezkine, *The Jewish Century* (Princeton: Princeton University Press, New Jersey, 2004) .
15. A list of 300 eminent Americans drawn up in 195 3 (Richard B. Morris, *En cyclopaedia of American History*, New York: Harper) contains twelve Jews (4%) although all but three of these (marked *) belong to the pre-1880s immigration. They include four scientists (Boas, Cohn *, Michelson, Rabi*), two jurists (Brandeis, Cardozo), two newspaper editors (Ochs, Pulitzer), one 'educator' (F1exner), one labour leader (Gompers), one business tycoon (Guggenheim) and one composer (Gershwin *) . Would such a list, fifty years later, have omitted all Jews from the list of politicians, state servants, writers and artists?
16. cf. Dr A. v. Guttry, *Galizien, Land und Leute* (Munich and Leipzig: G. Miiller, 1916), p. 93: 'die juedische Intelligenz ist voellig im Polentum aufgegangen, ist von der polnischen Gesellschaft aufgenommen worden und gehort heute zum grossen Teil zu den geachtesten Mitglie demderselben.'
17. Corrado Vivanti (ed.), *Einaudi Storia d'Italia, Annali* 11, *Gli ebrei in Italia*, (Turin: Grandi Opere, 1997), pp. 1190, 1625 .
18. Daniel Snowman, *The Hitler Emigres: The Cultural Impact on Britain of Refugees from Nazism* (London: Pimlico, 2002), p. 326.
19. Gerd Hohorst, Jiirgen Kocka and Gerhard A. Ritter, *Sozialgeschichtliches Arbitsbuch: Materialien zur Statistik des Kaiserreichs* 1870-1914 (Munich: Beck, 1975), p. 164; H. U. Wehler, *Deutsche Sozialgeschichte Bd* 3 1849-1914 (Munich: Beck, 1995), p. 419.
20. Wehler, *Deutsche Sozialgeschichte Bd* 3 1849-1995), p. 615 .
21. Before then there were only seven in physics and chemistry, compared with

something like twenty-five to thirty in the next 30 years.
22. Educational discrimination (the numerous clauses) was abandoned in practice after the 1905 revolution, but even before then 13. 4% of the students at Kiev University and 14. 5% of those at Odessa University were Jewish. G. L Shetilina in *Istoriya SSSR* (1979), vol. 5, p. 114.

第八章

1. John C. Bartholomew, *The Edinburgh World Atlas* (7th edn, EdinbUigh: J. Bartholomew, 1970).
2. Ivan T. Berend and Györgi Ránki, *Economic Development in East Central Europe in the 19th and 20th Centuries* (New York: Columbia University Press, 1974).
3. Austria, Hungary, the Czech Republic, Slovakia, Poland, Ukraine, Romania, Italy, Slovenia, Croatia, Bosnia, Serbia.
4. Since Francis Joseph ruled as emperor in the Austrian but as king in the Hungarian part of his realnL
5. Karl Emil Franzos, *Aus Halb-Asien: Culturbilder aus Galizien, der Bukowina, Sürussland und Rumänien,* vol. 1 (Leipzig, 1876).
6. Gregor von Rezzori, *Maghrebinische Geschichten* (Hamburg: Rowohlt, 1953) *Ein Hermelin in Tschernopol: Ein maghrebinischer Roman* (Hamburg: Rowohlt, 1958).
7. See Gerald Stow, 'Galten die Judenals Nationalität Altösterreichs?', *Studia Judaica Austriaca* vol. X (Eisenstadt, 1984), pp 74-9.
8. Carl. E. Schorske, *Fin-de-Siècle Vienna: Politics and Culture* (London : Vintage Press, 1980), p. 31.

第九章

1. In this chapter, the word'culture' is used in the sense usually given to it in 19th century bourgeois discourse: namely, the body of achievements in the various creative arts assumed to have moral and aesthetic value (as distinct from mere'entertainment') their proper appreciation, and the body of knowledge necessary for their proper appreciation.
2. Jihang Park,'Women of their time : The growing recognition of the second sex in Victorian and Edwardian England', *Journal of Social History*, 21 (September, 1987), pp49-67.
3. Ibid.

4. Edmeé Charnier, *L'Évolution intellectuelle feminine* (Paris: A. Mechelinck, 1937).
5. Anne Sayre, *Rosalind Franklin and DNA* (New York: Norton, 1975).
6. Martha Vicinus, *Independent Women: Work and Community for Single Women, 1850-1920* (London: University of Chicago Press, 1986).
7. David Marsh, *The Changing Social Structure of England and Wales, 1871-1961* (London: Routledge&Kegan Paul, London, 1965).
8. Jihang Park, 'The British suffrage archivists of 1913: an analysis', *Past and Present*, 120 (August 1988), pp147-163.
9. The best introductions to this much-publicized secret society can be found in Paul Levy, *Moore: G. E. Moore and the Cambridge Apostles* (Toronto: Oxford University Press, 1981) ; and in Robert Skidelsky, *John Maynard Keynes: Hopes betrayed 1883-1920*, vol. I (London : Macmillan, 1983).
10. Theodore Zeldin, *France 1848-1975*, vol. I (Oxford: Oxford University Press, 1977).
11. *The Englishwoman's Handbook*, 1905.
12. Skidelsky, *John Maynard Keynes*.
13. Norman MacKenzie and Jeanne MacKenzie (eds), *The Diaries of Beatrice Webb* (London: Virago, 1983).
14. The period 1800-1914 is probably the only one in English literature since1800 when the list of major novelists-say, Thomas Hardy, Joseph Conrad, H. G. Wells, Arnold Bennett, Rudyard Kipling, E. M. Forster and George Gissing-contains no obvious woman.

第十章

1. Rosemary Hill, '"Gorgeous, and a wee bit vulgar" : from *Gesamtkunstwerk* to "lifestyle" : the consumable daring of Art Nouveau', *Times Literary Supplement* (May 5 2000), p 18.
2. Eric Hobsbawm, *Workers: Worlds of Labour* (New York: Pantheon, 1985), p. 136.
3. Stephen Escritt, *Art Nouveau* (London: Phaidon, 2000), p. 77.
4. Schorske, *Fin-de-Siècle Vienna: Politics and Culture*, p. 304.
5. Debora L. Silverman, *Art Nouveau in Fin-de-Siècle France* (Berkeley: University of California Press, 1989), pp. 138-9.
6. EricHobsbawm, *Age of Empire* (London: Weidenfeld& Nicolson, 1987), p. 165.
7. Escritt, *Art Nouveau*, p. 70.
8. Ibid, p. 72.
9. Silverman, *Art Nouveau in Fin-de-Siècle France*, p. 189.

10. Hobsbawm, *Age of Empires*, p. 169.
11. Escritt, *Art Nouveau*, p. 329.
12. 'La Barcelona del 1900', *L'Avenc* (Oct 1978), p. 22.
13. Ibid, p. 36.

第十三章

1. Richard Overy, *The Morbid Age: Britain Between the Wars* (London: Al-len Lane, 2009), p. 376.
2. Ibid , p. 92.

第十四章

1. Andrew Brown , *J. D. Bernal: The Sage of Science* (Oxford: Oxford University Press , 2006).
2. Fred Steward , 'Political Formation', in Brenda Swann and Francis Aprahamian (eds), *J. D. Bernal: A Life in Science and Politics* (London: Verso , 1999).
3. cf. the present writer's preface to Swann and Aprahamian (eds), *J. D. Berna* , esp. xv-xviii.
4. Brown , *J. D. Bernal* , p. 19.
5. J. D. Bernal, *The Social Function of Science* (Cambridge , MA: MIT Press , 1967).
6. J. D. Bernal , *Science in History* (Cambridge , MA : MIT, 1971).
7. Georges Friedmann , *La Crise du Progrès: esquisse d'histoire des idées,* 1895-1935 (Paris: Gallimard , 1936).
8. Y oram Gorlicki and Oleg Khlebniuk, *Cold Peace : Stalin and the Soviet Ruling Circle*, 1945-53 (New York: Oxford University Press , 2004), p. 39.
9. C. P. Snow , 'J. D. Bernal: A Personal Portrait', in M. Goldsmith and A. Mackay, (eds), *The Science of Science* (London : Penguin , 1964).

第十五章

1. Only one other brief biography exists , published under the auspices of UNESCO shortly after his death: Maurice Goldsmith , *Joseph Needham, Twentieth Century Renaissance Man* (Paris: UNESCO , 1995).
2. Joseph Needham, *Chemical Embryology* (Cambridge: Cambridge University Press, 1931) .
3. Joseph Needham (ed.), The Chemistry of Life: *Lectures on the History of*

Biochemistry (Cambridge: Cambridge University Press, 1961).
4. T. E. B. Howarth, *Cambridge Between Two Wars* (London: Collins, 1978), p. 190.
5. Ibid, p. 209.
6. Peter J. Bowles, *Reconciling Science and Religion: The Debate in Early Twentieth-Century Britain* (Chicago: University of Chicago Press, 2001), p. 39.
7. Obituary in *Current Science*, 69, No. 6 (25 September 1995).
8. Joseph Needh 血, *Within the Four Seas: The Dialogue of East and West* (London; Routledge, 2005), pp. 189-91.
9. F. R. Leavis (ed.), *Scrutiny* (May 1932), 36-39.
10. *Science and Society*, vol. 23 (1959), 58-65, from which the above quotes are taken.
11. Ibid, p. 64.

第十七章

1. Robert W. Hefner, *Civic Islam: Muslims and Democratization in Indonesia* (Princeton: Princeton University Press, 2000), p. 17.
2. CIA World Factbook, https: //www.cia.gov/library/publications/theworld-factbook/index. html.
3. J. D. Long-Garcia, 'Admission Deferred: Modern Barriers to Vocation', *The US Catholic*, 76: 9 (16 August 2011), pp. 30-35, at htttp: / / www. uscatholic. org/church/2011/07 / admission-deferred-modern-barriersvocahons.
4. CIA, *World Fact Book*, 'Field Listing: Religions'('Orthodox churches are highly nationalist and ethnic').
5. The Jewish Week, New York (2 November 2001); Judaism 101, an online encyclopaedia: 'Movements of Judaism' at http: //www.jewfaq.org/movement. htmt.
6. Sami Zubaida, 'The "ArabSpring" inhistorical perspective' (21 October 2011), at http: //www.opendemocracy.net/sami-zubaida/arab-spring-inhistorical-perspective.
7. Y ouGov/Daybreakpoll, Religion + school + churches, September 2010, at http: // d25d2506sfb94s. cloudfront. net/today_ uk _ import/YG-Archives-Life-YouGov-DaybreakReligion-130910. pdf.
8. Office for National Statistics, *Social Trends*, No. 40 (2010 edn), table 2. 12, p. 20.
9. David E Eagle, 'Changing Patterns of Attendance at religious services in Canada 1986-2008', *Journal for the Scientific Study of Religion*, 50 : 1 (March 2011), pp 187-200.
10. P. Brenner, 'Exceptional Behavior or Exceptional Identity?: overreporting of

church attendance in the U. S.', *Public Opinion Quarterly*, 15 : 1 (February 2011), 19-41 ; C. Kirk Hadawayand P. L Marler, 'How many Americans attend worship each week?', *Journal for the Scientific Study of Religion*, 44: 3, (August 2005), pp 307-322.
11. Andrea Althoff, 'Religious identities of Latin American immigrants in Chicago: preliminary findings from field research' (University of Chicago, Divinity School, Religion Cultural Web Forum, June2006), at http: / /divinity. uchicago. edu/martycenter/publications/webforum/062006/.
12. Pew Forum, 'Spirit and Power: a IO-Country survey of Pentecostals', at http: // www. pewforum org/Christian/Evangelical-Protestant-Churches/Spirit-and-Power. aspx.
13. James R. Green, *Grass-Roots Socialism. Radical Movements in the Southwest* 1895-1943 (Baton Rouge and London: Louisiana State University Press, 1978), pp. 170-173.
14. Gerard Bernier, Robert Boilyand Danniel Salée, Le Quebec en chiffres de 1850 à nos jours, (Montreal: ACFAS, 1986), p.228.
15. Althoff, 'Religious indentities'.
16. Richard Hugh Burgess, *The civil war revival and its Pentecostal progeny: a religious movement among the Igbo people of eastern Nigeria*, Ph.D. thesis, University of Birmingham (2004).
17. Billie Jean Isbell, *Finding Cholita* (Champaign: University of Illinois Press, 2009).
18. These were discussed in Eric Hobsbawm, *The Age of Extremes: A History of the World*, 1914-91 (London: Pantheon Books, London, 1995), chapters 9-11.

第二十章

1. Cited in John Willett, *The New Sobriety: Art and Politics in the Weimar Period 1917-1933* (London: Thames and Hudson, 1978), p. 76.
2. Cited in Linda Nochlin (ed.), *Realism and Tradition in Art*, 1848-1900: *Sources and Documents* (Englewood Cliffs: Prentice-Hall, 1996), p. 53.
3. 'French Artists Spur on American Art ', *New York Tribune*, 24 October 1915.
4. Cited in L Brion-Guerry (ed.), *L'Année 1913: Les forms estétique de l'oeuvre d'art àla vielle de la premiére guerre mondiale* (Paris: ÉditionsKlinksieck, 1971), p. 89 n. 34.
5. Catalogue of Exhibition *Berlin-Moskau* 1900-1950, pp. 118 (fig. 1), pp 120 - 1.
6. Brion-Guerry (ed.), *L'Annee* 1913, p. 86 n. 27.
7. The Economist, *Pocket Britain in Figure*: *1997 Edition* (London: Profile Books,

1996), pp. 194, 195.
8. Theodore Zeldin, *France* 1848-1945: *Intellect, Taste and Anxiety* (Oxford: Clarendon, 1977), p. 446.
9. Pierre Nora (ed.), *Les lieux de merrwire II : La Nation* (Paris: Gallimard, 1986), vol. Ⅲ, p.256.
10. Gisele Freund, *Photographie und burgerliche Gesellschafi* (Munich: V erlagrogner& Bernhard, 1968), p. 92.
11. Cited in Brion-Guerry (ed.), *L'Annee* 1913.
12. Catalogue Paris-Berlin, 1900-1933 (Pompidou Centre, 1978), pp. 170-1.
13. Cited in Charles Harrison and paul Wood (eds), *Art in Theory* 1900-1990: *An Anthology of Changing Ideas* (Oxford: Blackwell, 1992), p. 576.
14. Cited in Suzy Menkes, 'Man Ray, Designer behind the Camera', *International Herald Tribune*, 5 May 1998.
15. Zeldin, *France* 1848-1945, pp. 480, 481.
16. P. Bourdieu, *La Distinction: critiquesociale du jugement* (Paris: Éditions de Minuit, 1979), p. 615. Respondents were asked to choose among the following artists : Raphael, Bufffet, Utrillo, Vlaminck, Watteau, Remoir, Van Gogh, Dalí, Braque, Goya, Brueghel, Kandinsky.
17. Robert Hughes, *American Visions: The Epic History of Art in America* (London: Harvill, 1997), pp. 487-8.
18. Brion-Guerry (ed.), *L'Année 1913*, p. 297 n. 29.
19. Harrison and Wood (eds), *Art in theory* 1900-1990, p. 804.
20. Alan Bullock and Oliver Stallybrass (eds), *The Fontanna Dictionary of Modem Thought* (London: Fontana, 1977), entry: 'Cubism'.
21. Nikolaus Pevsner, *Pioneers of modem Design: From Willaim Morris to Walter Gropious* (1936; London: Penguin, 19')1 , revised edn).
22. Brion-Guerry (ed.), *L'Annee 1913* , p. 86 n. 27.
23. Paul Klee, *Uber die modern Kunst* (Bern: Verlag Benteli, 194 5), p. 53.

第二十一章

1. Umberto Eco, *Apocalittici e integrati : comunicazioni di massa e teorie della cultura di massa* (Milan: Bompiani, 1964).
2. Stuart Hall and Paddy Whannel, *The Popular Arts* (London: Hutchinson, 1964).
3. Richard Hoggart, *The Uses of Literacy: Aspects of Working Class Life* (London: Chatto and Windus, 1957), pp. 86-87.
4. Edgar Morin, *Les Stars* (Paris: Éditions de Minuit, 1957).
5. Eco, *Apocalittici e integrati*, pp. 180-181.

第二十二章

1. Eduardo Franco Isaza, *Los guerrilleros del llano* (Bogota: Mundial,1959).
2. Gustave Aimard, *Les Trappeurs de L'Arkansas* (Paris: Amyot, 18 58).
3. Lonn Taylor and Ingrid Maar (eds), *The American Cowboy*, vol. 39, issue 2 of *American Studies in Folklife* (Library of Congress: American Folklife Centre, 1983), p. 88.
4. William S. Hart, 1916, quoted in George Fenin and William Everson, *The Western: From Silents to the Seventies* (Harmondsworth: Penguin, 1977).
5. Robert A. Dykstra, *The Cattle Towns* (New York: Alfred A. Knopf, 1968), p. 144.
6. Robert Taft, *Artists and Illustrators of the Old West* 1850-1900 (New York: Scribners, 1953), pp. 194-195 , quoting 'Ranching and Ranchers of the Far West', *Lippincotts Magazine*, 29 (1882), p 435.
7. Zane Grey, *Riders of the Purple Sage* (New York : Harpers & Brothers, 1912).
8. Guy de Maupassant, 'Boule de Suif', first published in *Les Soirees de Medan* (1880).
9. The full text of the passage is 'riding ahead alone on his horse, the cowboy who rides all alone into the town, the village, with his horse and nothing else. Maybe even without a pistol, since he doesn't shoot He acts, that's all...This amazing, romantic character suits me precisely because to be alone has always been part of my style or, if you like, my technique.'See special section: 'Chagrined Cowboy' in *Time Magazine* (8 October 1979).
10. This advertisement appeared in various periodicals including *New York Magazine* and *Texas Monthly*.
11. Fenin and Everson, *The Western*, p. 117.